国家社科基金
GUOJIA SHEKE JIJIN HOUQI ZIZHU XIANGMU
后期资助项目

中国传统刑事政策思想

Chinese Traditional Thoughts on Criminal Policy

彭凤莲　著

中国人民大学出版社
·北京·

国家社科基金后期资助项目
出版说明

后期资助项目是国家社科基金项目主要类别之一，旨在鼓励广大人文社会科学工作者潜心治学，扎实研究，多出优秀成果，进一步发挥国家社科基金在繁荣发展哲学社会科学中的示范引导作用。后期资助项目主要资助已基本完成且尚未出版的人文社会科学基础研究的优秀学术成果，以资助学术专著为主，也资助少量学术价值较高的资料汇编和学术含量较高的工具书。为扩大后期资助项目的学术影响，促进成果转化，全国哲学社会科学规划办公室按照"统一设计、统一标识、统一版式、形成系列"的总体要求，组织出版国家社科基金后期资助项目成果。

全国哲学社会科学规划办公室
2014 年 7 月

序

凤莲教授邀我为其新作《中国传统刑事政策思想》一书作序，我倍感荣幸。因我目前正在构思《刑事政策学说史》一书，她的书稿不仅为我提供了很好的思路，也给我带来很多有益的参考。

刑事政策一词虽为洋人所创，刑事政策学在欧美等国相对发达，但不能就此说刑事政策是西方的，更不能就此断言具有五千年文明史的中国没有刑事政策或刑事政策思想。刑、政、刑政、政策等词汇早已出现在中国古代的经史子集之中，其所表述的内容与费尔巴哈、李斯特、安塞尔等西方学者所界定的刑事政策概念也颇为接近。事实上如何有效治理犯罪，是中国历朝历代统治者治国安民所面临的首要问题，也是儒、法、道、墨各家殚精竭虑苦心专研的重大课题。凤莲教授依据其深厚的史学功底，对博大精深的中国传统刑事政策思想进行了认真的总结梳理，详尽地阐明了传统思想对于现代宽严相济刑事政策的推行、对于社会主义和谐社会建设的现实意义。全书内容丰富，文字简洁明快。这样的学风应该推崇，这样的成果值得推荐。

古人云，以史为鉴可以知兴替。社会变动时期，读史尤为有益。历史的智慧不仅教人识大势，更能指明前行的方向。如今中国的改革已经进入"深水区"，犯罪治理面临空前挑战。希望中国传统刑事政策思想在应对现代问题时能够再现荣光，更希望中国特色的刑事政策理论体系能够持续发展！

凤莲教授为人做事干净利落，一如她的文风。因此我的序言也须简明，以和全书的风格一致。

卢建平

2017 年 3 月 12 日

前　言

中国传统刑事政策思想博大精深，得益于其理论渊源的多元性。儒家思想、法家思想、道家思想、墨家思想都是传统刑事政策思想的理论基础。儒家对天人合一、德主刑辅基本刑事政策思想的形成影响最大，同时对亲亲相隐、矜老恤幼、慎刑恤罚、慎用死刑政策思想的形成有重大影响。法家对刑罚世轻世重、严治贪腐政策思想影响最大。道家对天人合一、立法宽简的刑事政策思想有重要影响。墨家对天人合一、顺天行刑刑事政策思想的形成也有一定影响。

根据现代刑事政策学原理，中国传统刑事政策思想从内容上大致可以分为基本刑事政策思想、刑事立法政策思想、刑事司法政策思想以及针对特定人的刑事政策思想。天人合一、德主刑辅、刑罚世轻世重是基本刑事政策思想；立法宽简、严治贪腐是刑事立法政策思想；顺天行刑、慎刑恤罚、慎用死刑是刑事司法政策思想；矜老恤幼、亲亲相隐是针对特定人的刑事政策思想。

中国传统刑事政策思想能为和谐社会的构建、法治中国的建设提供文化根基。天人合一的现代价值就在于追求人类与自然界的和谐统一。德主刑辅既是构建和谐社会的基本社会政策，也是法治中国建设的基本刑事政策。在构建法治中国、和谐社会建设的政治实践中，正确贯彻执行宽严相济刑事政策，使我国刑事立法和司法整体呈现宽缓化趋势，是受刑罚世轻世重政策思想的启示。而立法宽简是构建和谐社会的立法取向和指导思想；严治贪腐、吏清政廉是和谐社会的保障，而且贪财贪色要同时治理。传统慎刑恤罚思想为关注弱势群体的权利实况、司法生态和实现民权关怀提供了有益借鉴。以天人感应说为基础的顺天行刑政策思想带有神秘色彩，但其尊重自然规律、尊重人性的一面具有启发意义。矜老恤幼政策思想的现代启示是，对老年人和未成年人适用刑罚要有人道主义的关怀。人道亲情是和谐社会的根基，亲亲相隐政策思想旨在衡平"家"与"国"之间的利益。这些不仅是当下完善相关立法应该考虑的问题，更是构建和谐社会、全面推进依法治国、加快建设法治中国要考虑的重大问题。

目 录

导　论

刑事政策是目前刑事法学研究的热点之一，随着研究的开展和科研成果的增多，刑事政策学也逐渐成为一门显学。学者们对"刑事政策"有不同的界定，本书则立足于广义的刑事政策的概念——"以组织反犯罪斗争或抗制犯罪的综合艺术或战略、集中体现反犯罪诸策略、系统集成反犯罪诸机制、全面整合反犯罪诸主体为本质内容"[①]，进行新的尝试。在中国历史上，刑事政策历来都是当权者统治策略的一个组成部分，尽管没有形成真正的刑事政策体系，但其中的很多思想、观点影响至今，并为中国和谐社会的构建提供了文化根基。"传统"是一个含义极为丰富的文化学与历史学概念，既具有时间的表征性，又带有浓烈的延传与继承的色彩。作为一个表征时间的概念，"传统"是与"现代"相对应的。"传统"一般涵盖了史学意义上的奴隶制社会和封建制社会，也就是通常所说的古代社会。[②] 本成果正是在这一意义上使用"传统"一词，即主要立足于历史、着眼于现实，以多学科交叉研究为视角，运用史学、诠释学及刑事政策学等多学科的研究方法，考察我国传统刑事政策思想，寻找我国本土资源，为解决某些现实问题提供历史的智慧。

一、研究缘由

笔者 2007 年年底申报的第 42 批国家博士后基金课题"中国传统刑事政策思想与当代构建和谐社会研究"获准立项。该课题研究是一件庞杂的工作，光是浩瀚的史料就足以让人眼花缭乱，而和谐社会的构建更是一个现实的大课题，再在中国传统刑事政策思想与当代构建和谐社会之间寻找有价值的联结点同样不是一件容易的事情。经过一年多的潜心研究，与课题同名的出站报告出炉，经过答辩，以优秀成绩顺利出站。但该课题的研

---

① 卢建平：《刑事政策学》，北京，中国人民大学出版社，2007，第 20 页。
② 参见任喜荣：《伦理刑法及其终结》，长春，吉林人民出版社，2005，第 225 页。

究受博士后在站时间短、任务重等条件的限制，一些问题的研究尚有待深入，于是，笔者出站后一直关注本领域的研究动态，积累相关研究资料，并于 2013 年对该课题研究成果做了较大修改之后申报了国家社科基金后期资助项目，项目名称为"中国传统刑事政策思想"，并获准立项。立项后在原有研究成果的基础上，根据全国哲学社会科学规划办公室出具的专家评审意见继续深化研究。

二、研究意义

通过分析浩瀚的法制史料，我们一方面可以深入地认识历代刑律法典法令，另一方面则可以感受到丰富的刑事政策思想。而探寻和发掘中国传统刑事政策思想，汲取其精华，对于当代和谐社会的构建、全面依法治国、建设法治中国有重大借鉴意义。

（一）理论价值

关于中国传统刑事政策思想对现代刑事法治建设之借鉴研究，目前还较少有创造性转换的视野。本研究拟对此进行尝试，重点采取史学、诠释学、刑事政策学的研究方法，从多学科综合的角度分析传统刑事政策思想与现代刑事法治建设问题，以更加全面深刻认识我国当前刑事法治建设、法治中国建设对传统的继承与超越问题，从而使本研究具有创新价值。

（二）实际应用价值

现代刑事法治建设是贯彻依法治国方略的重大课题，实践中面临很多难题。深入研究我国刑事政策中的理念与实践问题，总结经验教训，是我国当前实现刑事法治的迫切需要，对于全面推进依法治国、构建和谐社会具有现实意义。

首先，中国传统刑事政策思想能为现代刑事法治建设提供文化根基。在多元文化的国际背景中，我们要寻找并树立中华民族文化的自信，让优秀的传统刑事政策思想如天人合一、德主刑辅、严治贪腐、矜老恤幼等成为刑事法治建设丰厚的合法性凭据。

其次，中国传统刑事政策思想能为我国刑事政策的制定与实施提供借鉴。例如，严治贪腐思想能对现代反腐倡廉建设提供启示，刑罚世轻世重思想能给当下正确贯彻执行宽严相济刑事政策以启迪。

最后，中国传统刑事政策思想能为我国刑事立法与司法提供参考。本研究从中国传统刑事政策思想出发，以现代法治精神为指导，对我国现行刑事法律提出了一些建设性的建议，供立法与司法部门参考。

三、研究现状和趋势

（一）研究现状

国内关于中国古代刑事政策思想的研究，始自 20 世纪末，主要缘于对我国社会治安与用刑之道的反思，成果有以《中国古代刑事政策论纲》（黄晓明，1996）为代表的论文四十余篇，专著尚未见到。现有成果可以分为两大类：

一类是整体地研究中国古代的刑事政策思想。有学者认为中国古代刑事立法、刑事司法的核心是"惟齐非齐，有伦有要""刑罚世轻世重"等，并指出中国古代刑事政策主要包括"刑期于无刑"、明刑弼教、五服治罪、世轻世重、恤刑和刑忌等。另有学者进一步认为中国古代追求和谐大同，刑罚目的上"刑期于无刑"的政策、刑事立法上的德主刑辅政策、定罪量刑上的五服治罪政策，以及刑罚适用上的矜恤省刑、世轻世重政策基本上是一以贯之的。

另一类是较具体地研究古代单一刑事政策思想，主要研究内容有：第一，研究最多的也是分歧最大的是亲亲相隐。一些学者肯定亲亲相隐的现代价值，认为在我国的司法实践中采用"亲亲相隐"的儒家思想是大势所趋，是司法观念的进步；另有学者针锋相对，认为儒家的血亲性团体特征是现代社会腐败的根源。第二，是对刑罚世轻世重的研究。该研究认为刑罚世轻世重是符合司法规律的用刑之道，能有效地发挥刑罚作为社会自卫手段的积极作用，如"严打"就是刑罚世轻世重规律的运用。第三，是对矜老恤幼政策思想的研究。该研究认为它有利于缓和社会矛盾，但这种仁义只能限定在统治者所许可的范围内。第四，是对严治贪腐的研究。该研究认为贪腐犯罪是古时不能赦宥的重罪，古时治贪财与治贪色双管齐下，对于今天的廉政建设、领导干部责任制的完善有一定的意义。第五，是对德主刑辅的研究。该研究认为德主刑辅是构建和谐社会的基本刑事政策。

国外重视研究中国传统文化，但尚没有专门研究中国传统刑事政策思想的专著。多数学者认为儒学至今仍然具有作为全球轴心文明重要组成部分的精神力量，具有现代价值；在当代世界的文明对话中，以儒家、道家和大乘佛家为代表的中华文明应该是十分积极的参与者。

（二）研究趋势

综上所述，对中国传统刑事政策思想以及其对现代刑事法治建设的借鉴研究取得了一些重要成果，但总体来说，关于以下几个方面的研究还很欠缺：其一，关于中国传统刑事政策思想的理论渊源的探索缺少全面性；

其二，关于中国传统刑事政策思想的梳理与分类缺乏系统性；其三，关于中国传统刑事政策思想对现代刑事法治建设之借鉴还较少创造性转换的视野，对传统刑事政策思想的现代价值及借鉴方式研究不够，具体的对策与建议研究不够。

因此，未来的研究趋势应是立足于历史、着眼于现实，以多学科交叉研究为视角，整合我国传统刑事政策思想，确立文化自信，为解决某些现实问题提供具体的实用方法，将研究重点置于具体的刑法制度如何借鉴中国传统刑事政策思想上，并提出一些立法建议。

四、研究的主要内容

全面依法治国，建设法治国家是我国当前社会主义建设进程中至关重要的课题。"和谐"是古今中国人共同的理想与目标，"法治"是自清末变法以来国人一直追求的梦想，2014 年中共中央十八届四中全会首次以依法治国为主题，并发布了《中共中央关于全面推进依法治国若干重大问题的决定》。本着古为今用的原则，本成果选取中国古代社会对于当代构建社会主义和谐社会、全面依法治国建设法治国家有重大借鉴意义的刑事政策思想进行研究，发掘其现代意蕴，在"四个全面"战略布局下为构建和谐社会、实现法治梦想提供本土资源。其主要内容分为三大部分：

（一）中国传统刑事政策思想的理论渊源

这是研究中国传统刑事政策思想的切入点，主要研究中国传统刑事政策思想理论基础的多元性，为后面所研究的中国传统刑事政策思想的博大精深进行铺垫。本部分具体包括：

1. 儒家思想

儒家学说是中国传统刑事政策思想最重要的理论渊源。儒家强调为政以德。德主刑辅、刑罚世轻世重、矜老恤幼、慎刑恤罚、慎用死刑、亲亲相隐等传统刑事政策思想的形成，受儒家思想影响最深，且儒家思想对天人合一基本刑事政策思想的形成也起着重要作用。

2. 法家思想

法家强调用明确、公开、客观且严苛的强制性规范来治理国家。重典治国、严治贪腐等政策思想的形成受法家影响最大，法家思想对刑罚世轻世重政策思想的形成有促进作用。

3. 道家思想

道家以道论法，认为道是法产生、制定、适用的终极依据。道家法律思想对于后世立法宽简、天人合一、顺天行刑等刑事政策的思想和实践影响最甚。

4. 墨家思想

以天为法、罪不在禁虽害无罪是墨家思想的闪光点。此外，墨家思想对天人合一、顺天行刑政策思想的形成有促成之功。

（二）中国传统刑事政策思想的内容分层

本部分是研究的重要对象，主要运用史学、刑事政策学等方法梳理中国传统刑事政策思想，并根据现代刑事政策学原理进行分层，将传统刑事政策思想分成基本刑事政策思想、刑事立法政策思想、刑事司法政策思想以及针对特定人的刑事政策思想。

1. 基本刑事政策思想

（1）天人合一。天人合一观念贯穿于整个中国古代社会。中国古代法生于天人合一的境界中，刑事立法和刑事司法无不浸染了天人合一的思想。

（2）德主刑辅。德主刑辅是中国传统社会的基本社会政策和基本刑事政策思想。该政策要求，为政者治国，不仅能局限于强制手段，更为垂青的是道德的弘扬、德政的感化、风俗的熏陶、舆论的诱导等。

（3）刑罚世轻世重。刑罚世轻世重旨在强调刑罚的轻重要随时势而移转。经过春秋战国法学鼎盛时期的"百家争鸣"和秦王朝的"专任狱吏""严刑苛法""二世而亡"之历史教训，在关于刑罚的策略上，历史上各代统治者都把刑罚世轻世重作为其"法治"精神的典范而加以运用。

2. 刑事立法政策思想

（1）立法宽简。立法宽简的思想纵贯了由汉至清的法制历程，这是绵延不绝的传统之一。但是在实践中，在一个朝代的中后期往往法令会越来越多、刑罚会越来越重，立法宽简并未得到严格执行。

（2）严治贪腐。自古及今，官吏贪财、贪色常常密切交织，且恶性互动。中国古代治吏之严，表现为严惩贪贿犯罪、严惩挪用公款犯罪，规定职务连带责任，治贪财与治贪色双管齐下。此外，中国古代不仅规定了官吏作为特殊犯罪主体的犯罪，而且规定凡百姓可以作为犯罪主体的性犯罪，如通奸、强奸、强制猥亵等犯罪，若官吏犯之，则罪责更重，加等处罚。

3. 刑事司法政策思想

（1）顺天行刑。刑杀是一种剥夺生命的行为，应与四季自然秩序相吻合。这是古人自然观在法律上的反映，认为自然规律与人间法度相类相通。因此，刑杀必于秋冬时节进行。西汉至清，秋冬行刑制在历代律典中沿用不变。

（2）慎刑恤罚。慎刑是指要谨慎地运用刑罚，恤罚是指执行刑罚要存矜恤之心。该思想主张刑罚是治理国家迫不得已的手段，不能滥用；运用刑罚还要有仁爱之心。根植于我国儒家孝道文化的存留养亲制便是恤罚的典型体现。该思想自西周一直沿用到清末。

（3）慎用死刑。死刑是中国传统刑种之一，有刑罚时就有死刑。中国古代法制关于死刑的态度是：一方面，主张杀人者死。历朝统治者都通过大量设置死刑和规定种种不同的死刑执行方式体现出对死刑的依赖性。另一方面，受天谴报应、龙恩浩荡等观念的影响，慎用死刑又是历代统治者所惯用的思维和方式。慎用死刑主要通过死刑复核制度、死刑复奏制度、死刑赦宥制度对死刑的实际适用予以控制。

4. 针对特定人的刑事政策思想

（1）矜老恤幼。矜老恤幼在原始社会是作为一种道德观念而存在的，最早在法律中明文规定矜老恤幼的是西周刑法。自从西周规定"三宥三赦"之后，历朝都有"老小废疾者"减免刑责的法律规定。这种礼与法的深度融合，较为周全地考虑到了中国社会的传统和普通民众的心理，也为封建统治者戴上了恤民爱民的仁慈面罩。然而，一旦统治受到威胁、皇权受到挑战，这种仁慈就会荡然无存。这在谋反、谋逆罪上表现得最为明显，即在谋反、谋逆罪上，不存在完全不负刑事责任的人，统治的安全是第一位的。

（2）亲亲相隐。中国的亲属容隐观念和制度之萌芽应上溯至春秋时期，但最早将容隐政策法律化的是秦律。此后历经汉初至南北朝、隋唐至清末变法以前，该制度一直合法存在，并由卑亲属隐匿尊亲属的单向隐匿制，逐渐发展为尊、卑亲属之间相互隐匿的双向隐匿制。

（三）中国传统刑事政策思想的现代借鉴

这是研究中国传统刑事政策思想的现实意义所在，即主要运用诠释学方法解读传统刑事政策思想，发掘其现代意蕴，分析传统刑事政策思想对于当代构建社会主义和谐社会、在"四个全面"战略布局下贯彻落实全面依法治国战略的借鉴意义。

1. 传统基本刑事政策思想的现代借鉴

（1）天人合一：人与自然相和谐的终极追求。中国古代的天人合一，有多种意义，既有上天与皇帝的精神感应，也有人与自然界的和谐统一。天人合一的现代价值就在于人类与自然界的和谐统一，为解决人类社会发展所面临的严重环境问题和可持续发展问题提供解决思路。

（2）德主刑辅：建设法治中国的基本政策。法治社会，至少应该是刑事犯罪的严重程度不足以对公民的生命、财产构成严重威胁的社会。将犯罪控制在不对社会构成严重威胁的范围内，既是构建和谐社会的重要目标与途径，同时也是建设法治中国的重要内容。总结历史经验，德主刑辅既是构建和谐社会的基本社会政策，也是建设法治中国的基本社会政策。

（3）刑罚世轻世重：构建和谐社会刑罚趋缓的准据。刑罚世轻世重是一个流动性和相对性的概念，充分显现了中华民族灵活应变的智慧。刑罚是轻还是重，与国家的政体、制度、政治实践有密切的关联。在当前构建社会主义和谐社会的政治实践与全面依法治国的伟大进程中，应根据刑罚世轻世重的思想，正确贯彻执行宽严相济的刑事政策，使我国刑事立法和司法整体上呈现出刑罚宽缓化的趋势。

2. 传统刑事立法政策思想的现代借鉴

（1）立法宽简：构建和谐社会的立法取向。在古代，一个王朝在建立之初大都能遵从立法宽简的政策，但从王朝的中后期开始，法网便渐变渐密，刑罚便渐变渐重。而历史经验表明，立法的膨胀、刑罚的趋重，并不能解决政治危机、社会危机，反而会加速王朝的覆灭。1979 年新中国第一部刑法典基本上发扬了立法宽简的传统精神，但直至 1997 年《刑法》颁行时罪名在不断增加，刑罚在不断加重。这一现实做法并不是没有反思之处。立法宽简应成为构建和谐社会的立法取向和指导思想。

（2）严治贪腐：廉洁政府的保障。贪腐是一历史顽疾，严以治吏是我国的传统。新中国自成立以来，一直坚持严治贪腐的传统政策思想。20世纪 80 年代以来，高官落马者逐渐增多。现实的图景常常是：贪腐是贪财与贪色两不分离。因此，要记住历史留给我们的殷鉴：把反腐败推向深入，贪财贪色应同时治理。

3. 传统司法政策思想的现代借鉴

（1）顺天行刑：尊重自然规律、尊重人性。顺天是中国古代思想家的共识。顺天行刑，正是寻求人与自然的和谐，在用刑问题上强调天人合一，遵循自然规律。在今天看来，天人感应说带有诸多神秘色彩，但以此为基础的顺天行刑政策思想对于人与自然之间和谐的追求、对自然规律的尊重等方面仍具有启发意义。

（2）慎刑恤罚：构建和谐社会的民权关怀。慎刑恤罚首先得以立法的谦抑为前提，但是，借鉴传统慎刑恤罚政策，改变重刑倾向，同样是当下司法的一个重要课题。首先，要进一步限制死刑适用对象。例如，借鉴历史，可以考虑将死刑适用排除对象扩大到满一定岁数的老年人。这一建议已被《刑法修正案（八）》吸收，但吸收得并不彻底。其次，司法中要充分运用轻缓化的刑事政策。执政为民、司法为民是构建社会主义和谐社会理念的应有之义，我们应借鉴传统的慎刑恤罚思想，关注弱势群体的权利实况、司法生态。

（3）慎用死刑：尊重生命、保障人权。我国古代死刑复奏复核制度相当完备，慎用死刑是中国法律文化传统。在当下慎用死刑也契合我国社会发展与法治进步的要求。在贯彻依法治国方略中，在落实宽严相济刑事政策时，要认识到慎用死刑对于保障司法公正、尊重生命的重要意义。

4. 针对特定人刑事政策思想的现代借鉴

（1）矜老恤幼：刑罚人道主义的关怀。刑罚人道主义对于指导我国刑罚权的配置行使，保障犯罪人的合法权益，促进我国刑罚制度的进步和人权事业的发展具有非常重要的意义。对老年人和未成年人的刑罚人道主义的关怀是法治文明的进步。《刑法修正案（八）》在增加对老年人从宽处罚的同时完善了对未成年人的从宽处遇，但在刑罚配置及执行上仍有进一步完善的空间。

（2）亲亲相隐：法治社会的人道根基。亲亲相隐的立法几乎贯穿了人类文明史，探其究竟，是因为亲亲相隐有利于国家的长久利益。从历史的经验出发，在今天我们有必要完善相关立法，如实体法上的包庇犯罪、伪证犯罪，程序法上的亲属作证义务等。2012 年《刑事诉讼法》对亲属作证义务已做了相当完善的规定，但实体法上的相关规定至今尚未改变。如何在"家"与"国"的利益之间寻求一个衡平点，不仅是完善相关立法应该考虑的问题，更是构建和谐社会、维护国家长治久安要考虑的重大课题。

五、预期目标

第一，立足于历史，着眼于现实，以多学科交叉研究为视角，运用史学、诠释学、刑事政策学等方法陈述和诠释中国传统刑事政策思想，吸收传统精华，恢复民族自信，为构建和谐社会、推进依法治国在刑事政策、刑事立法与刑事司法方面提出若干建议。

第二，扭转研究中国问题的基本思路。这是笔者一贯倡导的。近百年来，学者们研究中国问题总是自觉不自觉地以西方为标准。然而，一个国家的法治，贵在有根，贵在合于国情。中国的法治不能没有深厚、扎实的文化传统之根。解决中国社会和法律问题，只一味遥望西方是没有出路的。中国社会与法律变迁应该更多地尊重中国传统，恢复并重建中国人自己的生活秩序——和谐社会。所以本研究的目的之一是：从中国传统刑事政策思想中寻找属于自己的文化根基。研究中国法治问题、建设法治中国，立足于中国是根本，西方提供的法治理路仅是参考。

第三，就研究成果而言，在以"中国传统刑事政策思想与当代构建和谐社会研究"为题名的博士后出站报告的基础上，吸收了最近几年学术界的研究成果，对某些问题深化了研究。本成果围绕"中国传统刑事政策思想与现代刑事法治建设"主题，从深入探索中国传统刑事政策思想的理论渊源，系统梳理中国传统刑事政策思想并运用现代刑事政策学原理进行分类，创造性转换中国传统刑事政策思想以资现代刑事法治建设之借鉴三个角度展开研究，以章、节、目的方式展示研究路径与研究内容。成果名称定为《中国传统刑事政策思想》。

六、创新与发展

（一）重新认识中国传统刑事政策思想的理论渊源

一般认为，中国传统法是伦理法，是浸润着儒家思想的法，所以，传统刑事政策思想就是儒家思想。然而，这种认识并不全面。中国传统刑事政策思想博大精深，其理论渊源具有多元性，儒、法、道、墨等各家思想对中国传统刑事政策思想的形成均有贡献。中国传统刑事政策思想可谓"霸王道杂之"，这使得其包容性很强，而越是兼收并蓄的东西越是有生命力。

（二）重新认识曾经被斥为封建毒素的一些东西

中国传统法律文化中有一些好的东西曾经被斥为封建毒素，如亲亲相隐。亲亲相隐是人类的本性和天然情感中的客观存在，影响着人们的情感、道德、伦理观念，决定着社会生活的潜在法则。对此，制定法无法回避也不能回避。如果法律不适度体现"亲伦"精神，就不足以保障人权、自由和平等。当然，对于亲亲相隐破坏法律公正、平等的一面，也不能视而不见，在依法治国的进程中，关键是寻找"家""国"之间的利益衡平点，以保证法治中国目标的实现。

（三）重新认识建设法治中国的路径

自清末以来，国人期盼法治之心，随时代而愈切。自清末变法算起，法治的呼声已有百余年，但其结果是，现代化法律"形体"已生成，但现代法治观念的"灵魂"并未完全附体。究其原因，主要在于中国法律近代化的过分西化、过分反传统，导致自己的文化根基丢失了。中国文化是世界上最伟大、最高尚的文化之一，它是解决中国社会和法律问题的根本。

当前中国社会和法律转型中存在的问题，也只能靠中国文化自身来解决。中国社会和法律只有重新找着了属于自己的文化根基，才有可能戒除转型期的社会性浮躁，中国法律也才能有所本属。所以，在法治求索之路上，在遥望西方的同时更要近观中国。这是笔者一贯的主张。党的十八届四中全会决定指出："汲取中华法律文化精华，借鉴国外法治有益经验，但决不照搬外国法治理念和模式。"这为法治中国建设指明了根本路径。在继承传统并超越传统的基础上，中国的法治蓝图才有可能实现。

本成果正是在继承前人研究成果的基础上按照下述思路铺陈开的：陈述历史，发现传统刑事政策思想的形成与变动过程；诠释思想，发掘传统刑事政策思想的现代意蕴；解读文化，为中国刑事法治建设提供针对性的参考意见，为法治中国建设寻找文化根基和文化凭据。

第一章　中国传统刑事政策思想的理论渊源

　　根据中外通行的说法，"刑事政策"这一概念由德国学者克兰斯洛德与费尔巴哈于 1803 年的著作 *Lehrbuch* 中最早提出，认为刑事政策是立法者根据各国的具体情况而采取的预防犯罪、保护公民自然权利的措施，是国家据以同犯罪作斗争的惩罚措施的总和。刑事政策学派的奠基人德国刑法学家李斯特认为，刑事政策是国家与社会据以组织反犯罪斗争的原则的总和。法国法学家马克·安赛尔视刑事政策为"观察的科学"与"组织反犯罪斗争的艺术与战略"。此后，西方大多数法学家或刑事政策学家都倾向于认为，刑事政策既是打击和预防犯罪的斗争策略，是一个国家总政策的组成部分，同时也是研究犯罪现象及其对策的科学。刑事政策从此成为一门独立的科学。[①] 我国古代有"政刑"与"策"等语词，没有"刑事政策"一词，但是现代语义上"刑事政策"的内涵所指之内容在中国古代是早已存在的，此即我国古代预防和控制犯罪的准则、方案、措施等，它们主要存在于政治家、思想家和学者的主张、学说和思想之中。而表现为主观存在的思想、理念，在现代也往往被称为刑事政策思想。有些刑事政策思想被统治者采纳而成为刑事政策。需要说明的是，传统刑事政策思想是中国文化的重要组成部分，内容十分丰富，天人合一、德主刑辅、立法宽简、刑罚世轻世重、慎刑恤罚、顺天行刑、亲亲相隐、严治贪腐等等都是一座座思想宝库。一般认为，中国传统法是伦理法，传统刑事政策思想就是儒家思想。然而事实上，中国传统刑事政策思想博大精深，而此博大精深得益于其理论渊源的多元性。中国文化从来就是开放的文化、集百家之长的文化。仅中国精神文化或人文文化的三大元素"儒、释、道"，已经足以说明中国文化的多样性与包容性。中国文化的神秘与深邃、玄妙与和谐、动感与美感、韵味与情调、变化与永恒，很大程度上就是出自她的多

---

　　① 参见谢望原、卢建平等：《中国刑事政策研究》，北京，中国人民大学出版社，2006，第 20～25 页。

样性与包容性。① 任何一种学说的形成都有其独特的思想渊源，中国传统刑事政策思想当然也有其深刻的理论渊源与历史背景。儒、法、道、墨等各家思想对中国传统刑事政策思想的形成均有重要贡献。

公元前550年至公元前220年期间，是中国历史上著名的"百家争鸣"的时代，是中国古典思想形成的黄金时期。儒、法、道、墨四个主要思想流派，面对凋敝的周代文化，彼此论辩，提出了完全不同的主张。诸子竭力提出自己认为最佳的方案来解决当时治国理政面临的难题，并各自成一家之言。每一家都试图为混乱的时代出谋划策、建立秩序，为长期处于野蛮战争威胁之下的生命赋予意义、谋划未来。道家发展出了一种鼓吹自然和逍遥的哲学，他们全面反对人类的文明包括人定法，认为人类文明是精神污染的根源。墨家瞩目于大国之间的争战、贵族生活方式的奢侈浪费以及普遍的不公正，他们组织成军事团体，主张"以天为法"，为造就仁爱和平不惜自我牺牲。法家认为必须与"封建礼制"决裂、不务德而务法，主张与权力核心联盟而严刑峻罚。儒家主张以教育来塑造人格，为周文化的衰落提出了一个长久的解决方案；其思想核心"仁"充分体现在了亲亲相隐、慎刑恤罚等刑事政策思想方面；儒者相信，通过修己和明心可以变得真正的高尚。② 儒、法、道、墨的思想共同构成了中国传统刑事政策思想最主要的理论渊源。

第一节　儒家思想

在古华夏，国家治理模式的架构与实践都离不开儒家思想。传统刑事政策同样离不开儒家思想，中华法系重礼轻法的本质特征的形成即是受儒家思想的浸染所致。儒家法律思想是中国古代社会历史发展的产物，其社会基础是：自给自足的农耕生产方式，以父系为核心的宗法家族组织，以及与此相适应的国家政权形式。这三者相辅相成、紧密结合，构成了中国古代社会的基本特征。儒家法律思想中包含的"礼治""德治""人治"等内容，无不根植于古代社会的基本特征之中。在中国古代社会的发展进程中，儒家代表人物不断吸收其他流派的思想养分，完善自己的理论体系与观点主张，增强其理论的适应性，保持了其理论体系对社会政治法律活动

① 参见米也天：《出法入道》，北京，法律出版社，2005，第119～121页。
② 参见杜维明：《儒教》，陈静译，上海，上海古籍出版社，2008，第15～16页。

的官方正统的价值观念。① 诸子百家中，儒家思想对传统刑事政策思想的形成影响最大。

一、儒家思想概况

儒家思想，又称儒学，也有人认为它是一种宗教而称之为儒教。② "儒"最初指的是冠婚丧祭时的司仪，自汉代起指由孔子创立的后来逐步发展为以"仁"为核心的思想体系。儒学是中国古代的主流意识流派，自汉朝以来在绝大多数的历史时期均作为中国的官方意识形态，至今也是世界各地部分华人的主流思想基础。儒家学派对中国、东亚乃至全世界都产生过深远的影响，传统文化中的某些儒学因素在今天有复兴之趋势。

（一）儒学的基本沿革

1. 传统儒学

（1）儒家思想产生的背景

孔子所处的春秋时代，由于社会内部不可调和的矛盾引起的深重危机动摇了传统文化的权威性，人们对传统文化的怀疑、批判精神与日俱增，就连祖述尧舜、宪章文武的孔子也不能不把当时所处时代的精神注入自己的思想体系中，并对传统文化加以适当的改造，以便在社会实践中建立一种新的和谐秩序和心理平衡。这种情况到了大变革的战国时代显得尤为突出，人们在崩塌的旧世界废墟上已经依稀看到了冲破旧的尊卑等级束缚的新时代曙光。

未来究竟是个什么样的社会成了举世关注的大问题，并在当时思想界引起了一场"百家争鸣"式的大辩论。诸子百家代表社会各阶级、各阶层的利益，纷纷提出各自的主张，其中一个最主要的争论焦点就是如何对待传统文化。围绕这个问题而进行的思想碰撞与交锋，以儒、法两大思想流派最具代表性，也最具针锋相对性。他们旗鼓相当，应者云集，故皆为显学。另外还有墨家、道家、阴阳家等等学派，一时间可谓学派林立，中国历史上言论自由、学术昌明的时代就此出现。

（2）儒学的形成

儒家思想指的是儒家学派的思想，由春秋末期思想家孔子所创立。

---

① 参见武树臣：《儒家法律传统》，北京，法律出版社，2003，第3页。

② 例如当代新儒家代表人物之一杜维明所撰写的一本专著的书名即是《儒教》（上海古籍出版社2008年版）。在书中写道："儒教是一种世界观，一套社会伦理，一种政治的意识形态，一个学术传统，同时也是一种生活方式。"（第13页）

儒家学派之前，古代社会贵族和自由民通过"师"与"儒"接受传统的"六德""六行""六艺"的社会化教育。"六德"是指"知、仁、圣、义、忠、和"，"六行"是指"孝、友、睦、姻、任、恤"，"六艺"是指"礼、乐、射、御、书、数"。从施教的内容看，中国古代的社会教育相当于现代教育中的品德教育和通识教育，完全是基于华夏民族在特定生活环境中长期形成的价值观、习惯、惯例、行为规范和准则以及基本素质等文化要素而进行的。儒家学派的创始人孔子第一次打破了往昔统治阶级垄断教育的局面，一变"学在官府"而为"有教无类"，全盘吸收了官方品德教育和素质教育的文化要素并上升到系统的理论高度，让更多的人接受了教育，使传统文化教育惠及整个民族。这样，儒家思想就有了坚实的民族心理基础和广泛的传播面，使其为全社会所接受并逐步儒化全社会奠定了根基。孔子创立的儒家学说在总结、概括和继承夏、商、周三代"尊尊亲亲"传统文化的基础上形成了一个完整的思想体系。司马迁在《史记·孔子世家》中说：孔子"乃因史记作春秋，上至隐公，下讫哀公十四年，十二公。据鲁，亲周，故殷，运之三代"。孔子也说过："述而不作，信而好古"①。这正是他自己的思想本色。儒家学派的创始人孔子和他的两个主要继承人孟子、荀子主导了儒学第一期的发展。

儒学注重人的自身修养，提倡要与身边的人建立一种和谐的关系。对待长辈要尊敬有礼貌。朋友之间要真诚守信用，"与朋友交，言而有信"②。为官者要清廉爱民。做人要有自知之明，尽分内事，"君子务本，本立而道生"。统治者要仁政爱民，"为政以德，譬如北辰，居其所而众星共之"③。对待其他人要有博爱之心，"老吾老，以及人之老。幼吾幼，以及人之幼"④。对待上司要忠诚，"君使臣以礼，臣事君以忠"⑤。对待父母长辈要孝顺，"父母在，不远游"⑥，"今之孝者，是谓能养。至于犬马皆能有养；不敬，何以别乎？"⑦。尊重知识，"朝闻道，夕死可矣"。善于学习别人的长处，"见贤思齐焉，见不贤而内自省也"⑧。提倡人要达到"温、良、恭、俭、让"的道德境界。

---

① 《论语·述而》。
② 《论语·学而》。
③⑦ 《论语·为政》。
④ 《孟子·梁惠王上》。
⑤ 《论语·八佾》。
⑥⑧ 《论语·里仁》。

2. 董仲舒新儒家思想

灭六国首开统一封建王朝之先河的秦朝，以法家思想为统治的指导思想，儒家思想被压制。秦始皇听从李斯之建议"焚书坑儒"，使儒家思想遭受重创。"焚书坑儒"后，儒家思想几乎销声匿迹，加之当时汉字尚处于雏形阶段，准确表达的功能不完备，这使得儒家思想的传播更是雪上加霜。在汉初，经历了秦朝暴政的人们不再主张以法治国，当时的主流思想是想挣脱事事受制于法、主张无为而治的道家思想，即所谓黄老道行无为之治。面对当时的局势，董仲舒提出"春秋大一统"和"罢黜百家，独尊儒术"的主张，强调以儒家思想为国家的哲学根本、治国理政的指针。汉武帝采纳了他的建议。从此儒学成为正统思想，研究"四书五经"的经学也便成了显学。此时，孔子早已作古。董仲舒将道家、阴阳家和儒家中有利于封建帝王统治的部分加以糅合发展，形成了新儒家思想，并运用于治国理政的实践。

在汉朝的儒家思想传播、普及过程中，很多社会问题得到解决。儒家思想倾向于施用仁政管理国家，政治家们以此为根据，限制土地过分集中，努力建立完善的道德体系。在公元前1世纪西汉正处于巅峰之时，儒家传统在中国的道德教育、政治意识形态和社会伦理领域成为占有主导地位的精神力量。然而，儒学不是唯一的精神力量，在儒学成为正统、规范着文化精英的生活方向与生活方式时，与它共存的还有许多其他的思想流派：道家、法家、阴阳家、五行学说和各式各样的民间信仰。确实，汉代儒学的显著特征便是兼容并蓄，它象征着一种颇用心思的努力：把看起来彼此排斥的观念系统熔铸在一个相互关联的世界观之中。董仲舒的人文宇宙论就调和了多种学说。到了3世纪，儒学的发展逐渐迟缓下来，尽管它仍持续影响着政治制度、社会组织和经济文化诸方面。儒学的发展在佛、道盛行时期确实并未停止，然而，真正意义上的儒家复兴发生在11世纪。①

3. 魏晋以后的新儒学

汉朝以后，"四书五经"被无数次修订，孔子原作已面目全非。儒学在魏晋时期演变成玄学。唐代政权基本上以儒家思想为主导，但是也渗透了道教和佛教思想。宋朝时儒学发展为理学，尊周敦颐、程颢、程颐为始祖，朱熹为集大成者，后来理学取得官方地位。现在所说的儒家思想，相当部分来自宋朝的文献。元明清时期，科举考试都以朱熹的理学内容为考试题目与答案来源，足见理学地位的尊崇。

---

① 参见杜维明：《儒教》，陈静译，上海，上海古籍出版社，2008，第49页。

　　在思想观念和正统哲学方面，唐代后期和宋代产生出的思想与哲学模式显然在中国一直保持到19世纪。被西方称为新儒学的复杂哲学思想就是在这几个世纪的思想活跃时期出现的，从唐后期起几乎一直是中国思想的核心，直至20世纪在西方思想和革命性的政治与社会变动的影响下崩溃时为止。

　　新儒家的代表人物有韩愈、王安石、程颢、程颐、朱熹等。朱熹是这一学派的最后集大成者和组织者，可与13世纪影响最大的西方经院哲学家意大利的托马斯·阿奎那相比。朱熹作为古典时代以后的注经大家、中国重要的哲学家，对新儒学思想有深刻的影响，在东亚他的思想被称为朱子哲学。宋代的新儒家很接近佛教，因而他们相当重视这种玄学，并仔细地将太极与阴阳五行之间的关系精密系统化，并发展出可以引起人们联想的佛教轮回理论。但与以前的各种儒学一样，新儒学的核心是将其思想运用到伦理道德与社会政治制度中。

　　孟子认为人性本善，因此只需要教化和自我发展；而荀子认为人性本恶，因此需要严格控制并强行给予灌输。这两种不同观点之间的冲突到宋代愈益严重。朱熹及其学派支持孟子的观点，并试图据此解决这一争论。他们认为作为人性的"理"自然是纯洁善良的，由"理"发展出了五种基本美德——"仁、义、礼、智、信"。但一个人"理"的珍珠总是在他的"气"的污泥中被发现的，这就需要擦拭珍珠使之充分显出原有的光泽。因此，虽然自我修养显得更为重要，但教育也是必不可少的。

　　宋代的新儒学是儒学发展的鼎盛时期，其内容主要包括：其一，强调孟子和宋代文人官僚的观点。这是一种特别重视以家庭为中心的伦理观，《孟子》一书中最早提出的五种人伦关系，即君臣、父子、夫妻、兄弟和朋友之间的关系，在这一时期得到强调。应该指出的是，在当时，上述五种人伦关系中除了最后一种关系外，其他所有的关系都是尊卑关系。其二，强调儒家的仁爱家长制的政治理想，国家被看成家庭的扩大，统治者被看成父亲一样其权威主要是道义的。其三，主张应该按照有良好品行和德政这些古代原则培养出的有道德的儒生来指导并治理社会。这是在文官制度和科举制中所形成的官僚化的理想。儒生们有责任将公共事务置于私人利益之上，正直地规劝天子，甚至甘冒个人身家性命风险。朱熹对新儒学的综述，在其去世后逐渐获得正统地位。1313年朱熹对经籍的注解成为标准文本，文官考试中的答卷必须与之相符。①

---

　　①　参见〔美〕费正清、赖肖尔：《中国：传统与变革》，陈仲丹等译，南京，江苏人民出版社，1992，第149～154页。

中国社会的儒学化在清代达到了顶点。清朝皇帝刻意以儒家王者的模范自居，在这方面超过了明朝王室。他们精心地把儒家学说转变为政治的意识形态和统治机制，十分警觉地维护自己作为儒学真义权威诠释者的帝王特权。清朝乾隆时期开始了编纂《四库全书》的庞大学术计划，清廷试图把儒家文化的经史子集四部的全部重要著作彻底整理一遍。《四库全书》有三万六千多册图书、10 230篇提要，雇用了一万五千余名抄手，历时二十载才完成。① 这表明了清廷对儒家文化的尊崇。但是，他们通过严苛的措施如"文字狱"，实际上又消磨了学者传授儒家学说的能力。

（二）儒学对中国的影响

儒家思想关注的并非"自然""科学"，而是在"人"和"社会"这些永恒的课题上建立起了具有永恒价值的独树一帜的价值体系，而且成为中国古代社会的核心价值体系。

这一在中国存在几千年的价值体系，对于中国古代的政治、经济等各个方面起着巨大的作用，在当下中国依然存在巨大的潜在影响，这种影响在短期内尚不会消除，这一价值体系中的某些内容还会历久弥坚。儒家思想一直是汉族及中国其他民族等华夏民众最基本的主流价值观。"礼、义、廉、耻、仁、爱、忠、孝"儒家思想的基本价值观，一直是指导绝大部分中国人日常行为的基本意识规则和行为规则。中华民族礼貌友善、温良忠厚和刻苦认真、积极进取的性格与气质，也是在儒家的教化下逐渐形成的。

但儒学忽略了人的个性，这一点在宋明理学以后变得得越来越严重。儒学经过汉朝到宋明时期变成了理学，理学后来到明清时期变成了礼教。其总的趋势是人文精神越来越淡薄、越来越削弱，人的自身价值越来越被忽视和压制。在明代中后期，已经有许多学者注意到了这个问题，比如王阳明及其弟子王艮、李贽公开反对以孔子之是非为是非，他们比较强调要重视人的自我价值。

在近代，由于中国的落后，大多数知识分子都在反思中国落后挨打的原因，其中一部分知识分子认为是儒家思想造成了中国落后的局面，进而提出了"打孔家店"② 的口号。这种思潮在"五四新文化运动"中甚为流

---

① 参见杜维明：《儒教》，陈静译，上海，上海古籍出版社，2008，第75页。
② 北京大学教授王东在他的《五四精神新论》一书中说：如今能找到关于"孔家店"最早的记录就是1921年6月16日，胡适在给《吴虞文录》作序时首次提出"打孔家店"。"打孔家店"与"打倒孔家店"虽只有一字之差，含义却大不相同。"打"只是一种动作，"倒"却昭示了一种结果。"打"的性质侧重于批判，"打倒"就是全盘否定了。

行，此后对儒家思想的批判声时而有之。在中国实行改革开放后，有人开始重新提倡儒家思想。各种读经班兴起，孔子学院在全球日益增多，北京大学成立《儒藏》编纂和研究中心，2011 年年初孔子铜像出现在天安门广场（3 个月后移至中国国家博物馆），都说明了儒家思想在今天的中国仍然具有一定的影响力与生命力。

二、儒家法律思想

儒家的法律思想和他们的政治思想密切勾连，基本上继承和发展了西周以来的"礼治"和周公的"明德慎罚"思想，提出了一系列维护"礼治"、提倡"德治"、重视"人治"的法律观点，这对秦汉以后的封建社会影响很大。我国封建社会的正统法律思想就是以儒家法律观点为主，糅合法家并吸取其他各家中有利于维护封建统治的法律思想加以改造形成的。

（一）以德治为治国的基本方略

儒家在统治方法上，提倡"为政以德"的"德治"或"以德服人"的"仁政"；主张"王道"，反对"霸道"。如果将其应用到法律与道德上，相对来说，重视道德及其感化作用，轻视法律及其强制作用。儒家的德治包含三方面内容：

1. 省刑罚、薄税敛

儒家吸取了以往奴隶主贵族统治的经验教训，比较重视民心的向背。为了避免激起人民的反抗，他们主张减轻刑罚和降低赋税，要求"省刑罚、薄税敛"，反对苛政、暴政和严刑峻罚。孔子认为，统治者必须"使民以时"和"博施于民"。孟子则指出："暴其民甚，则身弑国亡；不甚，则身危国削"①。荀子也说："君者，舟也；庶人者，水也。水则载舟，水则覆舟"②。他们都反对过重搜括盘剥，认为劳动人民衣食无着、没有基本的生活保障是引起犯罪和反抗的主要原因。孟子说："民之为道也，有恒产者有恒心，无恒产者无恒心。苟无恒心，放辟邪侈，无不为已"③。显然，儒家已经初步认识并分析了犯罪的原因。为了消除产生犯罪的经济原因，他们又主张"富民""裕民"。这种思想是有积极意义的，既有利于社会生产，又有利于人民生活，对后世立法产生了良好影响，是儒家思想

---

① 《孟子·离娄上》。
② 《荀子·王制》。
③ 《孟子·滕文公上》。

中最有价值的部分。

2. 化民之道，固在政教，不在刑威

基于"德治""仁政"，儒家认为统治人民主要不应靠刑罚而应靠教化。孔子强调对人民"道之以德，齐之以礼"，即加强道德感化并对人民要进行礼教，反对"不教而诛"。孟子主张"教以人伦：父子有亲，君臣有义，夫妇有别，长幼有序，朋友有信"①。荀子是性恶论者，为了能"化性起伪"、改恶为善和禁恶劝善，他主张既重刑罚也重教化。儒家所谓教化，就是进行"礼教"；除剥削者内部的自我教育外，主要就是对劳动人民灌输宗法伦理道德和等级观念。这不但有利于儒家思想迅速成为整个社会的统治思想，而且有利于使人们习惯于顺从而不反抗。正如孔子弟子有子所说："其为人也孝弟，而好犯上者，鲜矣；不好犯上，而好作乱者，未之有也"②。清末沈家本主持法制变革时说："化民之道，固在政教，不在刑威。"法治派领袖如是说，表明德治、德主刑辅终清廷之世乃其治国的基本方略。

儒家教化的另一内容就是重义轻利。孔子曾一针见血地指出："君子喻于义，小人喻于利"；孟子反对"上下交征利"；荀子也说："积礼义而为君子。""纵情性而不足问学，则为小人。"重义轻利的目的之一是想对唯利是图的统治者施加压力，使其有所收敛，以行"仁政"；更为重要的是想用来束缚劳动人民，使其不去为自己应得的一点基本权利进行合法或非法的斗争。儒家的义利观对中华民族不追逐名利、舍生取义等高尚品德的形成有巨大作用，但同时对于中华民族长期淡薄权利意识、人治长盛不衰、法治长久不昌也有负面作用。

3. 宽猛相济，德主刑辅

儒家虽重教化、轻刑罚，但从不否定刑罚存在的必要性：当教化不起作用时仍然主张诉诸暴力，适用刑罚。此乃所谓"出礼入刑"。孔子曾赞赏根据形势需要使用"宽以济猛，猛以济宽"两手的统治者，后来又发展到荀子的"明礼义以化之""重刑罚以禁之"的"治之经，礼与刑"。不过总体来说，儒家总认为刑罚是教化的辅助手段，其作用在于促成德治，所以被后人归结为"刑者德之辅"，又称"德主刑辅"③。

---

① 《孟子·滕文公上》。
② 《论语·学而》。
③ 张国华主编：《中国法律思想史新编》，北京，北京大学出版社，1998，第45～51页。

（二）以礼治为立法与司法的法理

为了维护"礼治"，孔子在礼坏乐崩的春秋末期仍然主张"为国以礼"①，提出并建立了以"仁"为核心、以"复礼"为目的的思想体系，作为整个儒家思想的理论基础。他要求各级贵族以"礼让为国"②，互相克制，停止争夺，遵守礼制。在法律上，他主张必须以"礼"作为适用刑罚的指导原则，只有在礼乐的指导下，刑罚的运用才能得当，才不致使人无所适从，所以他说："礼乐不兴，则刑罚不中；刑罚不中，则民无所错手足"③。孟子也认为，"无礼义，则上下乱"，要求法先王，"不愆不忘，率由旧章"④。荀子虽然反对礼所规定的贵族世袭制，但却特别推崇礼所维护的等级制，并明确指出"礼者，法之大分，类之纲纪也"⑤，要求以维护等级制的礼作为立法和审判的基本原则。

从维护"礼治"出发，儒家主张：

1. 严格遵守"君君、臣臣、父父、子子"的宗法等级名分

孔子首倡"正名"，要求纠正违反等级名分的混乱现象，反对犯上作乱，反对僭越。孟子也宣称不容背离"内则父子，外则君臣，人之大伦也"之秩序。荀子则把确立"贵贱有等，长幼有差"⑥的礼，说成是"与天地同理""与万世同久"的"大本"，不能违反。

2. 坚持"亲亲为大""亲亲相隐"的宗法伦理

"礼治"是宗法和等级相结合的产物。孔孟尤重周礼"亲亲"的宗法原则，一再强调"笃于亲"，认为"尧舜之道，孝弟而已矣"。当伦理与法律发生矛盾时，儒家主张伦理为先，坚持"亲亲"；在犯罪问题上反对父子互相告发，提倡"父为子隐，子为父隐"。但儒家对周礼的"亲亲"原则也有所修正。周礼讲"任人唯亲"，儒家则讲"亲亲为大"。孔孟曾提出"举贤才"和"尊贤使能"的主张，但有条件，即必须由亲及疏、由近及远。荀子更重贤能，主张"贤能不待次而举"，即可以破格提拔。不过，他也认为在贤能相等的前提下，应当由亲及疏。这对后世任人唯亲的裙带关系学影响甚大。

3. 宣扬礼的功效乃"承天之道"以"治人之情"

儒家提出了一系列理论来为"礼治"进行辩护，以维护"礼治"在

---

① 《论语·先进》。
② 《论语·里仁》。
③ 《论语·子路》。
④ 《孟子·离娄上》。
⑤⑥ 《荀子·劝学》。

意识形态领域的统治地位，其中比较突出的就是大力鼓吹礼乃"承天之道"以"治人之情"。西周以后，神权不断动摇，统治者为了统一思想，开始利用天地、阴阳、五行等自然现象和事物来论证维护尊卑贵贱等级秩序之礼的合理性和永恒性。他们鼓吹，天地、阴阳有上下尊卑之分，五行也有相生相克之别，因而便将它们附会为人类划分尊卑贵贱的依据。这在经过儒家加工或润色的《周易》与《尚书·洪范》中早已有所阐释，将原有朴素辩证法和唯物论因素的阴阳、五行说加以唯心主义的改造，使其神秘化。后来的儒家特别是以子思、孟轲为代表的思孟学派，继承和发展了这种思想，神秘地赋予"天"以封建伦理道德属性，从而反证礼的合理性与永恒性。成书于秦汉时期的儒家论文集《礼记》保存了这类思想，并进一步将礼的功效概括为"承天之道"以"治人之情"。

《礼记》认为，"天道"体现了上下尊卑的等级原则，所以顺应这一原则的"礼"是合乎"天道"的"天理"，必须以礼作为立法与司法的指导思想。它还把"礼"具体化为"父慈、子孝、兄良、弟悌、夫义、妇听、长惠、幼顺、君仁、臣忠"十种"人义"。这十种"人义"间虽然互有要求，但并不是对等的，而是宗法等级原则的体现，发展到后来即演变为指导封建立法与司法的"三纲五常"。与此同时，它又把人们的喜、怒、哀、惧、爱、恶、欲"七情"说成是与"天理"对立的"人欲"，而"人欲"不能任其随意发展，必须用源于"天道"的"人义"加以约束与治理，否则就会"坏国、丧家、亡身"。因此，儒家认为礼是不可动摇的，"失之者死，得之者生"。作为先秦著名的朴素唯物主义者的荀子，虽然主张"明于天人之分"，但也把"君臣、父子、兄弟、夫妇"比作"与天地同理""与万世同久"的"大本"。儒家把礼视为出自"天道"的"天理"，这在《礼记·乐记》中有高度概括："礼者，天地之序也。""礼也者，理之不可易者也。"

儒家的这套说法，既是封建伦理道德的礼教，也是封建立法与司法的法理依据，发展到后来便成为宋明理学"存天理、灭人欲"的哲学根基，并被中外有的学者称为儒家"天人合一"的自然法。

（三）以"人治"为主要方法

1. "人治"的意义

对法律和哲学颇有研究的王伯琦先生（1909—1961）指出，儒家的"人治"有三种意义。

第一种意义是要在上者以身作则来使他人感化。季康子问政，孔子对曰："子为政，焉用杀？子欲善而民善矣。"① "善人为邦百年，亦可以胜残去杀矣。"② 王伯琦评论道，"人治"的说法，亦确有其真理，在上者能循礼守法，足以影响民风，变化气质的力量，当然很大。

第二种意义是说，有了好的法律制度，还要有好人来执行。此即"徒善不足以为政，徒法不足以自行"③。唐代白居易在《论刑法之弊》一文中，就痛陈当时小人执法之弊："小人之心，孰不可忍？至有黩货贿者矣，有佑亲爱者矣，有陷仇怨者矣，有畏权豪者矣，有欺残弱者矣。是以轻重加减，随其喜怒，出入比附，由乎爱憎。官不察其所由，人不知其所避。若然，则虽有贞观之法，苟无贞观之吏，欲其刑善，无乃难乎。"白居易说的这种小人，历代难免。倘说有了治法，不必要有治人，那是把白纸黑字的法的力量看得太大了。

第三种意义是最重要的一种，是说"天下之情无穷，而刑之所治有极，使天下之吏操有限之法，以治无穷之情，而不得少议其中，而惟法之知，则下之情无乃一枉于法而失其实欤。是以先王之时，一权诸人，而不任法，是故使法出于人，而使人出于法"④。这是要使执法的人不要只知有限的法而不显无穷之情，必须人出于法，然后可以不失其实。这种人治的观念，与德治观念，是一脉相通的。此之所谓人治，就是要人以道德规范作为权衡人之行为的标准，而不要受法的拘束。⑤ 这就导致：权与法相比较，权大于法。

2. "人治"的基本论点

儒家既主张"礼治""德治"，必重"人治"。"人治"是由"礼治""德治"派生的。"礼治"的基本特征之一是维护等级制，级别愈高，特权愈多，权力也愈大。尤其是西周以来的宗法世袭制，各级贵族在自己的封地内享有相对独立的行政、立法、审判等世袭特权，统治者个人的作用更为突出。另外，为了实行德治，儒家又要求有能以身作则充分发挥道德感化作用的统治者，因而也必然重视统治者个人的作用。这就与主张法治、重视法律作用的法家发生了"人"与"法"在治理国家方面谁起决定作用的论争，因而形成了"人治"与"法治"的对立、争辩。在这一争论中，

---

① 《论语·颜渊》。

② 《论语·子路》。

③ 《孟子·离娄上》。

④ （宋）张耒：《悯刑论》。

⑤ 参见王伯琦：《近代法律思潮与中国固有文化》，北京，清华大学出版社，2005，第23～24页。

儒家始终坚持"人治"。

（1）"为政在人"，"其人存则其政举，其人亡则其政息"

这主要是从以孔、孟为代表的儒家正统思想中得出的结论。他们认为，政治的好坏主要取决于统治者特别是最高层统治者个人的好坏。因此，他们希望统治者都能成为像他们心目中理想的尧、舜、文、武、周公那样的"圣贤"，因而主张"祖述尧舜，宪章文武"的"贤人政治"。国家的治乱既然系于统治者个人的贤与不贤，其结论也就必然如《礼记·中庸》以孔子名义所说的"为政在人"，"其人存，则其政举，其人亡，则其政息"。

（2）"有治人，无治法"

这主要是荀子的观点。荀子是先秦儒家中最重视法律及其强制作用的著名人物之一。但就"人"与"法"在治理国家上所起的作用来比较，他仍然认为关键是"人"，而不是"法"，即统治者特别是最高统治者对国家治理起决定作用，所以"有治人，无治法"自然是其逻辑结论。理由有三：第一，法对于治理国家虽然很重要，"法者，治之端也"，但法毕竟是人制定的，仍然取决于"人"，此所谓"君子者，法之原也"，即君主是最高立法者。第二，即使有了"良法"，也得靠"人"来掌握和贯彻执行，否则便成空文。此所谓"故法不能独立，类不能自行。得其人则存，失其人则亡"[1]。第三，国家大事复杂多变，法本身既不能概括无遗，又不能临机应变，完全仰仗"人"的灵活运用。因此，荀子最后强调说："故有良法而乱者，有之矣；有君子而乱者，自古及今未尝闻也"[2]。至此，荀子把"人治""法治"之争提到了法理学的高度。[3]

朱熹提出了与荀子相类似的观点，认为治理天下没有法律不行："为政必有规矩"[4]，"法弊，虽有良司，亦无如之何"[5]。但是，他认为作为统治者的人，比法更重要。理由是：第一，法是人制定的，君主"以制命为职"[6]。第二，"大抵立法必有弊。未有无弊之法。其要只在得人"[7]，即人可以弥补法的缺陷。第三，"固是法也待人而行"[8]，法要靠人来执行。

荀子、朱熹看到了法律具有天生的局限性，用法之人运用主观能动性

① 《荀子·君道》。

② 《荀子·王制》。

③ 参见张国华主编：《中国法律思想史新编》，北京，北京大学出版社，1998，第45～88页。

④ 《朱子文集》卷四十五《答廖子晦·十四》。

⑤⑧ 《朱子全书》卷六十四《治道二·学校贡举》。

⑥ 《朱子文集》卷十四《经筵留身面陈四事札子》。

⑦ 《朱子语类》卷一〇八。

能弥补立法之弊。这是具有进步意义的。儒家重"人治"、轻"法治",是从对比"人"与"法"在治理国家方面谁起决定作用的角度出发的,不是一般地轻视"法",更不是否定法律和法制的作用。不但荀子重视法律和法制,孔孟也要求严格遵守他们所维护的"礼制"。孔子主张"正名",即要求纠正各种违反等级名分的混乱现象;孟子也反对"上无道揆,下无法守"。上述儒家各种主要法律观点,经过改造基本上都为后世封建统治者所继承,并成为封建正统法律思想的核心。① 但是儒家"人治"中让最高统治者说了算、让有权者说了算的思想,流弊甚深,让中国古代无法养成对法治的信仰。

三、儒家与中国传统刑事政策思想

儒家学说作为一种伦理体系,包含着丰富的法律思想。其主要法律理论构成有:道德规范与法律规范两者不可分离,且前者是"体",后者为"用";在君民关系上,主张"德治";在法与人的关系上,主张二者相结合,但偏重人的作用。儒家法律思想作为支配中国古代法律实践活动的价值基础,其一系列理论或主张对于中国古代某些传统刑事政策思想的形成有至关重要的作用。德主刑辅、慎刑恤罚、亲亲相隐等传统刑事政策思想的形成,儒家学说是其最重要的思想渊源。但儒家法律思想疏于防恶、失于权利、弱于务实,这对中国法治建设有着顽固的负面影响。

(一) 儒家的价值观念是传统刑事政策思想的基本价值取向

尽管在中国古代,价值还没有上升为一种理论形态,但历朝历代的法典及其他法律文件都是在某种价值观念或利益准则的支配下制定的。自西汉以后,法典的制定即以儒家学说为基本的指导思想和理论基础,故儒家思想就是中国古代法基本的价值观念,是传统刑事政策的基本价值取向。如德主刑辅、明刑弼教的刑事政策就是儒家思想的政策化体现。礼所体现的"尊尊亲亲"及"贵贱有等,长幼有差,贫富轻重皆有称者也"② 等理想的社会和谐与公正的状态,合乎统治者要训导的人性,合乎社会长治久安的需要,因而为统治者所欣赏,成为中国传统刑事政策与传统法律的首要价值目标。这种价值取向意味着伦理和道德的原则优越于普通的法律规则,司法实践往往可以不受严格的成文法的约束而运用伦理原则来判案。③

---

① 参见张国华:《中国法律思想史新编》,北京,北京大学出版社,1998,第88页。

② 《荀子·礼论》。

③ 参见陈兴良:《刑法的价值构造》,北京,中国人民大学出版社,1998,第44页。

董仲舒所倡导的"春秋决狱"即是如此。当然，在专制社会里，威慑与镇压也是刑事政策的价值追求，而这种价值追求也是通过礼所规范的秩序体现的。礼本身就具有一种精神威慑力量，例如律文规定农民起义是犯上作乱，所以要用"大刑"即甲兵去镇压。这种价值取向既贯彻于立法政策和司法政策之中，又贯穿于立法实践与司法实践之中："礼义以为纲纪""明刑以为助"①。日本学者浅井虎夫说："中国古法受儒教之影响多含道德的分子，以故道德、法律，往往互相混同。"② 这一评价是比较符合实际的。

（二）儒家法律思想上升为治国理政的刑事政策

1. 重德礼轻政刑思想与德主刑辅政策思想

在治国根本方针上，孔子提出了以德政、教化为主，以政令、刑罚为辅的主张。孔子主张用缓和社会矛盾的方法来维护当时的贵族政体，这个方法就是德治。《论语·为政》言："为政以德，譬如北辰，居其所而众星共之。"在孔子看来，教化是预防犯罪的重要措施。他认为："贫而无怨难，富而无骄易"③，"小人穷斯滥矣"④。大意是贫穷是犯罪的客观原因，但君子即使再贫穷也可以自我约束、安贫乐道。可见，道德观念的有无，是犯罪的主观原因。因此，教化是从主观上消灭犯罪的重要屏障。⑤ 不仅如此，孔子还提出了重道德教化、轻法律刑罚的著名论断："道之以政，齐之以刑，民免而无耻。道之以德，齐之以礼，有耻且格"⑥。孟子反对"以力服人"，主张"以德服人"："以力服人者，非心服也，力不赡也；以德服人者，中心悦而诚服也"⑦。

作为儒家的重要代表人物，荀子仍然坚持"以德服人"的基本主张。他认为，赏罚不足以治理天下，最好的办法是德政和教化。但他又不是否定政刑的作用，而是认为政刑是德政教化的辅助手段。荀子是第一个提出德礼、政刑相互为用的思想家，他认为，"赏庆、刑罚、势诈，不足以尽人之力，致人之死"⑧，"道德之威"比起法家"暴察之威"要高明得多："礼乐则修，分义则明，举错则时，爱利则形；如是，百姓贵

---

① 《新唐书·刑法志》。
② 转引自杨鸿烈：《中国法律发达史》（上），上海，商务印书馆，1930，影印本"导言"。
③ 《论语·宪问》。
④ 《论语·卫灵公》。
⑤ 参见武树臣：《儒家法律传统》，北京，法律出版社，2003，第47页。
⑥ 《论语·为政》。
⑦ 《孟子·公孙丑上》。
⑧ 《荀子·议兵》。

之如帝，高之如天，亲之如父母，畏之如神明。故赏不用而民劝，罚不用
而威行，夫是之谓道德之威。"① 自此之后，整个封建社会的政治家、思
想家，自西汉董仲舒到南宋朱熹，无不是在重复和阐释这一理论。

董仲舒承荀子之绪，进一步明确"德主刑辅"的理论，并给它披上
"天道""阴阳"的神秘外衣。董仲舒说，"刑者德之辅，阴者阳之助
者"②；"天之任阳不任阴，好德不好刑"③；"圣人多其爱而少其严，厚其
德而简其刑，以此配天"④；"庆为春，赏为夏，罚为秋，刑为冬。庆赏刑
罚之不可不具也，如春夏秋冬不可不备也"⑤。此董仲舒的"德主刑辅"
说颇有创新：首先，把德、刑纳入"天道""阴阳""五行"的轨道之中，
使它们在时空上达到统一与和谐，宣扬天人合一，结束了先秦儒法之间
"以德服人""以德去刑"与"以力服人""以刑去刑"的截然对立。其次，
仍然偏重儒家的"德治"，把"德治"置于"天道"的首位，宣布"德治"
是治国的根本和首务。这是对传统德治思想的强化和神化。再次，在肯
定儒家德治优先地位的同时，又肯定了法家的刑罚作用，把法家的刑罚
第一次纳入天道运行之中。最后，糅合了儒法两家学说，认为德、刑不
可或缺，否则不能治理好国家，不符合天道。所以，需德、刑兼用，但
德主刑辅。⑥

朱熹在"政刑"与"德礼"的关系上有自己的见解，说："若夫道德
性命之与刑名度数，则其精粗本末虽若有间，然相为表里，如影随形，则
又不可得而分别也"⑦；"夫三纲五常，大伦大法"⑧。朱熹理学为正统的
意识形态所吸纳，因此，封建伦理道德观念就成了人们必须遵守的最高
法则，从而具有一定的强制性。朱熹把德礼与政刑作为统一体来认识，
认为"有德礼则刑政在其中"⑨，只有德礼才能使人民"有耻且格于
善"⑩，逐渐实现"存天理，灭人欲"的目的；同时认为"有德礼而无
刑政又做不得"⑪，政刑具有使人"不敢肆意于为恶"⑫，从而为实现德礼

① 《荀子·强国》。
② 《春秋繁露·天辨在人》。
③ 《春秋繁露·天道无二》。
④ 《春秋繁露·基义》。
⑤ 《春秋繁露·四时之副》。
⑥ 参见武树臣：《儒家法律传统》，北京，法律出版社，2003，第115、116页。
⑦ 《朱子文集》卷七十《读两陈谏议遗墨》。
⑧ 《朱子文集》卷八十二《书伊川先生帖后。》
⑨ 《诸子四书或问》卷三《中庸或问》。
⑩⑪ 《朱子语类》卷二十三。
⑫ 《朱子文集》卷十四《戊申延和奏札一》。

创造条件。

德主刑辅理论是在总结儒家理想主义和法家迷信暴力的基础上形成的，自"罢黜百家，独尊儒术"之后，德主刑辅即成为历代封建王朝正统的基本刑事政策，指导着立法和司法活动。

2. 宽猛相济的治国方策与刑罚世轻世重的刑事政策思想

"宽猛"作为治国的两手策略，最早由子产提出。子产为政，素重宽仁。到其晚年，他感到宽仁之政难以为继，故转而偏重"猛"。对于"宽猛"策略的运用，孔子说："政宽则民慢，慢则纠之以猛。猛则民残，残则施之以宽。宽以济猛，猛以济宽，政是以和。"① 此即被孔子提升到治国方案高度的"宽猛相济"之说，是针对社会具体情况而采用的策略。源于《尚书·吕刑》中的"刑罚世轻世重"——根据社会具体情况决定刑罚的轻重，在"宽猛相济"之说的影响下成为古代社会的一项基本刑事政策思想。

3. 仁政思想与立法宽简政策思想

孟子继承了孔子的德治思想并发展成为仁政学说。仁政学说的核心是重民思想。战国中期，各诸侯国先后通过变法确立新兴地主阶级的政权，并进而通过战争来扩大自己的政治空间和影响力。在法家政策的支配下，一些诸侯国运用严刑峻罚加强对人民的统治，如秦国用商鞅之法，"弃灰于道者被刑""刑及三族"②；齐宣王时规定"杀其麋鹿者如杀人之罪"③。孟子则反对严刑酷罚和滥杀无辜，他说："如有不嗜杀人者，则天下之民引领而望之矣。"④"行一不义，杀一不辜，而得天下，皆不为也"⑤。孟子认为"罪人以孥"是个坏制度，因为它牵连无辜之人，所以他主张"罪人不孥"⑥；认为"杀人以政"同"杀人以刃"没有差别，都是"率兽而食人"⑦。朱熹主张立法要疏略，只立个大的原则，以便让各级统治者根据具体情况自行处断："古人立法，只是大纲，下之人得自为。后世法皆详密，下之人只是守法。法之所在，上之人亦进退，下之人不得"⑧。

---

① 《左传·昭公二十年》。
② 《史记·商君列传》。
③⑥ 《孟子·梁惠王下》。
④⑦ 《孟子·梁惠王上》。
⑤ 《孟子·公孙丑上》。
⑧ 《朱子全书》卷六十三《治道一·总论》。

第二节　法家思想

长期处于正统地位的儒家思想对中国社会的影响是深刻的，然而法家思想对中国社会的影响同样是显著的。

在中国历史上，凡有关于法律方面问题的争辩，无不显现出儒、法二家观点之交锋。在先秦诸子中，儒、法二家关于德与法在治国理政中的地位和作用的看法，是针锋相对的。自汉而后，虽说思想统于一尊，但法家的精神并未绝灭，而且法典的形式在各代都有沿袭。从桓宽《盐铁论》所载儒生与法吏的争辩中，已足窥见汉代二家思想冲突之激烈，其他如王充、王符、崔实、仲长统等，亦多有近于法家之论。其后三国之诸葛亮，魏之刘劭、陈群、钟繇，晋之葛洪、刘颂、张斐、杜预，隋之赵绰、刘行本，唐之李乾祐、柳宗元、白居易，宋之王安石、许应龙、杨万里，元之苏天爵、郑介夫，明之方孝孺、丘浚，清之黄宗羲、崔述、袁枚、沈家本，历代不乏在某一方面表现法家精神的论者，而与儒家的正统思想发生刺谬。① 这也表明法家思想对中国古代社会的影响与儒家思想一样，也是绵延不绝、自始至终的。

一、法家思想概况

法家是战国时期代表新兴地主阶级利益、主张"以法治国"的一个学派，是继墨家之后反对儒家最有力的一个学派。它对法律的本质、法律的起源、法律的作用等方面提出了与儒家之"礼"相对立的法律观，运用"法治"的方法，推行"法治"的理论。② 主要代表人物有管仲、子产、李悝、吴起、商鞅、慎到、申不害等，而其集大成者，则是韩非。但是，他们在其所生活的时代，并没有被人们视为一个学派，也没有使用"法家"一语。将先秦思想家中提倡"以法治国"的人物统称为"法家学派"，是秦汉时期的事情。在《史记·太史公自序》中，司马谈将法家列为"六家"之一，与阴阳、儒、墨、名、道德五家并列，并首次对法家的政治主张和理论学说的本质做了评述。因此，法家学派，并不是一

---

① 参见王伯琦：《近代法律思想与中国固有文化》，北京，清华大学出版社，2005，第9页。
② 参见张国华主编：《中国法律思想史新编》，北京，北京大学出版社，1998，第114～127页。

个有意识地结成的学术团体，而是因其理论倾向的一致而形成的一股理论思潮①；也不是自诩为法家，而是被后人称为法家。

法家思想包罗万象，但其中最突出、最精彩和影响最大的也就是法治学说。其主要内容有：

（一）法律应当"布之于众"

法家认为，法律制定以后，既然要人们遵守，就必须以成文法典的形式予以公布，并力求做到家喻户晓。商鞅指出："圣人为法，必使之明白易知，名正，愚知偏能知之；为置法官，置主法之吏，以天下为师，令万民无陷于险危。"② 韩非强调法要显现于外，让老百姓都知晓，"是以明主言法，则境内卑贱莫不闻知也，不独满于堂"③。法家强调，法律要公布，法律要传播，要进行法制宣传教育。法律事先公布了，百姓知晓了，百姓的言行才会有针对性的心理预期，有了预测可能性，才不至于因不知法而陷于危险境地。

（二）依法办事，刑无等级

法家认为，要使法治真正得以施行，必须强调法的大公无私，强调君臣上下一体皆从法。"法之不行，自上犯之"④；"君臣上下贵贱皆从法"⑤；"刑过不避大臣，赏善不遗匹夫"⑥；"刑无等级，自卿相将军以至大夫庶人，有不从王令，犯国禁，乱上制者，罪死不赦"⑦。法家法治的核心内容，就是要求在治理国家时严格依法办事。法家代表人物邓析就曾明确主张"事断于法"，强调立法要公正，说"立法而行私，与法争，其乱也甚于无法"⑧。商鞅说，"明王之治天下也，缘法而治，按功而赏"⑨；"故明主慎法制。言不中法者，不听也；行不中法者，不高也；事不中法者，不为也。言中法，则辩之；行中法，则高之；事中法，则为之"⑩。

（三）"一法""一尊"

法家强调，要厉行法治，必须统一立法权、统一法律的内容、统一思

---

① 参见何勤华：《中国法学史》（第一卷），北京，法律出版社，2006，第87页。
② 《商君书·定分》。
③ 《韩非子·难三》。
④ 《史记·商君列传》。
⑤ 《管子·任法》。
⑥ 《韩非子·有度》。
⑦ 《商君书·赏刑》
⑧ 《邓子·转辞》。
⑨⑩ 《商君书·君臣》。

想认识，并保持法的稳定性。此即所谓"一法""一尊"。如韩非就明确指出："言无二贵，法不两适，故言行而不轨于法令者必禁。"① "法莫如一而固"，否则"治大国而数变法，则民苦之"②。《管子·法法》也强调：如果"号令已出又易之"，"刑法已错③又移之"，"则庆赏虽重，民不劝也；杀戮虽繁，民不畏也"。法家认为，要实行法治，首先必须以法为本，必须制定出体现国家利益、人人必须遵守的行为规范，作为实行赏罚的依据、治理国家的标准。如商鞅说："法令者，民之命也，为治之本也，所以备民也"④。韩非说："法者，所以为国也。而轻之，则功不立，名不成"⑤。"明法者强，慢法者弱。"⑥ 他们对立法也提出了要求，如要"当时而立法"⑦，"因人之情"⑧，"令顺民心"⑨；主张及时立法，法律只有合乎人情、顺乎人心才有生命力。

（四）排除仁义、道德以及贤、智等因素

法家认为，要厉行法治，还必须排除仁义、道德以及贤、智等因素。申不害强调："尧之为治也，盖明法察令而已。圣君任法而不任智，任数而不任说。黄帝之治天下，置法而不变，使民安乐其法也"⑩。韩非进一步指出："明其法禁，察其谋计。法明，则内无变乱之患；计得，则外无死虏之祸。故存国者，非仁义也。"⑪ 这是说，仁义在国家存亡中不起什么作用。"废常上贤则乱，舍法任智则危。故曰：上法而不上贤。"⑫ 在法家看来，法比贤能之人靠得住⑬；治国理政，规矩比贤智重要。

（五）实行法治由人类的基本属性所决定

法家还从人性论基础出发，阐述了实行法治的理由。他们认为，治理国家必须用法治，而不能通过其他手段和措施，这是由人类所具有的"好利恶害"的基本属性所决定的。《管子·禁藏》言："夫凡人之情，见利莫

---

① 《韩非子·问辩》。
② 《韩非子·解老》。
③ 错：制定。
④ 《商君书·定分》。
⑤ 《韩非子·安危》。
⑥ 《韩非子·饰邪》。
⑦ 《商君书·更法》。
⑧ 《慎子·因循》。
⑨ 《管子·牧民》。
⑩ 《太平御览》六三八。
⑪ 《韩非子·八说》。
⑫ 《韩非子·忠孝》。
⑬ 参见何勤华：《中国法学史》（第一卷），北京，法律出版社，2006，第90～92页。

能勿就，见害莫能勿避。其商人通贾，倍道兼行，夜以续日，千里而不远者，利在前也。渔人入海，海深万仞，就彼逆流，乘危万里，宿夜不出者，利在水也。故利之所在，虽千仞之山，无所不上；深源之下，无所不入焉。"商鞅也说："民之性，饥而求食，劳而求佚，苦则索乐，辱则求荣。"①"人性好爵禄而恶刑罚"②。从这种"人生有好恶，故民可治也"③的人性论出发，法家认为要治理好国家，就必须针对人的"好恶"实行以赏罚为后盾的"法治"。

先秦法家的法治理论，在中国古代法哲学史上占有极为重要的地位，并在秦统一六国、建立君主专制王朝中发挥了巨大的指导作用。法家在"罢黜百家，独尊儒术"年代遭受短暂打击，但汉代以后，在统治阶级"霸王道杂之"的治国之策下，法家的法治理论又被吸收进了正统的封建法律思想之中，从而成为中国传统法律文化的一个重要组成部分。④

二、法家与传统刑事政策思想

儒家君子之道难于实现的弱点促成了法家的兴起。面对道德沦丧、弃礼争利的社会现实，法家务实地作出了不同于儒家的选择，强调用明确、公开、客观且严苛的强制性规范来治理国家，提倡"法治"。于以法治国、刑罚世轻世重、严治贪腐等政策思想的形成，法家思想影响最大。但是，法家过于强调把法律作为变法的工具，且在法之外强调术与势，以术乱法、以势乱法并不为法家所排斥，严刑峻法让人谈法色变，所以，法家并没有能够在"一断于法"的道路上走多远。"法治"在秦朝之后的中国社会没有取得优势地位，也没有演化成现代的法治，这是法家理论与实践的缺陷所导致的。

（一）法家的权术势与刑罚世轻世重政策思想

"权、术、势，从过去到现在都紧紧地包裹着中国社会。本来它也是有大气象的，冷峻地塑造了一个大国的基本管治格局。但是，越到后来越成为一种普遍的制胜权谋，渗透到从朝廷到乡邑的一切社会结构之中，渗透到很多中国人的思维之内。直到今天，不管是看历史题材的电影、电视，还是听讲座、逛书店，永远是权术、谋略，谋略、权术，一片恣肆汪

---

① 《商君书·算地》。
②③ 《商君书·错法》。
④　参见何勤华：《中国法学史》（第一卷），北京，法律出版社，2006，第86页。

洋，使得很多外国人误以为，这就是中国历史和中国文化的主干。"① 刑
罚世轻世重最初虽不是法家所主张，但在历史长河中，无法否认，法家的
"法、势、术"相结合的思想为刑罚世轻世重政策思想的运用提供了或隐
或现的理论根基。

　　法家已经认识到了法律的基础是社会，它是随着社会的发展而发展、
社会的变化而变化的。"法与时转则治，治与世宜则有功。……时移而治
不易者乱。"② 这一论断实际上触及了法的进化规律方面。这比当时强调
固守成法、反对变革的奴隶主贵族显然要高出一筹。但是在法家眼里，法
乃驭民之术，其权、术、势理论都是为了巩固封建统治、治理管束百姓，
而不是为百姓谋福祉的。

（二）严刑峻法与重刑政策思想

　　法家在与儒家的争辩中以鼓吹"法治"为能事，因为他们向来不看好
人性，所以主张要用制度来约束"好利恶害"的人性。儒家强调教化，法
家则说，教育没什么作用，铁拳之下才能涌现"老实人"。儒家希冀用仁
爱之德治来拯救社会，法家则认定"法治"为医治社会疾病的良方妙药。
恰巧古人有个习惯，时常将"法"与"刑"捏在一起，相互训诂："法，
刑也"，"刑，法也"。这样，法律被当做一部分人管教、惩罚另一部分人
的统治工具，而不是今天所说的"法律不是为了限制自由而是为了扩大自
由"的东西。法家确信，法律是一种惩罚、震慑的工具，是用来敲打直至
摧毁罪犯巢窝的武器。既然是这样一种工具、利器，制造、使用这种工
具、利器的人与遭此工具、利器对付的人，当然有所不同。有一类人，无
须惩罚、震慑，且在惩罚、震慑之外，更在这种工具之上。所以，法家实
际上暗中在鼓吹，有些人靠得住，有些人靠不住。说白了，正是皇上、高
官可靠，而百姓和中小官吏不可靠。由此而来的法治对象，也就丢掉了一
部分人，"天网人撒"，"疏而有漏"③。在法家"一断于法"的理论主张
中，君主、皇帝是例外的，是不受法律约束的。尽管法家也有人说过"刑
无等级"，然而，其所指是"卿相"以下之人，故同样是将君主排除在外
的。我们古人追求平等的法谚"王子犯法与庶民同罪"即是佐证，该法谚
并没有说"王"本人犯法也要与庶民同罪。

---

① 余秋雨：《千年文化》，北京，中国盲文出版社，2007，第28～29页。
② 《韩非子·心度》。
③ 刘星：《两类故事·法治》，载刘星：《法学作业——寻找与回忆》，北京，法律出版社，
　　2005，第166页。

《管子·任法》曰:"夫生法者,君也;守法者,臣也;法于法者,民也。君臣上下贵贱皆从法,此之谓大治。"在这一理想的"法治国"中,虽曰"君臣上下贵贱皆从法",但如何"从法"是大不一样的。君主"从法"的方式是"生法",也就是制定法律;臣子"从法"的方式是"守法",即遵守法律包括依法办事;至于小民"从法"的方式则强调的是"法于法",即为法律所惩处。韩非说得更为详细:"明主之国,无书简之文,以法为教;无先王之语,以吏为师;无私剑之捍,以斩首为勇。是境内之民,其言谈者必轨于法,动作者归之于功,为勇者尽之于军。是故无事则国富,有事则兵强,此之谓王资。既畜王资而承敌国之衅超五帝侔三王者,必此法也"①。可见,法家严刑峻法思想主要是针对平民百姓的。

在严刑峻罚思想指导下,法家主张重刑政策思想。商鞅指出:"重刑连其罪,则民不敢试。民不敢试,故无刑也"②。韩非对此解释道:"公孙鞅之法也重轻罪。重罪者,人之所难犯也;而小过者,人之所易去也。使人去其所易,无离其所难,此治之道。夫小过不生,大罪不至,是人无罪而乱不生也"③。韩非进一步阐释了重刑所具有的杀一儆百、维护社会秩序的一般预防作用:"夫重刑者,非为罪人也。明主之法,揆也。治贼非治所揆也,治所揆也者,是治死人也。刑盗非治所刑也,治所刑也者,是治胥靡也。故曰:重一奸之罪而止境内之邪,此所以为治也。重罚者盗贼也,而悼惧者良民也,欲治者奚疑于重刑!"④ 可见,在法家看来,重刑并不只是针对某一特定罪犯,而是要威慑全体民众以达到法治的一个重要手段。

在中国古代社会,在法的内涵主要是刑的情况下,对法的过分强调必然导向严刑、酷刑。另外,法家生怕这种以刑杀为主的法律的一般适用还不足以镇压民众的反抗,因此又明确提出了重刑的主张:路上弃灰者要处黥刑⑤,萌生盗心者要处膑刑和刖刑⑥,一人犯罪株连三族。⑦ 法律的暴谬性体现无遗。在这种高压的"法治"之下,人们对法就有了一种恐惧

---

① 《韩非子·五蠹》。
② 《商君书·赏刑》。
③ 《韩非子·七术》。
④ 《韩非子·六反》。
⑤ 参见《汉书·五行志》引"商鞅之法"。
⑥ 参见李悝:《法经》。
⑦ 参见《汉书·刑法志》引"商鞅之法"。

感，谈法色变，畏法如虎，而不会形成对法律的亲近感与信任感，更难以想象会有如日本学者西原春夫先生所形容的温馨的刑法：刑法的脸是观音菩萨的脸①，除了庄严，还有慈祥与温馨的感觉。这种心理一旦成为整个中华民族的心态，就必然助长法律虚无主义的肆虐横行。因此，与道家的蔑视法律、儒家的轻视法律一样，法家的严刑峻法，事实上对法律虚无主义的形成和发展起到了异曲同工之"效用"。

三、儒、法关于国策之争

法国近代的大法学家狄骥把法的规范分为两种：一是准则法，一是技术法。准则法是制约社会的任何人遵守的作为或不作为的法则；技术法则是在可能范围内用以确保准则法被遵守或实施的法则。王伯琦先生赞同此种分类方法，并联系中国古代法的实际，认为礼是全部的社会规范，亦是准则法，刑或刑法是致此准则于实现的方法，全是技术法。他认为儒、法对立是方法的对立而不是目的的对立。这一见解是对古人观点的正确总结，且颇具启发意义。儒家经典云："礼之于正国也：犹衡之于轻重也，绳墨之于曲直也，规矩之于方圆也。"② 法家的管子云："法律政令者，吏民规矩绳墨也。夫矩不正不可以求方，绳不信不可以求直。"③ 儒家认为礼是规矩绳墨，法家认为法律政令是规矩绳墨。儒、法两家都认为治理国家要有绳墨规矩并无以异，何耶？那是因为礼也好，法律政令也罢，二者均是必须遵守的行为规范，都应该是准则法，故儒、法两家所见，并无以异。我们读到许多文籍上关于礼的解释，与法的概念不可分，其原因正在此。不过按一般情形，法家所称的法，是指技术法，如管子所说的"夫法者所以兴功惧罪也"④，韩非所说的"法者，宪令著于官府，赏罚必于民心，赏存乎审法，而罚加乎奸令者也"⑤。这也就是儒者诅咒、讥评的法。不过我们知道技术法仅是确保准则法被遵守的法则，它应以承认准则法之存在为前提，倘使否认了准则法，技术法就无从谈起，也无存在的必要。所以，法家虽多就技术法方面发挥议论，但绝不会不承认先有道德礼义之存在。儒者言礼，当然谈到许多道德上的内容，不必多说，就如管子是所谓法家，又何尝不说到四维八德。再如韩非的"正明法，陈严刑"，又何

---

① 参见〔日〕西原春夫：《刑法的根基与哲学》，顾肖荣等译，北京，法律出版社，2004，第138～140页。
② 《礼记·经解》。
③④ 《管子·七臣七主》。
⑤ 《韩非子·定法》。

尝不是为了要"救群生之乱，去天下之祸，使强不凌弱，众不暴寡，耆老得遂，幼孤得长，边境不侵，君臣相亲，父子相保，而无死亡系虏之患"①。所以就准则法而论，儒、法二家的意见并没有出入。他们意见的不同，集中在技术法或方法层面。至清末沈家本修法时代，儒、法二家争辩的主题才集中在准则法的内容上，例如是力主罪刑法定原则还是力争保留类推比附制度等。历史上争论不休的法治与德治问题，说明了历代儒、法二家的冲突之存在。道德的项目，同是儒、法二家要实现的目的。要使这个目的得以实现，其实现的方法是什么？刑罚是一种方法，教化亦是一种方法。所谓德治，就是要以教化的方法实现全部道德上的项目；所谓法治，乃是要以刑罚的方法来实现一部分道德上的项目。所以法治与德治，不是目的的对立，而是方法的不同。在使礼或道德规范被遵守的目的下，教化与刑罚该用何种？这两种方法孰先孰后、谁主谁辅？这些都是儒、法二家历来争论的问题，也就是法治与德治的路径选择问题。这是历代法律思想上最大的问题。而这一问题的存在几乎形成了我们民族的性格，所以迄今仍是一个大问题。② 从人性论角度言之，法家实行法治的理由是人性恶，儒家实行德治的理由是人性善。

汉王朝建立以后，逐渐将法视为辅助道德教化的工具，是刑事杀戮、镇压民众反抗的手段，也是"盛世所不能废，而亦盛世所不尚"的东西。在这一传统的形成过程中，道家和儒家起了巨大的作用，但法家同样是罪魁祸首。③

第三节　道家思想

今人谈及中国传统刑事政策思想，言必源于孔孟之儒学；而对论"道"之道家，则向有"法律虚无主义者"之定位，把"道"视为否定"法"的概念，看不见它对中国法律传统的深层影响。实际上，道是中国传统刑事政策思想的重要理论渊源之一，天人合一、顺天行刑、立法宽简、无讼等都与道家思想密切相关。

① 《韩非子·奸劫弑臣》。
② 参见王伯琦：《近代法律思潮与中国固有文化》，北京，清华大学出版社，2005，第10～13页。
③ 参见何勤华：《中国法学史》（第一卷），北京，法律出版社，2006，第92～94页。

一、道家思想概况

道家，又称道德家，是以"道"为其思想体系核心的一个学派。司马谈在《论六家之要旨》中写道：道家"其术以虚无为本，以因循为用"。也即道家主张以"无"作为宇宙本体，以顺应自然为最终归属。先秦道家学派以老子和庄子为代表。春秋末期的老子是道家的创始人，战国中期的庄子是道家的集大成者。所以研究道家学术思想的人言必称"老庄"，道家学说也被有些人称为"老庄"学说。"无为""自然"乃道家思想的最重要的两个关键词。"自然"指事物本来的状态或规律，"无为"的字面意思是指不作为。道家认为，宇宙的基本规律——"道"，是以无为顺应自然。这是道家的基本命题。

"道"是先秦道家提出的哲学术语，经其后学的发扬光大，以及经儒、墨、法诸家思想者的吸收与扩展、补充，逐渐成为一个中华民族关于宇宙观、世界观、人生观的高度抽象概念。自西汉司马谈著《论六家之要旨》将先秦用"阴阳""无为""因循""无名"等概念阐释道的学术流派、称作"道家"以来，"道家"便成了对老子、庄子等先秦论道者及其秦汉后学的约定俗成的称呼。春秋末期老子之前，已有人对道进行专门的讨论。老子降世，以其丰富的人生阅历和高超的学识智慧，将道的理论思辨化、系统化，并以五千言《道德经》为形式载体而固化为后世的文化遗产。老子之后，道家沿着两条线路发展：一是南方的"庄老学派"，一是北方的"黄老学派"①。

道家思想自它诞生起就在政治和思想文化上对中国社会产生了深远的影响。在先秦时代，老、庄整理出了道家思想的纲领后，道家的"形上"思想的深度立刻影响了儒家与法家，儒家的《易传》与韩非的《解老》都是在其理论基础上建立起来的。而在社会政治层面上，道家思想到汉初才被正式试验。这主要是因为在经历了春秋战国、秦兴秦灭、楚汉争霸之社会战乱终告停歇之时，人们终于发现"争强"的害处与"休养生息"的好处，于是老子的政治、哲学观点被重视起来了。而等到西汉强盛，汉武帝又开始好大喜功，争战的岁月再度开启，时代的风气再度转变，道家思想再次被丢弃一旁。待至魏晋"清谈之风"兴起，道家思想才又开始复活了。在西晋之后，道家思想就没有什么创新性的发展了。但自西晋之后，道家思想逐步被道教、易学与儒学吸收与借鉴。

---

① 龙大轩：《道与中国法律传统》，济南，山东人民出版社，2004，第2～5页。

二、道家的法律思想

道家思想在现实研究中，更多的是作为哲学的研究对象，但其中也蕴含了丰富的法律思想。

（一）对人定法的态度

"庄老学派"在思想上极其厌恶现实的礼法制度，倡扬自然而然的生活。《庄子·骈拇》曰："天下有常然。常然者，曲者不以钩，直者不以绳，圆者不以规，方者不以矩，附离不以胶漆，约束不以纆索。"这大概是后世认为道家是法律虚无主义者的根源所在。老子崇尚自然法，并不一概反对人定法；而庄子与老子不同，除了推崇自然法之外，对人定法持有根本否定的态度。也就是说庄子的法律虚无主义思想十分突出，他反对人定法，对封建法治进行了猛烈的批判和抨击；认为繁杂的法律制度和严酷的刑罚只能给百姓带来无穷无尽的灾难、痛苦，而且不能使社会长治久安，所以主张毁弃一切法度。

但事实上，人定法又是现实中存在的、无法消除的，所以道家对人定法提出了要求，认为制定法应符合以下三个方面的内容：第一，在政治上，法律制度以专制为基础，形成专制法统。因为这样的法律制度最适宜于约束民众的欲望，也只能在有着自律意识的群体中运行。在有着自由意识传统的群体中，这样的法律制度是没有文化土壤的。第二，在内容上，法律不能鼓励培育权利观念，而是以设定义务的方法来强化人的自我约束机制，形成义务本位的法律传统。权利观念与自由意识相伴，义务观念与自律意识相随。第三，在形式载体上，法律不能过分细化。因为法条只规定义务不确定权利，过细过密容易导致暴政，所以宜走法网宽疏的路子，形成立法宽简的法律传统。[①]"道常无为"还是指导社会、管理人生的方法论，具体到政治法律层面，"无为"的方法论要求在"道法"的大前提下来决定法律实践模式。

（二）道法理论

"黄老学派"喜以道来谈论刑名法术，大约形成于战国中期、发展于战国末期。黄老道家的思想，对后世影响很大，尤其是对刑事政策思想与刑事法律制度两个方面。战国后期，"庄老"和"黄老"两大学派逐渐走向融合，庄老学派向黄老学派转化，融合后的道家学派主要表现出黄老特色，以适应当时的政治需要；同时道家自身也将理论与实践结合得更加紧

---

① 参见龙大轩：《道与中国法律传统》，济南，山东人民出版社，2004，第40~43页。

密，人称"黄老新道家"。"黄老新道家"显现出"综合性""包容性"的理论形态，以道论为本，兼采儒、墨、名、法、阴阳家的理论长处。秦汉时期，随着国家的统一，学术思想的综合倾向更为明显。道家思想在这一时期，也更具包容性，已将儒、墨、名、法、阴阳诸家融入"道"的框架内，形成了完整的系统的思想理论体系，人称"秦汉新道家"。司马谈在《论六家之要旨》里总结了"秦汉新道家"的思想特征与实际功用："其为术也，因阴阳之大顺，采儒墨之善，撮名法之要，与时迁移，应物变化，立俗施事，无所不宜，指约而易操，事少而功多。"①

汉武帝"罢黜百家，独尊儒术"后，道家作为学术群体，逐渐消解。《汉书·儒林传》载，"窦太后崩，武安君田蚡为丞相，黜黄老、刑名百家之言，延文学儒者以百数"。可见，当时被官方用行政力量进行压制的，道家首当其冲，是头号打击对象，其他各家尚在其次。此后，道家的学承，再也没有明显的组织载体，但其学旨并未因此而消失，而是隐入了社会的方方面面。② 中国传统刑事政策思想宝库中的立法宽简便是道学绵延不绝的流传之一。

道家认为"道"是宇宙的本根，"无为"是顺应道的法则。老子说，"人法地，地法天，天法道，道法自然。"在他看来，"道"是人类不能违抗而只能顺应的总法则，"无为"是认识道、顺应道的最好方法。老子的"无为"是要求人将欲望与行为控制在适度的范围内，为而有度，为而有方。从认识论上讲，"无为"就是要收敛欲望，消除成见、偏见，才能洞察事物的本质，"无为以体道"。从实践论上讲，"无为"就是不要作出违背"道"的规律和法则的行为，如此才能与"道"的精神相合，才能维持天、地、人间的合理秩序。庄子继承了老子的"无为"思想，庄子说，"夫道……自本自根，未有天地，自古以固存"③。庄子虽将其推及政治法制层面，所采态度却是消极的，表现出法律虚无主义的倾向。黄老学派将老子的"无为"思想隐入政治法制层面，所采的态度却是积极的。我们说"道"对中国法律传统产生深远影响，主要是通过这条路径实现的。起源于战国、盛行于西汉初期的"黄学"代表作《黄帝四经》认为，"道"是客观世界的总规律，"无为"就是要求人类遵循"道"而不能违背"道"。在政治法制层面，黄老学者认为"无为"就是要求人定法的产生、存在、

① 龙大轩：《道与中国法律传统》，济南，山东人民出版社，2004，第11~13页。
② 参见上书，第18页。
③ 《庄子·大宗师》。

变化以"道"为依据而不得有违，据此制定的法律，谓之"道法"。慎到、田骈是稷下黄老道家的重要代表人物，以"无为"为前提，将道家思想和法家思想结合起来，提出"齐万物以为首"①的观点，认为人类的一切行为皆不能离开"道"的准则，包括法律的制定。慎到提出"以道变法"的命题："治国无其法则乱，守法而不变则衰……以死守法者，有司也。以道变法者，君长也"②。《管子·心术上》将"无为"概括为一个"因"字，"因也者，舍己而以物为法也。感而后应，非所设也；缘理而动，非所取也"，即强调依循事物的规律来处置自己的行为。道家思想于此由消极转向积极。作为新兴社会阶层的代言之作，《管子·心术上》用"无为"的方法论为当时的变法热潮寻求理论依据，传承了《黄帝四经》中"道生法"的思想，指出"法"的终极依据就是"道"："故事督于法，法出乎权，权出乎道。"③ 在政治法制层面，"黄老新道家"坚持"无为而治"的思想，继续阐发稷下道家提出的"道法结合"与"道术相通"两大命题。

"秦汉新道家"强调"无为"绝不是无所作为，而是强调遵循规律的重要性，并主张发挥人的能动性。"秦汉新道家"的一个重要贡献是，在先学"道法"和"道术"的基础上，使道家学说变成一门成熟的政治法制理论。第一，汲取儒家的仁礼观来丰富"道法"理论。以前学术界认为先秦儒、道二家是不相融的，现经考古新资料证明，老子时期，道家与儒家并无冲突，到了后来的黄老学派与孔子后学，双方才发生分歧，竟至互相攻讦。至"秦汉新道家"，与儒家又出现互相融合。《吕氏春秋·季春纪·先己》中的"无为"，就包容了儒家的"仁义礼"的思想因素："故反其道而身善矣，行义则人善矣；乐备君道而百官已治矣，万民已利矣。三者之成也，在于无为。"此处，道家的"无为"已糅进了儒家的"仁义"。第二，用"公私"观念丰富"执道生法"的理论。"若吾所谓无为者，私志不得入公道，嗜欲不得枉正术。"④"道"的价值是立公去私，当然法的价值也应该立公去私，后世立法以集体利益为法律保护重点，忽视个体权利，走上"义务本位"的路子，在这里已种下了思想的种子。⑤

"道"是中国传统文化的一个支点。道家之"道"是关于"宇宙—社会—人生"的系统概念，与儒、墨、法诸家单重人事的理论截然不同，其

---

①　《庄子·天下》。

②　《慎子·逸文》。

③　《管子·心术上》。

④　《淮南子·修务训》。

⑤　参见龙大轩：《道与中国法律传统》，济南，山东人民出版社，2004，第34页。

所确立的宇宙观和世界观，对中国文化产生了潜在而深远的影响。英国学者李约瑟曾言："中国如果没有道家，就像大树没有根一样。"在他看来，"道"就是中国传统文化的"根"。具体到法律层面而言，"道"所包含的价值理念、思维方式和方法论，通过对整个中国文化传统的影响，在深层次影响到了中国法律传统的形成、发展和变化。法人类学认为，法律是文化的一个方面。中国古代法律制度，自然也是整个文化传统中的亚文化系统，自然也无法逃避"道"的影响。"道"的广泛传播，使古代中国人普遍培育起自律意识，视国家法律为"道"的体现，形成特殊的"道法"观："道法"就是"王法"，是不可违背的戒律。

道家以"道"论法，认为"道"是法产生、制定、适用的终极依据。此即老子所说的"人法地，地法天，天法道，道法自然"。礼法制度要尽量符合情理、符合良知，进而符合德，最终才能接近"道"的要求，成为良法。可见，良法是古代东西方共同向往与追求的，只是衡量良法的标准不同而已。《黄帝四经》中有专门的《道法》一篇，其既继承了老子以道论法的思维理路，又吸收了法家的思想成果。道法命题在战国中后期逐渐明确，其主要内容有：道法是依照"道"制定的法律；符合"道"的法制必须以"立公去私"为标准；道法是治理国家、调整社会秩序、避免混乱的有效工具；法律制度应当与天道自然相一致。自然的天道疏而不密，人定法应效法之；宽疏之法容易得到遵从，苛密之法令人无所适从。道家法律思想，对后世天人合一、立法宽简、顺天行刑、良法之治等刑事政策思想的形成和实践，都产生了深远的影响。有学者评论道：

> 儒家以外，中国思想中最重要的思潮是道家，在很大程度上这是一些被长期的战争、混乱和死亡吓坏了的思想家因不愿追逐权力、地位和财富而表现出来的消沉退却的哲学。面对无限的时间和空间，他们承认个人的渺小，纵使人类是巨大宇宙力量的个体表现。这种哲学是普通人对统治者日益专制不满的抗议，也表达出有才能的杰出人物对步孔子后尘的道德家们日趋僵化的反叛。道德家和统治者企图使人符合社会规范，而道家坚定地提倡每个人的独立，他们认为个人唯一应该关心的是适应自然的大规范，这就是"道"。孔子用"道"指他所鼓吹的那种社会制度，但在道家学说中"道"得到了玄妙的解释。[1]

---

① 〔美〕费正清、赖肖尔：《中国：传统与变革》，陈仲丹等译，南京，江苏人民出版社，1992，第48页。

三、道家与中国传统刑事政策思想

道家思想以其对自然法的无限崇尚在先秦诸子中特色独具。在长达两千年的时间里，道家思想与儒家思想此消彼长、相互抗衡、相互启发、相互影响，共同构成了中国传统法律文化的思想支柱。道家思想所倡导的法之原则与精神，不仅对中国传统法律文化之格局，而且对刑事政策思想产生了广泛而深远的影响。①

（一）道法自然与天人合一思想

一般认为《老子》并非老子所作，但基本上代表了老子的思想。"人法地，地法天，天法道，道法自然"是老子法律思想的核心。"道"是《老子》哲学体系中的最高范畴。"道"既指宇宙万物的本源，又指万物生长运行的规律。"有物混成，先天地生。寂兮寥兮，独立而不改，周行而不殆，可以为天地母。吾不知其名，字之曰道。强为之，名曰大。"②"道"的运行历程循环往复，不可穷极。"反者道之动，弱者道之用。"万事万物都有各自发生、发展的途径，事物总是向相反的方向发展。老子所谓的"道"从本质上来看，它不是物质实体，而是一种绝对精神。老子认为，虽然"道"可生育万物，但它却是毫无意志、无目的、顺应天地万物之自然，以自然为法则，即"道法自然"。所以"道常无为而无不为"，即没有一件事物不是它所为。既然道和天地万物都是以"自然"为其根本法则和运行规律，那么按照"人道本于天道"的原则，就必然会引出"以辅万物之自然而不敢为"③的结论。只有对事物采取"效法自然""顺应自然"的态度，使事物都处于不受任何外力干涉和无束缚的自然和谐状态，才能达到顺应自然规律和时代潮流的目的。这就是老子提倡的所谓"道法自然"的立法思想。

老子不仅用自然之道解释天地万物，而且用自然之道来衡量、判断社会人事，通过避免矛盾、避免斗争来实现社会的稳定。这就是老子为统治者设计的理想治国方案——"无为而治"，也是"道法自然"哲学思想的体现。老子认为，自然的天道是"无为"的，人们遵循天道行事，就要自然无为。"天地不仁，以万物为刍狗；圣人不仁，以百姓为刍狗。"④ 大意

---

① 参见袁翔珠：《道家思想对中国传统法律文化格局之影响》，《北方法学》，2009（4）。
② 《老子》第二十五章。
③ 《老子》第六十四章。
④ 《老子》第五章。

是说：天地不情感用事，对万物一视同仁；圣人不情感用事，对百姓一视同仁。天地是不偏私的，任凭万物自然生长；圣人也是不偏私的，任凭人民自己发展。这是老子对"自然无为"思想的解说。在老子生活的时代，"礼坏乐崩"的趋势已难以挽回，老子对现实中法律的作用有自己的看法，认为"法令滋彰，盗贼多有"，并不是法律制度越多，社会治安就越好，因而反对"法治"、肯定"为无为，则无不治"①，认为最理想的治国方法是无为而治，不需要制定那么多的规条。

　　那么什么叫"无为"呢？继承了先秦道家思想的《淮南子》对老子所讲的"无为"有比较确切的解释："所谓无为者，私志不得入公道，嗜欲不得枉正术，循理而举事，因资而立权。自然之势，而曲故不得容者。事成而身弗伐，功立而名弗有。"无为就是要求顺应自然，遵循事物的发展规律，不贪功冒进，成功之后也不居功自傲。"无为而治"有三方面的意思：第一个要旨是要求对人"处无为之事，行不言之教"②。在老子看来，不管是"以德治国""以智治国"还是"以力治国"，皆是违背人的自然本性的。第二个要旨是"不争之德"，意即利万物而不与物争功，利他而不与人争名。老子依据"柔弱胜刚强"的道理，大力提倡"不争之德"。老子讲的"不争之德"虽含某些消极因素，但它并不是纯粹消极的人生之道，而有着极其深刻的辩证法底蕴。在他看来，道的本性是"利万物而不争"③，所以道法者亦应"为而不争"。它"以其不争，故天下莫能与之争"，这叫"不争即大争"。第三个要旨是要求国家治理者必须具备"无为"的品格。老子所谓"无为而治"，在以法治国上不只限于国家管理，而且也要求国家治理者在自身道德修养上努力达到"无为"的思想境界，也就是治国与治人（己）相结合。

　　自然无为的立法思想，从正面来看，即要求人类立法应抱持"以人合天"的态度，强调人在立法中应该"依乎天理""因其固然"去行事，要求尊重事物和社会的自然本性与规律，切不可以人的一时功利价值随意地去衡量一切、剪裁一切。这一立法思想，从反面讲，即要求人类对于社会进程切不可"以人灭天"，不可从人类的一时功利目的出发，以"妄为"的立法去破坏社会规律，以"强为"的立法去扭曲人类本性。"人定胜天"虽然显示出人类的豪迈气质，但同时也是破坏自然的源头。

---

①　《老子》第三章。
②　《老子》第二章。
③　《老子》第八章。

（二）道法传统与立法宽简政策思想

道法内容十分丰富，自立法角度言之，立法宽简是道法传统的重要内容之一。

针对现实中的人定法，老子有过鄙视甚至抨击的言论。他批评有为的人定法，对于礼治予以轻蔑的否定，对于法治更是采取了激烈批判的态度，"法令滋彰，盗贼多有"① 即是其逻辑之一。他又说，"天下多忌讳，而民弥贫"②，意即越是用规条过度地束缚老百姓的手脚，老百姓就越是贫困。对于重刑惩处的做法，老子更是深恶痛绝。他喝问："民不畏死，奈何以死惧之？"③ 他已经质疑死刑的威慑力了。但仅此尚不足以认定老子是一个法律虚无主义者，倒是可以证明他是一个立法宽简的主张者。老子的批评和愤慨，实际是因为现实社会的法律与他所理想的法律距离太远。其实，老子的持论立言，也与先秦其他各家一样，毫无例外地把寻求治道、寻求经国良方作为其宗旨之一。老子的心中并非无政，也并非无法，而是另有良政、另有良法。只不过老子所心仪的良政，应是合乎"道"的政治，应是无为之政；老子所崇尚的良法，应该是合乎"道"的法律，应该是无为之法。老子认为，道无为而无不为，从而最理想的治国方法，就是"无为"，"为无为，则无不治"④。他提倡"我无为而民自化，我好静而民自正，我无事而民自富，我无欲而民自朴"⑤；认为无为而治能给百姓带来更大的生存发展空间以及道德民风上的清新、淳朴。

在具体的立法定制上，老子认为统治者必须清净无为，要"见素抱朴""少私寡欲"，要"去甚、去奢、去泰"⑥，最理想的法制就是不要去宰割人民，"大制不割"。出自《老子》并为我们所熟知的"天网恢恢，疏而不失"⑦，本是描述"道"之本性的一句话，也可以看作是对立法的要求：立法要简约而不能繁密。老子又认为，立法应轻缓而不能严苛，此即宽。他曾激愤地指责那些惯用重刑者是"乐杀人"，并且说："民不畏死，奈何以死惧之？"假如统治者一味逞强，就会落得个"强梁不得其死"的下场。

---

① ② 《老子》第五七章。
③ 《老子》第七四章。
④ 吕世伦主编：《法的真善美：法美学初探》，北京，法律出版社，2004，第440～441页。
⑤ 《老子》第五七章。
⑥ 《老子》第二九章。
⑦ 《老子》第七三章。

可见，老子的法，重道，泽被众生，但又纯任自然；尚简，是恢恢天网，但又疏而不失；崇柔，如静水处子，但却内力无穷；含清，如朝发芙蓉，天然去雕饰；贵真，如初生婴孩，率性而任情；求素，要摆脱一切繁文缛节，戒绝一切虚饰浮华；守拙，从不任巧使诈，自认愚不可及。老子提出"道法自然"，深意所在，恰是一种阴柔之美、含蓄之美。在简易清真里，我们体味到博大广远的法之大厦，正是我们人类安顿身心的所在。在恍惚苍莽里，老子之法，恰如无言的大地一样，静默地包覆着芸芸众生。① 所以，老子心目中的法应是真善美相统一的法。说其真，是因为道法自然，尊重规律；说其善，是因为"立公去私"，着眼民生；说其美，是因为宽简温厚，减繁去饰，关照人性。

老子曾说："治大国若烹小鲜"。《韩非子·解老》释之为："烹小鲜而数挠之，则贼其泽；治大国而数变法，则民苦之。是以有道之君贵静，不重变法。故曰'治大国者若烹小鲜'。"变法的总体趋势总是越变越繁密，所以老子此微言大义，可以作为道家主张立法简约的佐证。

道家提倡法网宽疏的理由主要有三：

第一，自然的天道是疏而不密的，人定法当效仿之。"天地之间，其犹橐籥乎，虚而不屈，动之欲出。"② 宇宙世界充满活力，似乎是因为其并无太多的禁忌与束缚。此为后世倡导"天网恢恢，疏而不漏"的哲理之源。

第二，宽疏之法容易得到遵守。老子说："希言自然。"③ 意指法网不能过密，才符合自然之道。一生孜孜不倦研究老、庄思想的蒋锡昌先生注曰："按《老子》'言'字多指声教法令而言……'多言'，多声教法令，'希言'者少声教法令之治。"④ 由于道法是设定义务的行为规范，其体系结构为：道之所许，法亦不问，是为权利，是无为政治的保护范围；道所不容，法亦严禁，是为义务，当由法条加以规范。这样的法，只有宽疏，民众应有的自然权利才不会受到过多的侵害，法定的义务也不会多得让人无法承受。在此基础上，再对那些违法犯罪之人进行打击，可以轻松地收到杀一儆百的功效："若民恒且畏死，若为奇者吾得而杀之，夫孰敢矣。"⑤

---

① 参见吕世伦主编：《法的真善美：法美学初探》，北京，法律出版社，2004，第440～443页。
② 《老子》第五章。
③ 《老子》第二十三章。
④ 高定彝：《老子道德经研究》，北京，北京广播学院出版社，1999，第158页。
⑤ 《马王堆汉墓帛书〈老子〉》（乙本），北京，文物出版社，1976，第46页。转引自龙大轩：《道与中国法律传统》，济南，山东人民出版社，2004，第80页。

　　第三，苛密的法令无所适从。由于道法只规定义务不设定权利，所以法条越多，对百姓的束缚就越多，弊端亦越多。面对法律上繁多的禁条，人们不但难以遵守，反而会想方设法规避。此谓"其政闷闷，其民淳淳；其政察察，其民缺缺"①，意即政教法令宽疏，民众遂可过自然淳朴的日子，同时也能自然淳朴地遵纪守法；如果详立刑名以防奸伪，则人们会变得奸伪以规避法律。法律被普遍规避时，其权威也就丧失，有法还不如无法。当刑网严密到事无巨细皆有法式、百姓动辄就触犯刑律的程度时，就会出现陈胜吴广式的起义，此即"若民恒且不畏死，奈何以杀惧之也"②。

　　总之，法律的制定，应以宽简为原则。道家的这一理论，对后世刑事政策思想和实践，都产生了深远的影响。自汉至明清，立法宽简的刑事政策思想一直在缓缓流淌。③

（三）道法自然与顺天行刑思想

　　老子大力提倡"不仁、无私"的司法思想。这里的"不仁"就是"不偏爱""不感情用事"。"天道无亲，常与善人"是说天道不分亲疏，没有偏爱，永远帮助善人。善与不善的划分标准，就在于行为是否符合自然。符合自然，就会得到天道的帮助；违反自然，则要受到天道的惩罚。若从现代法治建设的思想来诠释"不仁、无私"，则可以这么来理解：正因为天道具有公正、无私的品格，所以要求顺应天道，体现公正、无私，这样才是符合"道"的要求。既然有了合乎"道"的法律制度，就不能够厚此薄彼，而应该一视同仁；既然一切都已在法律的制约之下，那么一切在法律面前都应该是平等的。这样看来，"不仁、无私"的思想体现了现今司法思想的核心价值内容，在当今也是很有借鉴意义的。

　　庄子和老子一样，把"道"视为天地万物的本源和主宰。庄子认为，在人定法之外，还存在一种来源于自然的自然法规则或自然秩序，此即"天道"。《庄子》一书洋溢着对"天道"的赞美和推崇，例如，"夫虚静恬淡寂漠无为者，万物之本也"④，"天无私覆也，地无私载也"⑤，"天道运而无所积，故万物成"⑥。《庄子》告诉人们，"天道"的基本特征是：自

---

① 《老子》第五十八章。
② 龙大轩：《道与中国法律传统》，济南，山东人民出版社，2004，第79～81页。
③ 参见彭凤莲：《道法传统与立法宽简》，《安徽师范大学学报（人文社会科学版）》，2008（4）。
④⑥ 《庄子·天道》。
⑤ 《吕氏春秋·孟春纪》。

然无为，公正无私，广大无边，无所不在。正因为如此，人们必须效法与遵循"天道"，"循道而趋"，而不可背道而驰。同时，庄子和老子一样，也认为"天道"是自然无为的。庄子指出："无为"是根本，自然是最完善的，一切顺乎自然，不要加以人为。如果人为地加以改变，那就只会损害事物的本性。人们不能人为地改变事物的自然本性，否则，必然酿成恶果。"天道"作为一种客观存在的自然法则，不仅是人们必须遵守的，而且是可以被人们认识的。庄子认为，他心目中的"圣人"与"真人"就完全能认识"天道"，并能按"天道"的要求行事："古之真人，以天待人，不以人入天。"①"圣人""真人"都顺任自然，不强做妄为，一切取法于"天道"。这对天人合一、顺天行刑政策思想的形成有奠基作用。

中国曾受到多种宗教的影响，除土生土长的道教外，还有佛教、基督教和伊斯兰教等。但是，中国没有形成政教合一的体制，更没有出现宗教法，世俗力量远远超过宗教力量，宗教主没能掌握国家政权。宗教经典始终只能在宗教领域内起作用，其中的律例也没有成为全体国民的行为规则。在古代东方的各国法中，中国法是受宗教影响最小的法。但是，这并不意味着中国古代法就没有一点宗教气息。从现存的法典来看，也有与宗教有关的内容。例如，中国法吸取过个别宗教戒律为己所用，成为一种法定制度。唐律把佛教、道教中的"断屠月"和"禁杀日"列入禁止执行死刑的时间，作为时令行刑制度中的一个部分，违反者要被追究法律责任。《唐律疏议·断狱》之"立春后秋分前不决死刑"条规定："若于断屠月及禁杀日而决者，各杖六十。"此条"疏议"还详细介绍这两个时间的具体安排。宋等朝代的法律也都有相似的规定。② 这些就是顺天行刑政策思想的法律化举措了。

此外，老、庄对犯罪原因的认识促进了对中国封建社会"综合为治"政策思想的形成。例如，庄子认为，犯罪的根源是统治者实行苛政和横征暴敛，百姓铤而走险，出现盗贼现象，只应责备统治者，而不应怪罪百姓。庄子在这里的看法是继承和发挥了老子的"民之轻死，以其上求生之厚""法令滋彰，盗贼多有"的思想。在深刻揭露和沉痛批判统治者的同时，庄子还进一步主张毁弃一切法度，认为君主制定和颁布"经式义度"是"欺德""逆天道"的行为，应当让人类返回到蒙昧无知的"至德之世"中去。庄子对法律的揭露和批判是比较深刻的，但他主张取消一切制度和

---

① 《庄子·徐无鬼》。
② 参见王立民：《古代东方法研究》，北京，北京大学出版社，2006，第72～73页。

法律规范的虚无主义思想，在中国法律思想发展史上有着极大的消极影响，对中华民族的法律观念起了淡化作用。这种虚无主义的法律思想在客观上也一定程度地阻碍了中国古代法制和法律思想的发展。

第四节　墨家思想

中国传统刑事政策的思想渊源是多元化的，其形成的合力中除了儒、法、道三家思想的作用之外，墨家思想也有一定的作用。

一、墨家的兴起

春秋战国时代，正是中国从奴隶社会向封建社会转型的时代，诸侯争霸，群雄并起。社会的转型需要思想学说作为理论上的指导，诸侯之间的激烈竞争又导致各诸侯国大力招揽人才。时代的契机，宽松的学术氛围，孕育了中国最朴素而又璀璨夺目的思想文化。一时诸子兴起，百家争鸣，百花齐放，互相攻诘又互相借鉴。讨论的问题之多，涉及的题材之广，发掘的深度之远，以及对后世的影响之深，都是空前的。灿烂的文化成果构建了中国古文化的基本框架，而后中国文明两千多年的发展，尽管也受到一些外来文化的影响，但外来文化总是被中国固有文明消化和吸收①，最后积淀下的主流文化还是春秋战国时期奠定下来的。春秋战国期间形成的对后世较有影响的学说除了儒家、道家、法家之外，还有墨家。所谓东方人的智慧，无论是中国、日本，还是韩国，都离不开这几家的影响。

墨子，战国初期著名的思想家。他生活的年代正好在孔子和孟子之间。墨子早年"学儒家之业，受孔子之术"，后来他看到儒家学说的种种弊端，于是转而批判儒学，独立门户，开创了墨家学派。墨家学说成于道家学说、儒家学说之后，为什么能够异军突起而盛行一时呢？主要原因在于，它提出了一些当时儒、道两家学说没有提出的又能为当时社会不同阶层急需的社会学说和政治方案，如"王天下""正诸侯""尚贤能""等贵贱"等思想。尤其是他们反对非正义的战争和穷奢极欲的享乐生活的主张，得到了很多小国的支持，反映了广大下层民众的呼声。墨子毕生为其理想身体力行、言传身教，为墨家学说的发扬光大和实施济世而奔走呼

---

① 如西汉末年开始传入中国的佛教；唐朝后期开始传入中国的伊斯兰教；宋代以后开始传入中国的基督教，包括天主教和新教；晚清时期开始影响中国的西方思想哲学体系。

号。在其晚年和身后，墨家渐渐成了非常有影响力的学说，能与儒家学说分庭抗礼，一时间大有凌驾其上之势，以至于孟子哀叹，"墨翟之言盈天下"①。荀子更是说，"礼乐灭息，圣人隐伏，墨术行"②。韩非也说，"世之显学，儒墨也"③。墨学显然成了一支不可忽视的力量。

二、墨家法律思想与传统刑事政策思想

墨家是战国初期以墨翟为创始人的一个学派，也是先秦最早起来反对儒家的一个学派。该学派同时又是一个有严密组织和严格纪律的团体，其成员大多数出身小生产者，特别是小手工业者。在墨子的思想体系中，"尚贤，尚同，兼爱，非攻，节用，节葬，天志，明鬼，非命"，是精髓所在，构成了一个完整的体系。墨家的纪律叫做"墨者之法"，以"兼爱、非攻"为基本精神，以"杀人者死，伤人者刑"为主要原则。

（一）以天为法与天人合一思想

墨家的法律观是以"兼相爱、交相利"为核心，并服务于他们的社会理想。与老庄不同，他们很重视"法""法仪"或"法度"的作用，认为无论从事任何工作，都必须有"法"，犹如百工"为方以矩，为圆以规"，否则便将一事无成。所以，《墨子·经上》说："法，所若而然也。"一切都得顺法而行。既然如此，治理天下当然更应该有"法"，关键在于以什么为"法"和"法"什么。墨家的答复是必须"以天为法"和"莫若法天"。因为"天之行广而无私，其施厚而不息，其明久而不衰"④，意即天是最公正、最仁慈的。既然要"以天为法"，则应以天的欲求、天的好恶来确定人们行为的准则。他们借口天对一切都"兼而有之，兼而食之"，宣称："天必欲人之相爱相利，而不欲人之相恶相贼也。"实质上，"以天为法"就应以"兼相爱、交相利"为"法"。至此，墨家的"法天"可以理解为"法自然之天"，即把他们的"兼相爱、交相利"说成合乎自然法。但墨家最后却转入"神道设教"，请来了鬼神，而说"爱人利人者，天必福之；恶人贼人者，天必祸之"⑤；"天子为善，天能赏之；天子为恶，天能罚之"⑥。这样就把"天"说成是可以赏善罚恶的人格神和凌驾于天子之

---

① 《孟子·滕文公下》。
② 《荀子·成相》。
③ 《韩非子·显学》。
④ 《墨子·法仪》。
⑤ 《墨子·法仪》。
⑥ 《墨子·天志中》。

上的最高主宰，幻想利用宗教迷信的力量来实现他们的理想。因此，"兼相爱、交相利"也就成了"天志"，即天之意志，从而披上了宗教的外衣。

墨家所说的"法"是广义的，既包括法律、道德等行为规范，也包括规矩、准绳等度量衡。他们提出"以天为法"，是想使"兼相爱、交相利"成为衡量一切是非、曲直、善恶、功过的统一的客观标准，如同规矩之于方圆。这在客观上对天人合一、顺天行刑政策思想的形成也有贡献。

（二）"罪不在禁，惟害无罪"与慎刑恤罚政策思想

墨家与儒家、法家一样都主张"法自君出"，强调天子的权威和百姓的顺从。君主虽然有权立法，但必须考察其在实践中能否"兴国家人民百姓之利"，否则不可为"法"。这与儒家主张"法自君出"，却不问是否为"兴国家人民百姓之利"的良法相比要进步。从某种意义上说，墨家已在思考法律的社会效果问题了。墨家主张"赏当贤，罚当暴，不杀不辜，不失有罪"①。"赏当贤，罚当暴"应当说是治理社会、敦厚风俗的良好措施，但问题是何谓"贤"、何谓"暴"。墨家是以天子的标准为标准，上之所赏即为贤，上之所罚则为暴。如此，"赏当贤，罚当暴"的初衷就未必能达到了。

墨家专论刑法的思想不多，最为人所乐道的就是"杀人者死，伤人者刑"和"杀盗人非杀人"。前者是作为"墨者之法"也就是墨家纪律来规定的。墨者巨子对其成员不仅有权指挥，而且可以刑杀。墨家对于定罪量刑，特别是死刑，既主张慎重，也主张严格按照法律办事；一再强调"刑法正"，要求"不杀不辜，不失有罪"。《墨子·经上》说："罪，犯禁也"，"罪不在禁，惟害无罪"。意即只要不犯禁令，即使行为具有社会危害性，也不构成犯罪。这就是今天我们所说的罪刑法定思想，也是墨家法律思想中最闪光、最具现代性元素的内容。

《墨子·小取》提出了"杀盗人非杀人"的命题，即并不反对杀盗，原因在于墨家是在维护私有制基础上来谈"兼爱"的。他们认为，抢劫、盗窃行为之所以构成犯罪，是因其"不以其劳获其实，以非其有所取之故"②，因此应当受到惩罚，甚至可以刑杀。为了把杀盗与杀无辜区别开来，他们特别强调"杀盗人非杀人"，意即杀人之为盗者，不是杀一般的人。不过墨家虽然维护私有制，而且也不否定贵贱等级，但他们主张"赖其力者生，不赖其力者不生"③，反对"亏人自利"，反对"不劳而获"，

---

① 《墨子·尚同中》。
② 《墨子·天志下》。
③ 《墨子·非乐上》。

特别是反对"富侮贫""贵傲贱",所以他们打击的主要对象不是一般盗贼,而是那些不顾劳动人民死活,一味骄奢淫逸、铺张浪费,"必厚作敛于百姓,暴夺民衣食之财"的"当今之主",所以主张"暴"要"罚"①。他们认为,正是这些"当今之主"造成了"富贵者奢侈,孤寡者冻馁,虽欲无乱,不可得也"②的局面,因而使得人民饥寒并至,故为奸邪。但是,墨家出于"兼爱",总是反对无故杀人,反对滥用刑罚。这一思想对我国慎刑恤罚政策思想的形成有助成之功。

墨家的"兼爱、非攻、尚贤、尚同"虽感动过千年民间社会,墨家"以天为法""罪不在禁,惟害无罪"等主张对天人合一、慎刑恤罚政策思想的形成也有一定影响,但墨家思想一直没有占据中国古代社会的主流意识形态之位置,所以终究对中国传统刑事政策的影响没有儒、法、道三家的影响大。

---

①② 《墨子·辞过》。

第二章 中国传统刑事政策思想的内容分层

刑事政策、刑事政策思想与刑事法律三者之间是密切联系的一组概念。刑事政策是指国家根据国情和犯罪状况制定或运用的预防犯罪、惩罚犯罪以及矫治犯罪人的各种刑事对策。刑事政策思想，一般也称刑事政策观念，关系着一个国家预防犯罪、惩罚犯罪以及矫治犯罪人的行为方式和方法。刑事政策思想直接指导着刑事政策的制定，或转化上升为刑事政策。刑事政策的法律化，就是将刑事政策转化上升为刑事法律了。通常，刑事政策思想指导刑事政策的制定与实施，刑事政策又指导刑事法律的制定与施行。

在我国古代文献中没有出现"刑事政策"一词，但通过历史地考察，可以发现，我国古代历朝统治者一直没有间断对犯罪及其防治问题的政策研究和政策实践，"刑""政""刑政""策""政策"等字眼常见于经史子集中，为后人留下了许多至今仍不失其借鉴价值的刑事政策思想。这同时也表明，刑事政策的思想是伴随着刑事法的产生而自然发源的。统治阶级在其有抗制犯罪以维护其统治和基本社会秩序的需要时，就自然会产生如何运用刑罚同犯罪作斗争的对策，即今天我们所说的刑事政策，如天人合一、德主刑辅、刑罚世轻世重、立法宽简、严治贪腐、慎刑恤罚、顺天行刑、慎用死刑、矜老恤幼、亲亲相隐等，都是影响我国几千年刑事政策走向的政策思想和政策实践。所以，自从有了国家、有了犯罪之后，统治阶级如何对付犯罪的政策和策略就随之出现了。史书中关于"夏有乱政，而作禹刑；商有乱政，而作汤刑"的记载即是明证。虽然由于文献记载的缺失和文字变迁的隔阂，禹刑、汤刑的具体内容不详，但它们肯定是统治阶级如何应对犯罪的政策和策略的体现，用今天的话来说就是刑事政策的体现。随着历史的发展，在我国古代不同的历史阶段，统治者包括一些有识之士对于如何控制犯罪、惩罚犯罪提出过某些见解，这实际上就是刑事政策思想。历朝历代都有其防控犯罪、惩治犯罪以求长治久安的刑事政策，只是尚未形成今天我们所说的专门的刑事政策学而已。

　　一般认为，刑事政策按其层次可以分为总的刑事政策、基本刑事政策和具体刑事政策；按调整对象不同，可分为对某类犯罪行为的刑事政策和对某类犯罪人的刑事政策；按其结构组成，横向可以分为定罪政策、刑罚政策和处遇政策，纵向可以分为基本刑事政策和具体刑事政策。① 本部分的研究，拟在梳理古代刑事政策的历史沿革之后，选取我国传统刑事政策思想中对今天有重大借鉴价值的政策思想，并根据现代刑事政策原理分成基本刑事政策思想、刑事立法政策思想、刑事司法政策思想、针对特定人的刑事政策思想，依次陈述。

第一节　基本刑事政策思想

　　在我国古代虽然没有刑事政策学，没有对刑事政策基本体系的研究，但并不妨碍我们今天运用刑事政策学理论成果对之进行分析。杨春洗教授在《刑事政策论》一书中，从结构组织的角度将刑事政策的纵向结构分为基本刑事政策和具体刑事政策。② 基本刑事政策是就国家和社会对犯罪的反应所形成的全局或者在某一基本方面具有主导作用的刑事政策；它具有广泛的适用性，对刑事立法和刑事司法都起到调解、导向作用；其带有全局性、整体性指导意义决定了它一般就是长期性的刑事政策。基本刑事政策具有时间上的稳定性、时空过程的广延性和对下一层次刑事政策的主导性等三个特征。同时具备三特征的刑事政策即基本刑事政策在同一国家可能不止一项，正如一个国家可以有几项基本经济政策。③ 基本刑事政策思想同样也具有时间上的稳定性、时空过程的广延性和对具体刑事政策思想的主导性特征。笔者认为，天人合一、德主刑辅、刑罚世轻世重同时具备上述三特征，在中国古代属于基本刑事政策思想。

一、天人合一

　　中国"天人合一"观念源远流长，并贯穿了整个中国古代社会。大概自漫长的新石器农耕时代以来，它与人因顺应自然而生存和发展有密切的关系，如四时季候谓之"天时"，地形水利谓之"地利"。同时，新石器农

耕时代尚未建立起真正的阶级统治，人们屈从于绝对神权和绝对王权的现象尚不严重。原始氏族体制下的经济、政治结构和血亲宗法制度使氏族、部落内部维持着某种自然的和谐关系。此即"人和"，也可称之为原始的人道、民主关系。这两个方面大致是产生"天人合一"观念的现实历史基础。天人合一既是一种深邃的哲学思想，又是一种现实的刑事政策思想。

（一）天人合一的哲学思想

"天人合一"是指人与自然、个体与群体的顺从、适应的协调关系。

哲学家、思想史学家李泽厚认为，在从远古直到今天的汉语的日常应用中，"天"作为命定、主宰之义和作为自然之义的双层含义始终存在。在古代，两者更是混在一起，没有区分。所以在中国，"天"与"人"的关系实际上具有某种不确定的模糊性质，既不像人格神的绝对主宰，也不像对自然物的征服改造。所以，"天"既不必是"人"匍匐顶礼的神圣上帝，也不会是"人"征服改造的并峙对象。如此，"天人合一"便既包含着人对自然规律的能动地适应、遵循，也意味着人对主宰、命定的被动地顺从、崇拜。[①]

哲学家任继愈先生认为，"天人合一"的"天"，至少有五种意义，分别是：（1）主宰之天。它可以指挥自然界的变化，决定社会治乱与个人祸福。（2）命运之天，人力无法改变，只能尽力而为。（3）自然之天，如庄子云："天地固有常矣，日月固有明矣，星辰固有列矣，禽兽固有群矣，树木固有立矣。"（4）人格之天，有喜怒哀乐，可赏善罚恶。（5）义理之天，世界上好的品性和行为都是天生的。天命、人性、道德、教化，原本是一脉相通的。可见，"天人合一"确实含有人与自然界相和谐的意思，但其含义远远不止于此。除此之外，在天命与人事的关系上，"天人合一"要求以德配天，知天命，尽人事。在性与道的关系上，落实为尽心、知性、知天，与天地合德，修齐治平合一，内圣外王合一，这也是"天人合一"。"天人合一"说的内在结构，包括互相联系、互相递进的三个层面，即天人相通、天人相亲、天人一体。

"天人合一"观念在先秦时期趋于成熟。《左传》中有许多论述，儒家、道家、墨家等都从不同角度不同方面提出了这种观念。无论是积极的还是消极的，它们都强调了"人"必须与"天"相认同、一致、和睦、协调。道家对"天人合一"的崇尚，无以复加。老子的追求，其实正是一种"天人合一"之境界；老子之法，也正在"天人合一"之境界里。老子说：

---

① 参见李泽厚：《中国古代思想史论》，天津，天津社会科学院出版社，2003，第302页。

"道大，天大，地大，人亦大。域中有四大，人居其一焉"①。又说："人法地，地法天，天法道，道法自然。"庄子曰："喜怒通于四时"，"大块载我以行，劳我以生，佚我以老，息我以死"②，即生活在自然之中，就像依偎在父母的怀抱里。又说："与天地合者谓之天乐"，知"天乐者，其生也天行，其死也物化。……以虚静推于天地，通于万物，此之谓天乐"③。其实不惟老子、庄子，整个中国传统文化里，都弥漫着这样的气息，洋溢着这样的情调。《易传》说："夫大人者，与天地合其德，与日月合其明，与四时合其序，与鬼神合其吉凶。"《易传·序卦传·下》讲："有天地，然后有万物，有万物，然后有男女，有男女，然后有夫妇，有夫妇，然后有父子，有父子，然后有君臣，有君臣，然后有上下，有上下，然后礼义有所错。"孔子很少言天，但是也说过一些关于天的话，比如，"天何言哉？四时行焉，百物生焉，天何言哉？""惟天为大""五十而知天命""获罪于天，无所祷也"。如果说儒家的"天人合一"之说在孔子这里还不是特别突出的话，则孟子在一种张扬人的道德本性的角度使之显豁化了。孟子明确提出："尽其心者，知其性也；知其性，则知天矣。"这种"天人合一"观念吸取了原宗教中的天人认同感，又去掉了它原有的神秘、迷狂或非理性内容，同时又并未完全褪去它原有的主宰、命定含义，只是淡薄了许多；其自然含义的方面相对突出了。④

可以说，中国古代占统治地位的世界观是"天人合一"，"天人合一"构成了中国传统文化的基本精神，是中国古代哲学的基本命题。国学大师钱穆在迟暮之年发表的对中国传统文化的最后看法是："中国文化中'天人合一'观，虽是我早年已屡次讲到，惟到最近始澈悟此一观念实是整个中国传统文化思想之归宿处。……我深信中国文化对世界人类生存之贡献，主要亦即在此。"⑤ 季羡林先生也说：这个代表中国古代哲学主要基调的思想，是一个非常伟大的含义异常深远的思想。⑥

汉朝时期，"天人合一"的哲学思想经过董仲舒的阐释有了新的发展，"天人感应"论即是其成果。如果说儒家是两千余年生生不息的主流文化传统的话，那么在这一传统内部，"天人合一"观点的首次系统表达者是汉儒董仲舒。"天人合一"在董仲舒的思想及其他汉代思想系统中扮演了

---

① 《老子》第二五章。
② 《庄子·大宗师》。
③ 《庄子·天道》。
④ 参见李泽厚：《中国古代思想史论》，天津，天津社会科学院出版社，2003，第302页。
⑤ ⑥ 转引自吕世伦主编：《法的真善美：法美学初探》，北京，法律出版社，2004，第444页。

中心角色，其特征是具有反馈功能的天人相通而"感应"的有机整体的宇宙图式。这个宇宙论的建构意义在于，它指出人只有在顺应（既认识又遵循）这个图式中才能获得自由，才能使个体和社会得以保持其存在、变化和发展（或循环）。这种"天人合一"重视的是国家和个体在外在活动和行为中与自然及社会相适应、合拍、协调和同一。①

到了宋朝，"天人合一"的哲学思想则具有了伦理学的意蕴，也进一步精密、系统化，张载、程颐、程颢、朱熹都有突出贡献。如果说汉儒的"天人合一"是为了建立人的外在行动自由的宇宙模式，这里"天"在实质上是"气"、是自然、是身体的话，那么宋儒的"天人合一"是为了建立内在伦理自由的人性理想，这里的"天"主要是"理"、是精神、是心性。所以前者是宇宙论即自然本体论，后者是伦理学即道德形而上学。汉儒的"天人合一"是现实的行动世界，"生生不已"指的是这个感性世界的存在、变化和发展（循环）；宋儒的"天人合一"则是心灵的道德境界，"生生不已"只是对整体世界所作的心灵上的情感肯定，实际上只是一种主观意识的投射，不过是将此投射提高到道德本体上来了，即将伦理作为本体与宇宙、自然相通而合一。宋儒把"天人合一"提到了空前的哲学高度，但其基调是唯心主义的。"天人合一"的感性现实面和具体历史性被忽略乃至取消了。值得注意的是，无论在汉儒那里还是宋儒那里，无论"天"是作为"气"的自然还是作为"理"的精神，虽然没有完全去掉那原有的主宰、命运的含义，但这种含义确实极大地褪色了。汉儒的阴阳五行的宇宙论和宋儒的心性理气的本体论从内外两个方面阻碍了"天"向人格神的宗教方面的发展。②

（二）天人合一的刑事政策思想

"天人合一"，虽有迷信的错误成分，但是初步地揭示了人与自然相统一的思想。中国古代法生于"天人合一"的境界中，刑事立法和刑事司法无不浸染了"天人合一"的思想。

"天人合一"的宇宙图式涵盖着整个天时、物候、人体、政制、赏罚。③"天人合一""天人相通""天人相应"的感知模式同样深深地影响了先民的法意识与法观念。几乎不同学派的思想家都以为，国法并不仅仅是人世间的现象，它不是那么简单，相反，它处于天地万物的无穷流转之

①　参见李泽厚：《中国古代思想史论》，天津，天津社会科学院出版社，2003，第303页。
②　参见上书，第303～304页。
③　参见李泽厚：《己卯五说》，北京，中国电影出版社，1999，第83页。

中。《尚书·皋陶谟》说："天命有典……天秩有礼……天命有德……天讨有罪"。这里已经把天与法、天与罪连接起来了。与此相似，《易传·系辞》说："天垂象，圣人则之……河出图，洛出书"天是美的，那么与天理相沟通的国法是否也是美的呢？符合天理的国法应该是美的，作为整体的良好的中国法应该是美的。在"天人合一"的审美境界里，法律也分得了它的一席之地，闪现着美的光辉。①

董仲舒主张"王者法天"，认为人间法应上符于天，或者说要与上天相符。他说："仁义制度之数，尽取之天"，意即典章制度的内容都来源于天。② 董仲舒从天地阴阳之说出发，又反复论证了大德小刑的主张。他说："圣人副天之所以为政，故以庆副暖而当春，以赏副暑而当夏，以罚副凉而当秋，以刑副寒而当冬。庆、赏、罚、刑，异事而同功，皆王者之所以成德也。"庆、赏、罚、刑，四者皆不可少，都是王者"成德"的必备要素。同时认为，"刑者，德之辅；阴者，阳之助也"，德为主，刑为辅，德主刑辅，其理乃出于阴阳之天道。古代秋冬行刑，理论也自兹肇始。他又说："天之道，春暖以生，夏暑以养，秋清以杀，冬寒以藏……皆天之所以成岁也。庆赏罚刑与春夏秋冬以类互相应也，如合符。故曰王者配天"③。

可以说，"天人合一"说至少自先秦时起就深深地影响着中国的法律，构成中华法系的一大特色。在汉代，这一特点已体现得比较明确：不仅董仲舒，其他理论家们也一致认为，统治者和制度必然要与宇宙秩序相和谐，以求合乎正统。史学家班固被认为是表达了自然法思想的人，他在《汉书·刑法志》中说：圣人"必通天地之心，制礼作教，立法设刑，动缘民情，而则天象地。……故圣人因天秩而制五礼，因天讨而作五刑"。礼与刑，不仅是天地秩序的体现，而且是天地秩序的组成部分，"刑罚威狱，以类天之震曜杀戮也"④。汉法在"天人合一"的广阔境界里，又以朴拙洗练的格调，开了封建正统法律的先河。⑤ 这是其应得的历史地位。

在汉朝人的心目中，就法律的运行而言，上下与天地一体，所以，倘有灾异之变，便被认为是上天的谴告，皇帝的"大赦天下"常常会跟随而至。《汉书·武帝纪》载："（元光四年）夏四月，陨霜杀草。五月，地震。

---

① 参见吕世伦主编：《法的真善美：法美学初探》，北京，法律出版社，2004，第446页。
② 参见《春秋繁露·基义》。
③ 《春秋繁露·四时之副》。
④ 《左传·昭公二十五年》
⑤ 参见吕世伦主编：《法的真善美：法美学初探》，北京，法律出版社，2004，第448～449页。

赦天下。……（元狩）三年春，有星孛于东方。夏五月，赦天下。"可见，法也是鲜活的生命，人间的立法、司法，无不与日月星辰、风云雨雪纠结、缠绕在一起，处于同一个系统之中，相感相应，给人以强烈的感染力，冲击着人们的情感与灵魂。人们在阴阳的滞塞中，产生久旱渴雨之期盼，而一旦冤狱昭雪，又有天和地谐的适意、天朗气清的愉悦。在由塞而通的跌宕起伏中，法充满着神秘的灵性和活力。在天、地、人、法的宏阔运动里，善与美也从错落抵触而归于一致。在此，人们所体会到的，不仅是道德的满足感，还有"天人合一"中的审美享受。① 法在"天人合一"里具备了生动和谐的韵律美。

美国学者 D. 布迪和 C. 莫里斯在《中华帝国的法律》一书中指出：中国人认为，"对社会秩序的破坏，也就是对宇宙秩序的破坏。因为在他们看来，人类生活的社会环境与自然环境是一个不可分割的统一体"；"有关法律的这一认识，只是中国古代的一个著名命题——天人合——的一个方面"②。该书作者认为，与法律儒家化的过程同时，另有一个与之类似的法律"自然化"的过程，即法律与自然的变化相适应。这被看做是"天人合一"在法律中的体现。作者举出特赦和秋冬行刑制度以证之。③ 法国学者勒内·达维德在《当代世界主要法律体系》中，德国学者 K. 茨威格特与 H. 克茨在《比较法总论》中也都提到了这一点。我国学者徐忠明教授明确提出"天人合一"为中国礼法文化的精神境界，应属深湛之论。他说，"天人合一"是中国传统法律的价值观念与精神境界的最高体现，或者说是各种法律制度的终极依据。④ 长期致力于中国法制史研究的朱勇教授也明确指出："'天人合一'是中国古代哲学的一个重要命题"，它对中华法系有重大而深刻的影响：在中国古代，法律的制定遵循"则天立法"原则，以"天"为制定法律的最终根据；在法律的实施方面，实行"刑狱时令""灾异赦宥"制度；于对人命案件的处理，适用"以命抵命"的原则。⑤ 可见，中外学者都注意到了"天人合一"与法的关系。

作为中华法系的顶峰和代表作的《唐律》，也同样打上了鲜明的"天人合一"的烙印。唐人延续"德主刑辅"的传统，认为德礼刑政者，阴阳

① 参见吕世伦主编：《法的真善美：法美学初探》，北京，法律出版社，2004，第449页。
② 〔美〕D. 布迪、C. 莫里斯：《中华帝国的法律》，朱勇译，南京，江苏人民出版社，1995，第31页。
③ 参见上书，第32～35页。
④ 参见徐忠明：《法学与文学之间》，北京，中国政法大学出版社，2000，第295页。
⑤ 参见朱勇：《中国古代法律的自然主义特征》，《中国社会科学》，1991（5）。

昏晓之相须而成者也。唐初大臣长孙无忌在《进律疏表》中，一再用天地阴阳之说求证封建法律的哲学根基。他说："三才既分，法星著于玄象；六位斯列，习坎彰于易经。""三才"就是天、地、人，《易·说卦》云："立天之道曰阴曰阳，立地之道曰柔曰刚，立人之道曰仁曰义，兼三才而两之。"《晋书·天文志》载，"太微帝座，南蕃中二星曰端门，东曰左执法，廷尉之象也；西曰右执法，御史大夫之象也"。这里是说，自天、地、人既分之后，刑法之星就在天文里明确地显示出来了；六爻（习坎卦等）排列好，狱讼律法之象也在易经里明白地出现了。这里，长孙无忌等人把法律放在天与人的大系统里，体认法律为宇宙的表征、宇宙为法律的模范。这里的法律也并非如西方的法律那样是抽象的，相反，它是具体的，是与星辰日月相照应、与阴阳气化相沟通，是可以想象、可以感触的。①

　　法律是一种社会规范，是规制社会秩序的法则。这社会秩序，在西方人看来，是一种人为的秩序，是可用人之理性来创造或变更的，这是社会秩序与自然秩序根本不同之所在。自然秩序是天然存在的，不容人来创造或变更。在他们的传统思想上，宇宙间存在着两种秩序：一是社会秩序，一是自然秩序。这两种秩序根本不同：前者属于道德界，其秩序之建立，必须依从人的理性而为善恶是非的判别；后者属于自然界，其中并无善恶是非之分。至于其所谓事物之理，是一种心理现象，通过自己理性的发挥，始可获得事物之理。可见，秩序是客观的，理则是主观的、存在于内界的。不论其为自然事物之理抑或社会事物之理，均是理性发挥的力量。由此可见，在西方的传统思想里，自然秩序与社会秩序是分立的，客观秩序与主观之理是对立的。我国传统思想的基本观念是"天人合一"，宇宙间只有一种秩序，自然秩序与社会秩序并无分别且高度融合。传统的社会秩序就是"礼"，也就是所谓伦常秩序。礼从何而来？天垂象圣人责之而已。所以，"乐者，天地之和也；礼者，天地之序也"②。因此，礼是社会秩序，也是自然秩序，均不可以人为。所谓理，也不是从主观的理性出发的，《礼记》云，"礼也者，理也。"理就是礼，理的本身就是秩序，现有的秩序就是事物之理，明理就是守秩序。所以，在我们传统的思想上，理与秩序均和主观的理性无关。过去我们只有性理。性是什么？"天命之谓性"③，从而天理与人性均属一体。从人到礼到天是一体的，从性到社会

---

① 参见吕世伦主编：《法的真善美：法美学初探》，北京，法律出版社，2004，第449页。
② 《礼记·乐记》。
③ 《礼记·中庸》。

秩序到自然秩序是一贯的，天人是合一的，主观与客观不是对立的，同一个理之中就包含了天、地、人三者一贯之理。这一贯之理，非人的理性智慧所能创造、变更或理解，要明了其中之理，惟有从实践去体会。①

朱熹说："故人物之生有精粗之不同……惟人得其正，故是理通而无所塞；物得其偏，故是理塞而无所知。且如人头圆象天，足方象地；平正端直，以受其天地之正气。""天人本只一理。""天即人，人即天。"② 程颢认为："人与天地一物也"，"天人本无二，不必言合。"程颐说："道未始有天人之别，但在天则为天道，在地则为地道，在人则为人道。""道与性一也。性之本谓之命，性之自然者谓之天。"③ 王阳明认为："天地万物本吾一体"，"盖天地万物与人原是一体"④。人与天的这种类合，决定了人可以接受天意，实践天意，仿天之秩序造就人类的理想社会秩序。⑤

不管是价值与理想的形上追求还是法律制度的形下建构，天人合一思想对中国法的形成与发展、制定与运行都有深刻的影响。"天人合一"实为我中华法系的基本精神和主要特色之一，正是它成就了中华法系的高远境界和宏伟气象。在宇宙的流行运转中，中国古法也分得了天地之间的清峻、肃杀之气，它在生生不已的鲜活世界里，庄严肃穆地行止舍藏、执行使命。在中国古代，法律并非抽象的理念，而是有血有肉、生动活泼的生命；法律并非僵死的条规，而是处于六合八荒中周流变迁的神秘之气，清真、浑朴、激越、刚健。它升腾高举，超越万象之外而貌远玄虚，但同时又紧紧贴近大地，呼吸着泥土的浑厚气息而元气充沛。"天人合一"刑事政策思想因与生命的深度律动相契合而形成了法的生动气象和审美意蕴。这一点，对于建设社会主义法治国家，应当非常具有借鉴意义；对于异化日益严重的当今人类世界，也应可作为一份可资救治的良药。⑥

二、德主刑辅

"德主刑辅"，是中国古代治国理政基本经验的总结。这里有两对范畴，一对是"德"与"刑"，一对是"主"与"辅"。"德"与"刑"是相

---

① 参见王伯琦：《近代法律思潮与中国固有文化》，北京，清华大学出版社，2005，第104页。

② 《朱子语类》卷四《性理一》，卷六四。

③ 《二程全书·语录》一一，二上，二五。

④ 《王文成公全书》卷二《答聂文蔚》《传习录下》。

⑤ 参见范忠信：《中国法律传统的基本精神》，济南，山东人民出版社，2001，第24页。

⑥ 参见吕世伦主编：《法的真善美：法美学初探》，北京，法律出版社，2004，第449页。

对应的国家与社会治理措施，也指社会规范。这两种规范或措施中，"德"是首位的、起主要作用的，"刑"是次要的、起辅助作用的。中国古代的"刑"即是"法"，不单指今天的刑法这一部门法。

（一）德主刑辅的基本含义

德主刑辅自汉代开始就成为封建统治者推崇的一种治国模式，它有两层含义：一是在治国方略上，它要求以道德教化为主、以法律制裁为辅；二是在法律领域内，它要求立法、司法必须以儒家道德原则为指导，使法律的制定与运用均体现儒家的道德精神。

第一种含义是指，在同样可能达到准则规范被遵守且能使德或礼的内容实现的目的下，用教化的方法比用刑罚的方法好。儒家常引用的一句经典"道之以政，齐之以刑，民免而无耻。道之以德，齐之以礼，有耻且格"①，即是这个意思。道德与刑罚，前者是目的，后者是方法。方法与目的不具有可比性，方法当然是辅助目的之达成的。② 如刑法规定故意杀人的，处死刑、无期徒刑或者 10 年以上有期徒刑。这是方法，要达成的目的是不杀人。达到准则法被遵守的目的，有两种方法：一是教化，一是刑罚。在同样可能达到目的之先决条件下，循循善诱、春风化雨式的教化方法当然比暴谩血腥的刑罚威吓好，儒家的这句经典是颠扑不破的绝对真理。但倘若先决条件发生了变化，其结论就未必正确了。所以，纵如法家代表韩非那样偏激地重视刑罚，坚持认为仁爱德厚不足以止乱，也并没有否认仁爱本身的价值比刑罚的高。王充说："韩子岂不知任德之为善哉！以为世衰事变，民心靡薄，故作法术，专意于刑也。"③ 故就此点而言，儒、法二家的意见不会有不同。不过在复杂的客观条件之下，国家治理的重心应当放在教化呢，还是应当放在刑罚呢？对这个抉择问题，儒、法二家的意见确有不同：儒家从人性本善出发，主张最好不要用刑罚，当然应该把重心放在教化；法家从人性本恶出发，认为教化终嫌迂缓，当然应该把重心放在刑罚。不过自汉以后对问题，观点就已一面倒了，即认为应遵从儒家的见解。贾谊上疏说："故在世主欲民之善同，而所以使民善者或异，或道之以德教，或殴之以法令，道之以德教者，德教洽而民气乐；殴之以法令者，法令极而民风哀，哀乐之感，祸福之应也。"④ 刘向主张先

---

① 《论语·为政》。
② 参见王伯琦：《近代法律思潮与中国固有文化》，北京，清华大学出版社，2005，第20 页。
③ 《论衡·非韩》。
④ 《治安策》。

德教而后刑罚："王者之政化之，霸者之政威之，强者之政齐之。夫此三者，各有所施，而化之为贵矣。夫化之不变，而后威之，威之不变，而后齐之，齐之不变，而后刑之。夫至于刑者，则非王者之所得已也。是以圣王先德教而后刑罚。"① 宋代朱熹认为，"圣人之治，为之教以明之，为之刑以弼之，虽其所施或先或后，或缓或急，而其丁宁深切之意，未尝不在乎此也"②。在他看来，教化是主要的，法律是辅助的，尽管他也认为，杀人者不死，伤人者不刑，虽二帝三王也不能治天下。

这种把重心放在德教方面的先礼后刑、德主刑辅观念，随时间之经历而愈益根深蒂固。在清末礼法之争中被后人称为法理派的代表伍廷芳、沈家本在上奏朝廷的《删除律例内重法折》中奏言："化民之道，固在政教，不在刑威也。"到清末《大清新刑律》颁行，笞、杖等身体刑被废除，死刑单用绞这一种执行方法，充分表示刑罚改革的宽大仁厚的精神，仍不能不说是德主刑辅观念的力量所致。至于保安处分、假释、缓刑等制度，在西方虽已是从以自由意思为根据的报应观念或一般预防观念进至以社会责任为根据的危险性观念或特别预防观念的产物，但新刑律亦能很顺利、很自然地被采纳，亦不能不说是由于德主刑辅观念与之无意识地契合，所谓殊途同归者也。③

德主刑辅，从字义上看，似乎在说刑是助成道德之实现的工具，也就是说刑罚仅是方法，道德的实现才是目的；从先德后刑的排序上看，似乎在说必须先有礼德，然后有政刑。如同上述，政刑不过是方法，德礼才是目的，方法当然是辅助目的之实现的，所以必须先违反了礼，然后才能用刑。出礼入刑、先礼后刑，这是事物必然之理，不是肯定说教化的方法比刑罚重要。先后主辅的概念是必然的，犹之先春后秋、先有父而后有子，不过这并不就是说春比秋好或父比子好。④

注重道德教化的政治功能，把道德教化当成国家政治生活中的大事，这确实是儒家的一贯立场，孔子所谓"不教而杀谓之虐"，孟子所谓"谨庠序之教"，荀子所谓"不教无以理民性"，等等，就是证明。这种治国方略落实到具体的制度安排上，则有调解制度和以德礼预防犯罪的制度等等。《周礼》中有"调人"一职，它"掌司万民之难而谐和之"。明代

① 《说苑·理政》。
② 《朱文公文集》。
③ 参见王伯琦：《近代法律思潮与中国固有文化》，北京，清华大学出版社，2005，第20～21页。
④ 参见上书，第22页。

王阳明制定了一个带有民间公约性质的《十家牌法》，其中就很重视调解的作用："每日各家照牌互相劝谕，务令讲信修睦，息讼罢争，日渐开导，如此则小民日知争斗之非，而词讼亦简矣。"在运用德礼预防犯罪方面，儒家在制度设计上可谓求全求细：各级官员在审狱断案、官场训话等场合要宣讲儒家道德；私塾里老师要宣讲儒家道德，甚至宗教教义也要宣扬儒家道德。其目的之一就是要预防犯罪，以维护社会秩序的安定。

第二种含义是指，在立法、司法方面强调以儒家道德原则为指导。这是德主刑辅治国方略在法律领域的贯彻。西周时期，就有"明德慎刑"的刑事政策思想，意思是发扬德教，谨慎运用刑罚。这个思想最早由周公旦提出，他认为商朝最终灭亡的原因是商纣王不务德，不能得到上天的支持，所以西周统治者一定要承天命、顺民意，加强自身的道德修养，才能奉天承运。不过西周虽然提出明德慎罚的思想，但并未完全抛弃神权法，因为统治者加强自身修养的目的是"以德配天"。西汉"罢黜百家，独尊儒术"之后，儒家思想成为治国之术，礼法合流，但礼是根本，历朝历代都坚持"德礼为政教之本，刑罚为政教之用"这一指导思想，并在刑事立法、刑事司法中处处体现"以德去刑"的政策思想。在这种政策思想指导下，历代对刑罚的适用，都强调"先教后诛"、反对"不教而诛"，认为"不教而杀谓之虐，不戒视成谓之暴，慢令致期谓之贼"[1]。其大意是：刑不是用来威吓人民的，刑的执行在于教育人民，使人们从中自律、自觉、克己，去避开刑之锋芒，而消除犯罪之恶念，获得一种个人与社会的和谐，真正实现刑典悬于高阁、刑具废于仓廪的目的。古有"尊德礼而卑刑罚"之说，认为"人君之治，莫大于道，莫盛于教，莫神于化"[2]，所以人君对人们要"道之以德，齐之以礼，有耻且格"，以达无刑之治。正如有学者所指出的那样：

> 在像现代西方这样多元化的社会中，教会和国家、资本和劳工、政府和私人企业诸种力量在法律规定下保持平衡。而在中国人的生活中，耿直和忠心、真诚和仁慈这些整个家庭体制反复灌输的个人美德才是社会行为的规范。法律是政府必需的一种工具，而个人道德才是社会的基础。中国社会并没有因法制观念淡薄而出现无政府状态，整个社会被儒家学说牢固地连在一起。这一伟大的伦理制度在中国的地

---

① 《论语·尧曰》。
② 《潜夫论·德化》。

位之重要相当于法律和宗教在西方共同所占的地位。[①]

"德主刑辅"中的"德",是与"刑"（即法,通常理解为制裁、处罚）相对应的社会措施,应该是指"为政以德"中的"德",是指"仁政""德政"。所以,德主刑辅的基本刑事政策思想要求,为政者治国,并不局限于强制手段,更为垂青的是道德的弘扬、德政的感化、风俗的熏陶、舆论的诱导等。这种综合治理的思想对后世影响很大。

（二）德主刑辅对古代立法的指导

德主刑辅对古代立法的指导,突出地体现在法的具体规定上尽显伦理法的特征。

第一,将儒家之礼法律化。譬如纲常之礼便是《唐律》最基本的内容,甚至将礼典礼文直接入律,《唐律》中《名例律》之"八议"便是对《周礼·秋官·小司寇》"八辟"的照搬。礼、法冲突时,在立法上明确地屈法以全礼,如规定亲亲得相首匿、犯罪存留养亲。此外,历代法典中,不敬、不孝、亲属相奸、干名犯义、无夫奸等条文都是礼的法律化。

第二,不同的身份等级对应着不同的法律调整。此即立法等差,主要表现在两个方面:一是在民商事活动和政治活动上权利、义务的设定因主体的身份等级不同而有明显的差别。普天之下,至尊的皇帝只有权利没有义务;名列贱籍的奴婢阶层,只有义务没有权利,被法律"列于资财""比于畜产",是权利客体。在一个家族内,权利、义务也因血缘上的尊卑亲疏而有不同,卑幼者要履行孝亲、尊上、敬祖、守制等法定义务。二是在罪与刑的规定上,不同身份的主体实施同一种行为,对卑贱者可能是"罪",对尊贵者可能是"非罪"。例如《唐律·斗讼律》之"部曲、奴婢詈旧主"条规定:被放从良的部曲、奴婢过失杀伤旧主者,依凡人论罪;旧主过失杀伤旧部曲、奴婢者,皆勿论。即使是同一种罪行,对尊卑良贱所规定的刑罚也相差甚远,如《大清现行刑律》之"斗殴"条规定:"凡雇工人殴家长及家长期亲,若外祖父母者,徒三年;伤者,流三千里;折伤者,绞;死者,亦绞;故杀者,斩;过失杀伤者,各减本杀伤罪二等。""若家长及家长之期亲,若外祖父母殴雇工人,非折伤,勿论。至折伤以上,减凡人罪三等。因而致死者,徒三年。故杀者,绞。过失杀者,勿论。"故"王子犯法,与庶民同罪"实难在当时的法律中体现。

---

① 〔美〕费正清、赖肖尔:《中国:传统与变革》,陈仲丹等译,南京,江苏人民出版社,1992,第16页。

第三，对有关纲常伦理的犯罪行为，处以重刑。如《唐律》规定："诸子孙违犯教令及奉养有缺者，徒二年。"《清现行刑律》之"妻妾殴夫"条规定："凡妻殴夫者，处十等罚"；"其夫殴妻，非折伤，勿论；至折伤以上，减凡人二等"。可见，从法律规范的内容上体现了重身份等级、轻统一用法的特征，且用重刑的方式维护传统的家庭伦理。

在立法方面强调以儒家道德原则为指导，是儒家的一贯做法。在儒家的推动下，中国古代法律在汉至唐期间经历了从"法家立法"到"儒家立法"的转换，法律儒家化了。《唐律》的"一准乎礼"，如"八议""十恶""准五服以治罪"等等，不仅标志着封建立法的完善，也标志着"德主刑辅"治国方略的制度化、法律化。《唐律》是中华法系最为成熟的代表作，它反映了儒家的道德精神，代表了儒家对一种高度和谐的道德型社会的追求。它凝聚着儒家的治国理念，蕴含着儒家的治国智慧，确定并引导着中华传统法律文化的走向。

中华法系是以儒家思想作为理论指导的，故而重视"以礼治国"，强调礼教，同时并不忽视刑措，但"刑"是不得已而用之。此即所谓"去礼入刑""明刑弼教"。中国古代用刑之道，是为礼治服务，始终围绕"礼之所去，刑之所取"这一原则，惩贪治顽，维护礼教。在古代，在治国方略上是"宽"还是"猛"，是教化治国还是刑威服民，一直争论不休。法家崇尚"严刑峻法"，主张"重刑轻罪"："行罚重其轻者，轻者不至，重者不来，此谓以刑去刑，刑去事成。罪重刑轻，刑至事生，此谓以刑致刑，其国必削。"① 儒家主张"仁政"，宣扬"以不忍人之心，行不忍人之政，治天下可运之掌上"②，反对滥杀无辜的虐政，主张以"省刑罚"作为仁政的一项措施，不主张司法武断专横，提出"无罪而杀士，则大夫可以去；无罪而戮民，则士可以徙"③。起初，法家刑威派与儒家礼教派针锋相对，各持一端，但在秦王朝覆灭之后，西汉改变法家刑威政策，引礼入法，奠定了德礼在政教中的地位，使中国古代法制走向外法内儒、儒法合流的道路。从历史来看，这种从宽猛相争到宽猛结合，"猛以济宽，宽以济猛"理论的形成，可以说是中国古代对刑法（罚）作用认识的一次飞跃。从认识的相互矛盾到协调统一，表明对刑法（罚）的理解变得深刻，蕴含科学成分。

---

① 《商君书·靳令》。
② 《孟子·公孙丑上》。
③ 《孟子·离娄下》。

董仲舒认为，法家"以刑去刑"的严刑理论，无异于"以汤止沸，抱薪救火"①，非但不能禁奸止暴，反而会法外生奸，故而主张以仁政代替严刑，提出"大德而小刑"的法律原则。这一原则是"明刑弼教"政策思想的核心，意在使德教与刑罚交互为用，而以德教为主、刑罚为辅。这在中国古代立法上表现为"一准乎礼"，即"于礼以为出入"，也就是说立法定制以儒家倡导的伦理道德作为思想基础，把封建的礼和法糅合在一起，用法的强制力来推行礼教的规范，又以礼教的精神力量来强化法的社会作用，把德礼与政刑统一起来，认为两者不是对立的，推行以德礼为本、刑罚为用的政策。将之推行于司法实践，必然会形成"志善而违于法者免，志恶而合于法者诛"②的现象。中国古代的复仇问题即如此：依据"明刑弼教"，子为父复仇，合乎礼教人伦，而任意的复仇行为又违于法。对此，历代法律认为，"父不受诛，子复仇可也"③。也即，子为父兄报仇，应以父兄无罪而遭杀害为前提。这反映在处理法律问题时首先考虑的是礼教之情理，然后才是法律之是非。明代的王守仁重视刑罚的作用，但同时认为刑罚的作用是有限的——它只能使人们安分守己，却不能使人们变成"圣人"——所以要清除人们心中的"物欲"、显现人们心中的"良知"，不能光靠刑罚，还要靠教化："徒事刑驱势迫，是谓以火济火，何益于治？若教之以礼，庶几所谓小人学道则易使矣"④。他与很多儒家代表人物一样，也认为教化是统治人民的根本方法。

王伯琦分析古代德治盛行的原因时指出：

> 古代的法律，不过是当时习俗的汇集，所以多就个别事例而为之规定，很少能有概括的原则，如《十二铜表法》的相关规定。我中华法律，虽至唐代而集大成，但其缺少一般原则性的规定，情形大致与其古代法律相仿，如唐律疏议的相关规定。唐律的疏，是法定的补充解释，唐律中的《名例》之断罪无正条、《杂律》之不应为条，便是给予执法者以随事立法之权，至于皇帝于律令之外，得随时制例定格，乃属当然。何谓应为或不应为，或格例的制定标准？无非道德。这是从汉代董仲舒以经折狱以来历代用以补充法律的方法。道德规范，乃是最合于社会大众良知的规范，能依此来规范一般人的行为，

① 《汉书·董仲舒传》。
② 《盐铁论·刑德》。
③ 《春秋公羊传·隐公十一年》。
④ 《王阳明全集》卷十八《牌行南宁府延师讲礼》。

非特不会引起反抗，且可博得大众的同情与支持，很顺利地被接受。过去那样的具体个别规定，随时可能发生窒碍，随时需要予以补充。而在君主专制政体下，皇帝有绝对的立法权，随时立法，倘其处置合于当时的道德观念，还可以受到大众的赞赏。不过道德的个别性与法律的普遍性一相混淆，法律立刻丧命，等于无法，其流弊随之而起。至于法律的具体性而发生的弊端，历朝都想方设法补救，但非特无效，而且每每变本加厉。我们不必以今天的目光来非议过去，时代如此，其势然也。文化是逐渐进步的，建立一个抽象概括的原则，原是人类千万年心血的累积。①

不过，当代法史学者就德主刑辅对中国古代立法有无影响存有分歧。有人认为德主刑辅对中国古代立法没有什么影响，如研究法制史的郝铁川教授认为，典型的儒家法律观念"德主刑辅"只是儒家的一种理想，"并未被统治者真正接受"，"充其量只是在司法领域产生了一定影响，而并未进入立法领域，亦即没有法律条文化"②。对此，同样研究法制史的范忠信教授指出"此论不确"，并进一步论证如下：

> 历代统治者是否真正接受"德主刑辅"，当然不可仅仅据汉宣帝"汉家自有制度，本以霸王道杂之，奈何纯任德教用周政乎"一语作出否定结论。恰恰相反，宣帝此语正是主张德教（王道）、刑罚（霸道）并用（"杂之"）。他反对的只是"纯任德教"，轻视刑法之倾向，正是主张"刑以辅德"。历代统治者重视德教之言论行动不胜枚举，历代皇帝的诏书大多是道德教化文告，明清帝的《大诰》和《圣谕广训》更是典型的道德教科书，地方官吏对百姓宣讲诏书圣谕，进行教化，都成制度；官吏到百姓家与百姓共读经书（如《孝经》），对有过错者进行训诫，都是在进行"德教"；甚至其审判案件的判词也是道德教化文告。这样的事也不胜枚举，我们怎么能说历代统治者没有接受"德主刑辅"！况且，即使仅从预防犯罪减少犯罪降低司法成本的需要出发，历代统治者也不能不注重"德主刑辅"。至于历代君臣们花在德教上的心思时间力气与花在审判用刑上的心思力气时间比较到底哪一个多，这是一个无法统计的问题，因为二者往往重叠不可分，如聚百姓于公堂公开问审及制作宣布充满伦理说教的判决书，这既是

① 王伯琦：《近代法律思潮与中国固有文化》，北京，清华大学出版社，2005，第96页。
② 郝铁川：《中华法系研究》，上海，复旦大学出版社，1997，第51页。

用刑，又是德教。说"德主刑辅"没有进入立法领域，没有法律条文化，就说"德主刑辅"思想对法典没有影响，这实在是误中之误，同时又苛求了古人。"德主刑辅"是一种宏观政策，是法理主张，当然谁也不可能把这一命题的字面意思用法律条文规定下来——你能设想实体法和程序法的条文中具体规定"德教"如何"为主"、"先行"及"刑罚"如何"后行""为辅"及其具体操作程序吗？不但古人做不到，就连今人也做不到。……但是，"德主刑辅"的主张暗中浸透于某些法律制度之中是可能的，这也是历代法典的常态。以"一准乎礼而得古今之平"的唐律为例，它把"告祖父母父母""别籍异财""居丧生子""立嫡违法""居丧嫁娶作乐释服从吉""居囚嫁娶""居丧主婚""匿不举丧""冒哀求仕""冒荣居仕"等等，从前纯粹是儒家倡导的道德要求统统被订定为庄严的法条，定为犯罪，惩以刑罚，这不是"以刑辅德"又是什么？这些伦理道德规则……都进入了法典……有这么多具体体现"德主刑辅"的制度在，我们怎敢说"没有找到任何体现上述德主刑辅内容的法律条文"！将《唐律》与《法经》《秦律》比较一下，我们就知道《唐律》是不是体现了"德主刑辅"！①

（三）德主刑辅对古代司法的指导

中国古代从民本主义出发，根据"德"和"礼"治国，以和谐大同为社会最高境界，主张息事宁人，三代之时便有"明刑弼教"的说法："汝作士，明于五刑，以弼五教。期于予治，刑期于无刑，民协于中，时乃功，懋哉！"② 这种刑法（罚）目的论始终指导着中国古代法制的发展。

西汉以后，礼、法合流，但礼是根本，历朝历代都坚持"德礼为政教之本，刑罚为政教之用"这一指导思想，并在刑事立法、刑事司法中处处体现"德主刑辅"的政策思想。在这种思想指导下，历代对刑罚的适用，都强调"先教后诛"、反对"不教而诛"，刑的执行在于教育人民，使人们消除犯罪之恶念，而不是一味地惩罚。

学者刘星在其著述《法学作业——寻找与回忆》中引用了一则故事：后汉献帝时，一懒汉无所事事，经劝说立志驾牛耕田，没有牛，于是偷牛，被抓获。自知罪孽不轻，愿认打罚，但苦求小吏不要告诉大官人王烈。因为，王烈以往总是苦口婆心、善言相劝。王烈言，"盗牛者怕我知其犯事，说明其有耻恶之心，而心怀耻恶必能改过从善，故需奖励"。于

---

① 范忠信：《中国法律传统的基本精神》，济南，山东人民出版社，2001，第288、289页。
② 《尚书·大禹谟》。

是遣人送去一段布匹，明说此为奖励，以资懒汉再次振作。数年后，一老翁丢了剑，一行人持剑守候整日，直至老翁回头。此持剑守候整日者正是当年偷牛的懒汉。该故事载史册千年有余，成为国人法律文化一个方面的暗喻：法刑之具实在不如教化之道，还是教化为先吧。不仅如此，人们还历数秦皇严施法刑以失败告终，数代明君高扬德教以"盛世"结局，来做此一暗喻的边注佐证。古人确信，人之从善、富有廉耻，犹如万物自然生长，是与生俱来的，仅仅由于某些外在的偶然因素才误入了歪门邪道。通过教育感化，人能良心发现，并且弃恶向善。而法律严刑只能触人肌肤，虽使人畏惧，但不能教人身心醒悟，故也只有作为不得已的最后手段。历史就像故事的流传不断一样，似乎总在重复道德教化的喜人效用。①

中国古代的法律制度是比较完备的，而完备的法律只有通过司法运作才能发挥作用。古人审案断狱，自汉代开始，便喜欢时常绷起纲常礼教这根"伦理"筋儿。大凡遇到蹊跷头痛的案子，其思路便会神差鬼使地走入这一方向，以求灵丹妙药。这就形成了中国封建社会司法操作的一突出特点：原情论罪与依法断狱的对立共存。本来，引礼入法后，礼与法应该是相统一的，但礼与法毕竟分属于两个不同的范畴，礼与法相对立的情况在立法上和司法中都不在少数。司法操作中，礼、法冲突时，解决的办法便是屈法以全礼。根据《春秋》所认定的"原情定过，赦事诸意"确立了"论心定罪"的法律原则，凡"志善而违于法者免，志恶而合于法者诛"，以致断罪"时有出于律之外者"②。儒家化的法官在定罪量刑时，并不以法律为唯一的标准，而是情、理、法兼顾，运用多重决讼标准。③ 例如清道光年间，有百姓周四在父亲丧期娶周氏为妻，这既触犯了刑律"居丧嫁娶"之条，又犯了"同姓相婚"之罪，依法应判决离异，但刑部对此案的批复却是：

> 律设大法而体贴人情，居家丧娶虽律有明禁，而乡曲小民昧于礼法，违律而为婚者亦往往而有。若必令照法律离异，转致妇女之名节因此而失。故例称：揆于法制似为太重或名分不甚有碍，听各衙门临时斟酌，于曲顺人情之中仍不失维持礼法之意。凡属办此种案件，原

① 参见刘星：《教化》，载刘星：《法学作业——寻找与回忆》，北京，法律出版社，2005，第179～180页。
② 《盐铁论·刑德》。
③ 参见范忠信、郑定、詹学农：《情理法与中国人——中国传统法律文化探微》，北京，中国人民大学出版社，1992，第231～239页。

可不拘律文断令完娶。若夫妻不和谐，则此种违律为婚，既有离异之条，自无强令完娶之理。所有该司书辨周四居丧娶周氏为妻一案，自系临时斟酌，于律例并无不合，应请照办。①

此案中，法官们实际上援引了三重决讼标准：一是礼或理。若机械地依法离异，则会使妇女"失名节"，其礼或理是妇女"饿死事小，失节事大"。名节，可是妇女头等重要的大事，至今依然矗立在安徽歙县的贞节牌坊还在"传颂"着往昔妇女的名节。二是人情。若夫妻和谐，即使是"违律为婚"，也不宜依法强令离异，否则是棒打鸳鸯，不合人情，故明示只有夫妻不和时方可依法判离解散。三是律典条文即法。若不是法有"居丧嫁娶""同姓为婚"之条，则此案不会诉诸公堂，也不会因为难"决"而呈报刑部。可是，最高司法审判机关刑部没有完全依法办事，法在此案中只是作为标准之一起了参照作用。② 在多重决讼标准中，伦常一以贯之，法官审案的真正依据不是法而是礼，因此，法官审案往往不是维护法，而是置法律于不顾，甚至可以说，在礼、法冲突时维护的是与法相背离的一套价值观念即礼。这是儒家化法官审案的最大特点，其导致的后果是礼的权威性大大增强，而法的权威性大大削弱。如开释因忠孝节义而违法者的做法在古代几为惯例，若有人因实践道德而受到法律的制裁则会得到舆论的广泛同情。③ 这正如有学者所言："吾国盛行德治，自西汉以迄清末，未曾稍衰。历代虽有法典之制定，但道德力量始终处于领导地位，道德就是法律，法律反可不是法律。"④ 法律在中国历史上从来没有获得过至上的位置，也没有获得人们对它真诚一贯的信仰，这或许就是其重要的原因。

从法律运行看，"德主刑辅"的观念主宰了法律运行的各个环节，"以礼入法""执法原情""守德即守法"是其基本表现。德主刑辅的刑事政策思想表明或进一步强化了立法、执法、守法、法律意识等法治方面都严重依附于道德，形成了独具特色的法典体例、法律机构体系、法律技术手段、法律教育类型以及法律意识形式；使得法律既表现出相对于道德的显著的非独立状态，又因这种联系的血缘性、紧密性、长期性和稳定性而与其他"道德法"形态相区别。可见，德主刑辅对中国法律运行的影响是深

---

① 《刑案汇览》。
② 参见郝铁川：《中华法系研究》，上海，复旦大学出版社，1997，第68~69页。
③ 参见马小红：《礼与法》，北京，经济管理出版社，1997，第220页。
④ 王伯琦：《近代法律思潮与中国固有文化》，北京，清华大学出版社，2005，第232页。

远的。

三、刑罚世轻世重

"刑罚世轻世重"最先出现在《尚书·吕刑》中，后世的解释大致是：立法上，根据不同时期犯罪的不同情况，依照客观形势的需要，制定出轻重不同的刑罚，使其符合于各个不同时期同犯罪作斗争的实际需要；司法上，正确执行轻重不同的刑罚，才能有区别有分析地去适当用刑，以符合维护社会秩序的需要。这种思想形成了以后受到历代统治者和思想家普遍重视的重要刑事政策思想。

（一）刑罚世轻世重的基本含义

刑罚世轻世重是指刑罚的轻重应当因时而宜、因地而宜、因罪而宜。这是符合司法规律的用刑之道。①

古人在最早用刑时，就已对刑罚的轻重有了一定的认识。奴隶主阶级的代表周公旦，为巩固和加强奴隶主阶级对广大奴隶的阶级专政，总结历史经验，主持制定了内容十分广泛的《周礼》。他在《周礼·秋官·司寇》中，对专司狱讼刑罚的大司寇之职进行了明确规定，阐明了大司寇之职是"掌建邦之三典，以佐王刑邦国，诘四方。一曰刑新国用轻典，二曰刑平国用中典，三曰刑乱国用重典"。这说明统治阶级在适用刑罚上的宽严、轻重，是依照当时、当地的阶级斗争形势的缓和或者激烈程度等不同情况，而由他们审时度势予以决定的。三典治国理论，是他们依对其所处时代国家社会的盛衰、治乱形势的判断认定而确立的刑政方针，成为后世历朝历代适用刑罚、调节轻重的思想依据。

到周穆王时代所制定的《吕刑》中，制定者就把刑罚世轻世重看作是因应形势适用刑罚的一种常规了，并从刑法理论上作了高度的概括论证。吕侯奉命制定刑法典——《吕刑》——之后，周穆王对主管司法的官吏及众姬姓诸侯进行过训话，其中关于"刑罚世轻世重"的内容是："惟察惟法，其审克②之。上刑适轻，下服；下刑适重，上服。轻重诸罚有权。刑罚世轻世重，惟齐非齐，有伦有要。"其大意是说，对犯重罪者，适于轻判的，就处以轻刑；对犯轻罪者，宜重判的，可处以重刑。对刑罚的适用，在各个不同的历史时期，其轻重程度是各不相同的。要根据不同时期犯罪的不同情况，依照客观形势的需要，制定出不同轻重的刑罚，使其符

---

① 参见陈兴良：《"刑罚世轻世重"是符合司法规律的用刑之道》，《检察日报》，2008-05-15。

② 通"核"，核实的意思。

合于各个不同时期同犯罪作斗争的实际需要；正确执行轻重不同的刑罚，才能有区别、有分析地去适当用刑，以求得安定社会秩序的一致需要。这里的"世"字并不能机械地理解为固定的时间段或者朝代的更替，而应理解为与一定的时间相关的社会实际情况，可以理解为当时所处的刑法国情。

　　这表明，在国家出现的早期阶段，我国的立法者、执法者就已经开始认识到：在微观上，必须认真考察每个案件的实际情况及所应适用的法律，在此基础上决定刑罚的轻重，即所谓的"轻重诸罚有权"；在宏观上，刑罚的轻重还必须根据国家、社会的实际情况及犯罪的社会危害程度来决定，即"刑罚世轻世重"。只有将微观和宏观两方面紧密结合，才能既保证不枉不纵，又保证国家得以高效、有力地打击严重危害社会秩序、统治秩序的犯罪，维护社会秩序稳定、统治秩序稳定和法律尊严。这一思想充分体现了中国古代统治者高超的治国艺术和政治智慧，也因此而为我国传统社会历朝历代的统治者所奉行。尤其值得注意的是，周朝时人们就已经认识到在刑事审判中要"惟察惟法"，即刑罚的轻也好、重也好，绝不是随意的、无原则的，而是要以实际案情为基础、以国家的法律为限度、以国情为背景。这些思想直到今天仍有其积极的现实意义。

　　《尚书》中的《吕刑》是最早规定"刑罚世轻世重"的文献。《尚书》也称《书经》，是中国上古历史文件和部分追述的古代事迹的汇编。该书据传是由春秋时儒家创始人孔子编选而成。孔子在进一步阐发这种思想时，就明确点出了"刑罚世轻世重"的时势条件，他说："政宽则民慢，慢则纠之以猛；猛则民残，残则施之以宽。宽以济猛，猛以济宽，政是以和。"① 荀况则提出："治则刑重，乱则刑轻。犯治之罪固重，犯乱之罪固轻也。书曰'刑罚世轻世重'，此之谓也。"② 他甚至还提出："征暴诛悍，治之盛也。杀人者死，伤人者刑，是百王之所同也，未有知其所由来者也。刑称罪则治，不称罪则乱。"③ 罪刑相称，天下才会太平；罪刑不相称，天下就会大乱。至于在什么形势下用轻刑、在什么形势下用重刑，荀子有其独特见解，但对"刑罚世轻世重"的规律，在认识上同他人却是一致的。他认为："凡刑人之本，禁暴恶恶，且征其未也。杀人者不死，而伤人者不刑，是谓惠暴而宽贼也，非恶恶也。"④ 这里，他指出了刑杀犯罪者的目的，不限于只对本人的惩治，要重在惩"其未也"，即预防犯罪，

---

　　① 《左传·昭公二十年》。
　　②③④ 《荀子·正论》。

不能忽视对他人心理影响的一般预防。

"刑罚世轻世重"的思想不独为儒家所提倡，战国时法家代表商鞅就直接而明白地提出"各当时而立法，因事而制礼；礼法以时而定，制令各顺其宜"，并以历史事实论证了应时变法的道理。他说："治世不一道，便国不必法古。汤、武之王也，不修古而兴；殷、夏之灭也，不易礼而亡。"法家集大成者韩非更全面地阐发了这一思想："圣人之治民，度于本，不从其欲，期于利民而已。故其与之刑，非所以恶民，爱之本也。""严刑则民亲法"，"亲法则奸无所萌"，"故治民无常，唯治为法。法与时转则治，治与世宜则有功"，"禁之以名则治，世知、维之以刑则从"，反之，"时移而治不易者乱，能治众而禁不变者削"，"故圣人之治民也，法与时移而禁与能变"。这就是说，明智的统治者，要考虑到根本，不要随心所欲，目的在给人民以利益。统治者制定刑法，不是为了厌恶人民，而是爱民的根本。刑罚严厉了，人民都会尊重法律，人人守法，犯罪就无从产生了。所以治理老百姓并无什么常规，是为了治理好社会而定法设刑。法律要能随时代的需要而变化，才能有效地治理；刑措所施要同当时犯罪情况相适应，才能取得成功。假如时代变了，治理国家的法律不变，那就会出乱子。即使善于治理众人的人，如果不能随着形势的变化而设禁惩罪，那也会遭受挫折，使法治受到削弱。故而明智的统治者，一定要做到法随时代的需要而立、改、废，刑罚的轻重应当以能够治理好国家为标准而适时适当采用。可见，韩非把"刑罚世轻世重"的思想明确阐发为：一方面立法要适应形势，做到"法与时转则治"；另一方面司法也要适应形势，达到"治与世宜则有功"。

道家亦不排斥"刑罚世轻世重"的思想。道家所说的"人法地，地法天，天法道，道法自然"中的"自然"，并不只是静止不变的自然状态，也包括形势发展变化的动态局面，有随时应变的意思。他们主张本"天理"定刑法，规范人群，顺其自然。

正是由于犯罪形势不同时期缓紧不一，因而处罚要轻重不一。此乃对症下药。这种思想和制度，既是对刑罚适用的历史总结，又反映出适用刑罚的客观规律性。自其形成以后，该思想即受到历代统治者和思想家的普遍重视。经过春秋战国法学鼎盛时期"百家争鸣"和秦王朝"专任狱吏""严刑苛法""二世而亡"的历史教训，在运用刑罚的策略上，中国历史上各代统治者都把"刑罚世轻世重"作为其"法治"精神的典范加以运用，大多收到一定的效果；不能随时应变、墨守成规者，又都受到这一规律的惩罚。

汉朝统治者实行"简法轻罚"和"省约烦苛"的刑政策略，形成了载诸史册的"文景之治"。在这其间，刑罚适时适度，无疑是他们巩固统治的重要支撑力量之一。西汉政治家贾谊及时作出了"君子为国，观之上古，验之当世，参以人事，故旷日长久，而社稷安矣"的历史总结。就是偏安中国一隅的蜀汉，由于其丞相诸葛亮能审时度势，实行"吾今威之以法，法行则知恩；限之以爵，爵加则知荣。恩荣并齐，上下有节，为治之要，于斯而著"，终于也得到了"刑政虽峻，而无怨者"的治理效果，实现了"吏不容奸，人怀自厉，道不拾遗，强不侵弱，风化肃然"的安定局面。"文景之治"时用的是轻刑化的刑事政策，三国战乱时蜀汉运用的则是重刑化的刑事政策。

唐朝白居易说得好："圣人之用刑也，轻重适时变，用舍顺人情。"宋朝王安石在阐明其变法主张时指出："夏之法至商而更之，商之法至周而更之，皆因世就民而为之节，然其所以法，意不相师乎？"他们的观点均表明，国家的治理有赖于适应时代要求的法律，或者说法律要适应形势的发展。

在中国历史发展长河中，"刑罚世轻世重"的思想，历代王朝大都能够遵循。凡立法、司法能因时势而变化的，在国家治理上都或长或短地出现过所谓太平盛世或天下大治。同历史上"成康之治"和"文景之治"一样，唐太宗李世民统治时期在立法设刑上"删烦除细，改重就轻"，"刑罚所及，则思无以怒而滥刑"，因为其从历史的经验教训中认识到"用刑轻重失其序，则系民命之存亡"的深刻含义。这对于盛唐之初"贞观之治"的形成实有很大促进作用。相反，不尊重"刑罚世轻世重"的用刑规律，一味重刑或一味轻刑甚至不依法定罪的，也几乎受到了历史的惩罚。例如，秦王朝一味严刑苛法，二世而亡；汉朝王莽新政一味"法令苛细"，又一世而终；南北朝时梁武帝萧衍锐意儒雅，标榜"仁政"，轻薄法威，王子叛逆、王侯人家横行不法而不为罪，结果法纪废弛、法威尽失，政权自然难以巩固了。

世轻世重、宽猛相济、刚柔相济等等，从社会治理的角度来看，这些词的背后另有着一个重要的观念：刑罚的社会政治效果是最重要的，该用重刑的时候，手软就会盗贼猖獗；该用轻刑或怀柔的时候，手硬就会把人逼到墙角，从而激起民愤。[①] 可见，刑罚世轻世重追求的是法律效果与社

---

① 参见刘星：《宽猛相济》，载刘星：《法学作业——寻找与回忆》，北京，法律出版社，2005，第181～182页。

会政治效果的统一。

此外，在整个古代法制中，由于儒家中庸主义的指导，刑罚世轻世重一直都围绕着一个中心，即中国刑罚一直追求"刑罚中"："礼乐不兴，则刑罚不中；刑罚不中，则民无所错手足。"① 如此既反对滥杀无度、重刑轻罪，又反对罚不当罪。同时，统治者们又在"刑罚中"的基础上，根据社会情势的不同而或轻或重，有时宜重，有时宜轻，从实际出发掌握刑狱，上下波动。曹操的"治定之化，以礼为首，拨乱之政，以刑为先"②，颇显其义。明朝开国皇帝朱元璋说"吾治乱世，刑不得不重"③，认为"自汉以来，刑法沿革不一……故时轻时重，无一是之归"④。这种思想导致了明初"重其所重，轻其所轻"的刑事政策：一方面相对减轻了礼教方面犯罪的刑罚，另一方面对更多领域的犯罪广泛推行重刑主义，如对臣下结党及内外官交结，对思想领域的犯罪，对贪官污吏的犯罪，对流民的犯罪，等等，都加重了处罚，并大量实施法外用刑，形成了法定刑与非法定刑的结合使用，以巩固明初政权。这反映了封建社会后期由于经济的发展和社会的进步，礼的束缚作用趋于淡化，而统治者出于专制统治的需要，又必然求助于刑罚的威慑和镇压。但归根到底，轻刑重刑的适用，不是单就刑论刑，而是还要考虑到社会的情况，并有明确的政治目的。回顾整个中国古代刑法的历程，分析浩瀚的法制史料，一方面可以清晰地看到刑律法典法令，另一方面可以感受到刑法"惟齐非齐，有伦有要"以及"刑罚世轻世重"的刑事政策的指导精神。这是中国古代刑事立法、刑事司法的核心，也是剖析中华法系的一把利刀。⑤ 可见，刑罚世轻世重的运用并不是毫无规律的，它以"刑罚中"为目标，时势则是其调节的按钮。

（二）刑罚世轻世重对立法的指导

西汉初年，高祖刘邦在相国萧何的帮助下，鉴于当时百姓久苦于秦朝苛密之法，明定"约法三章""省约烦苛"，简法省刑，民心趋于安定，社会也迅即得到稳定。而到了汉武帝时，武帝刘彻好大喜功，外事四夷之功，内盛耳目之好，在立法定制上推行密法重刑、酷吏击断的立法和司法体制。隋文帝杨坚初得天下时，有鉴于北周"刑政苛酷，群心崩骇"的历史教训，实行政法改革，删除酷刑，轻刑慎罚，疏而不失，以轻刑取代重

① 《论语·子路》。
② 《曹操集·以高柔为理曹掾令》。
③④ 《明史·刑法志》。
⑤ 参见黄晓明：《中国古代刑事政策论纲》，《政法论坛（中国政法大学学报）》，1996（6）。

刑，取适于时，甚得百姓欢心。但隋炀帝杨广继位后，他基于农民起义对其暴政的反抗，改弦更张，"更立严刑"，又实行"天下窃盗已上，罪无轻重，不待闻奏，皆斩"的重刑政策，导致百姓怨声载道。唐朝初年采取"虑囚"之制，讯察记录囚犯的罪状，了解其是否有冤滞情状；贞观时代采取"纵囚"之举，暂时释放在狱罪囚让其回家，要求囚犯在限期内自动回归监狱。可见唐初广施仁政，慎重用刑，在刑罚执行过程中又有人道宽缓的举措。但到武则天统治时期，情况改变了：武则天重用酷吏，滥施刑罚，不问罪行轻重，在审问过程中苦打成招，可称重刑严苛。她采用阴谋诡计和滥刑政策，大开告密之风，杀戮李唐宗室子孙和无辜臣民，形成长时期的恐怖统治。

宋朝是在五代十国长期割据之后建立起来的一个统一封建王朝，为巩固专制政权，在王朝建立之初即实行重刑政策：一方面，边境未靖，烽火未息，宋政权"用重典，以绳奸慝"；另一方面，至宋时国家已"积贫积弱"，宋政权"用重典，以救时弊"。至宋徽宗赵佶统治时期，刑罚适用上又"改重从轻者至多"，但其喜朝令夕改，破坏了政治制度的严肃性和政策的一致性，致宋朝政权岌岌可危。

明朝建立之始因元末连年的战争而经济萧条、陷于崩溃，刚建立新政权的统治集团内部又争权夺利、矛盾重重，元朝的残余势力在塞外仍然称帝建政权，觊觎中原之心尚存。所以，明太祖朱元璋对当时情形的判断是"乱世"。他面对内忧外患的"乱世"，一开始就运用重典整治，"先正纲纪""惩创奸顽"，严惩朋党和贪污犯罪。洪武年间颁布的各种条例、法令，都体现了治乱世用重典的思想，规定，对危害封建政权的行为、臣下结党和内外勾结的行为、侵犯地主财产的行为，以及贪官污吏等，均要从严惩治、加重处罚。因谋反及大逆被连坐处死的范围，比前代律法更为广泛。当"重典治乱世"的目的实现后，朱元璋又及时调整刑事政策，转为"中典治平世"。洪武三十年（1397 年）颁行的《大明律》，在量刑上"重其重罪，轻其轻罪"。它与"洪武七年律"相比较，刑罚设置上要轻得多，属于"中典"。后来他又告诫皇太孙朱允炆说："吾治乱世，刑不得不重，汝治平世，刑自当轻，所谓刑罚世轻世重也。"明惠帝朱允炆继位后谨遵教诲，谕告刑官："《大明律》皇祖所规定，命朕细阅，较前代往往加重。盖行乱国之典，非百世通行之道也"，专"务宗礼教，赦疑狱，称朕嘉与万方之意"。可见，刑罚世轻世重在明朝的运用甚为典型。

清朝满人初主中原，起初阶级矛盾、民族矛盾复杂尖锐，统治者为尽快稳固统治而"承明制"施重典，对犯罪行为加重处罚，特别对谋反、谋大逆罪，在明律重处的基础上又有进一步细密、严酷的规定，处罚的范围也远远超过《大明律》。同时，清朝统治者鉴于统一思想的需要，其制定的清律中有关思想言论犯罪的条款较前代明显增多，处罚也极其严厉。政法实践中，清统治者大兴"文字狱"，残酷镇压其认为的"异端邪说"，迫害汉族知识分子，是典型的治"乱世"用重典。① 清朝政权建立之后在"禁暴止奸，安全良善"的原则指导下，取得了康（熙）、雍（正）、乾（隆）时代的有效治理，出现了"康乾盛世"。直到18世纪中叶，清朝达到"盛世"后，这种高压政策才逐渐有所减轻。及至清朝末年，皇权倾危，朝廷又滥用重典，"就地正法"就是典型表现。但民不畏死，革命兴起，清朝一代的统治被迫结束了。

　　一部中国法律史，在一定意义上也就是一部中国刑法史。其发展、演绎的过程充分证明，"法因时而变"是绝对的，它通行于时不论古今和地不分南北，诸侯割据时期各诸侯国有各诸侯国的法律，王朝统一时期各代有各代的法律，就是同一个朝代其法律也是极少始终不变的。而且历史的经验教训也表明，变则盛，不变则衰。唐初没有哪位皇帝当政期间不制定、修改法制的，三部法典《武德律》《贞观律》和《永徽律》分别是由唐高祖李渊、唐太宗李世民、唐高宗李治及时制定的。唐朝随之而进入鼎盛时期。"法与时转则治，治与世宜则有功"，当是盛唐之所以盛的重要原因之一。清世祖入关制定《清律》，希望其永垂千古，要求"世世守之"、不得更易。法具有相对的稳定性是值得提倡的，但清朝近三百年的社会变迁中《清律》却一成不变，这一"奇迹"使《清律》成为一部死法，也终致成了清朝统治由盛变衰、由衰而亡的一个重要原因。但是，法律不又宜更改、变动得过于频繁，因为法律是治国安邦的章程、规范人们言行举止的行为指南，若朝令夕改、春定秋变，人们便因没有预测可能性而不知所措，同样不利于统治巩固、社会稳定。所以，"不变"只能是相对的，适于时的"变"从历史长河来说却是绝对的。用今天的话说，治国理政既不能一味地用重刑，也不能一味地用轻刑，要根据国情、时势、治安状况等因素适时调整刑罚的轻重，如此才会收到防治犯罪的良好效果。

（三）刑罚世轻世重对司法的指导

　　刑罚世轻世重作为基本刑事政策思想，不仅指导立法，而且指导司法。刑罚世轻世重对古代司法的指导突出地体现在以下四个方面：

---

① 　参见殷松华：《中国古代刑罚世轻世重制度的应用及其意义》，《历史学习》，2004（2）。

1. 划定重惩的区域

北宋统治者基于"祸起于辇毂之下",借鉴西周刑用"三典"的历史经验,采纳包拯的奏折《请速除京东盗贼》所请,确立了"重法地"的刑罚制度,即:在北宋管辖范围内划定一定的区域作为重惩的区域,对此区域内的特定犯罪施加重刑,这个地区就叫做"重法地"。凡在"重法地"犯罪的,都要比在非重法地犯罪的加重处罚。"重法地"的范围在划定之后便不断扩大,宋仁宗开始只以京城开封诸县为限划为"重法地",后来把"重法地"几乎逐步扩大到长江以北所有区域。这说明北宋统治者为了巩固政权,逐步扩大了镇压农民起义的范围和加大了镇压的力度。"重法地"制度被执行了四十年后,在宋哲宗时被废除。

2. 限定重惩的对象

清王朝基于民族歧视和压迫的基本国策,公开推行汉族、满族异制的刑罚制度。满人犯罪,照例折罚,日满开释,或赔偿结案;汉人犯罪,则不分情节,重刑惩治,甚至按照姓氏灭族,株连无辜。到了清朝末年,因政权危机四伏,清政府又以"地方不靖"为由,在人民革命兴起的地方,授命督抚大吏先斩后奏,还美其名曰"明正典刑"——依照法律处以极刑。清王朝为了巩固满族政权,一面极力吸收汉文化,一面又压制汉人,对反清的汉人更是严加惩处,各种"文字狱"即是例证。

3. 确定重惩的罪种

历代封建统治者,从战国时魏国李悝首创封建法典《法经》六篇开始,就"以为王者之政莫急于'盗贼'"。古汉语中的"盗贼"与现代汉语中的"盗贼"含义不同,主要是指反抗当时政权的农民起义,所以"盗贼"犯罪一直是刑法重点打击的罪种。及至南北朝时,北齐在其刑律中总结出危害封建统治最严重的十种犯罪——"一曰反逆,二曰大逆,三曰叛,四曰降,五曰恶逆,六曰不道,七曰不敬,八曰不孝,九曰不义,十曰内乱。其犯此十者,不在八议论赎之限",并置于律首,名曰"重罪十条",以强调这十种犯罪是刑法打击的重点。在历史进入隋、唐以后,封建统治者更把这"重罪十条"明定为"十恶大罪"——谋反、谋大逆、谋叛、恶逆、不道、大不敬、不孝、不睦、不义、内乱,且排除在赦宥范围之外,故称"十恶不赦",是刑法锋芒所指。除此"谋危社稷"的"十恶"之外,历朝各代还有各自不同的重罪法,如秦朝有"偶语诗书者弃市,以古非今者族"的重刑罪,汉朝有《轻侮法》,宋朝有《盗贼重法》。唐、明虽合制,但其刑罚轻重却也不尽相同:大抵事关典礼及风俗教化等事,唐律均较明律为重;盗贼及有关帑项钱粮等事,明律则又较唐律为重。对贪污贿赂罪，各朝都严惩不贷，明朝严惩贪官更是颇具特色，"诏犯赃者无贷"。清末为镇压革命，凡"沿及国变，而就地正法"。

4. 以诏、诰、敕、令、例文等应对司法适用

以诏、诰、敕、令、例文等应对司法适用常常表现为两种情形：一是以皇帝的诏、诰、敕、令和谕旨等法律形式因应形势对法律变动的需求。成文法公布后具有相对的稳定性，历代统治者为了处理某些法无明文规定的临时事项或特别事项，便经常采用诏、诰、敕、令的方式。与成文法相比较，皇帝的诏、诰、敕、令和谕旨等也是"法律"，具有法律约束力，只是表现形式不同：成文法是事先公布，诏诰敕令是临时制刑。诏、诰、敕、令的功效类似今天的司法解释，在一定程度上能弥补法律条文滞后或者法无明文规定的缺陷。但是，有时皇帝的诏书、谕旨等成了实现皇帝一己之私的工具，其轻重取舍有法外之意，或出入人罪不依法。这时其所起的作用不是弥补律文的局限，而是破坏法律的统一适用，会减损法律的权威。二是以"例"来弥补"律"不能及时应变的不足或缺陷。"例"之起源，最早见之于《尚书·吕刑》之"上下比罪"，《礼记·王制》中也有"必察小大之比以成之"的记载，但都没有形成固定的例文。而清朝于此颇有创新，对司法实践中的复杂疑难案例或典型案例进行研究，定期编纂定例，附于律文之后，"律一成不变，例则逐年增删。五年一小修，又五年一大修"。此"例"具有司法指导意义，相当于我们今天所说判例法之判例。这是清朝立法上的一个创举，制定了一部不同于以往的法例——《大清律集解附例》。该"附例"规定："凡律令该载不尽事理，若断罪无正条者，引律比附，应加应减，议定罪名，议定奏闻。"他们在办案中"引律比附"，形成案例，根据案例，制定例文，形成《见行则例》。① 以后，又把《则例》并入《清律》，成为《大清律例》。此种编纂体例，是在律文保持不变的情况下出现的，因为清朝要遵祖制，不许修改律文，所以在清朝数百年的法制历史中，为能够保持律文的稳定性，能因时而变通的"例"便成了清朝司法运用的一大特色。

"例"虽能随时应变以适合同犯罪作斗争的实际需要，但执行的结果是也出现了一些乱象：有例文不用律文，律文渐成了空文，而例文则越来越繁杂。前后矛盾的、律外加重的、以例破律的情形都不断出现，甚至还有因此"例"再生彼"例"的。他们主观上是想执行"刑罚世轻世重"的

———————————

① "见"通"现"。

政策思想，以应对不断增多的司法需求，而实际上刑罚被异化了。刑罚世轻世重被异化为按照统治者的意志忽轻忽重了，其结果造成了清朝统治者修法制律定例时所未能预料到的结局：律与例彼此矛盾，结果让不法的状态代替了法制状态。律文长期不修改，难以适应不断变化的现实和司法需求的缺陷被充分暴露的同时，在以例补律、以例破律破坏法律的统一性和权威性的负面影响也被充分暴露。

在中国古代，在国家分裂、社会动荡、战争频繁、政权对峙时期，如战国、三国两晋南北朝、五代十国等"乱世"，统治者几乎无一例外地信奉治乱世用"重典"的原则，无一例外地把它奉为由乱致治的重要法宝。不仅以重法治军，而且以重法治官、治民，处刑普遍加重，刑罚手段残忍，滥用族刑连坐，成为这一时期封建法制现状的显著特点。相反，在太平盛世统治者又会调整用刑策略，大都不会动用"重典"，如西汉、隋、唐初期的法律体现了平世用"轻典"的特征。① 这几乎成了古代统治者治国用刑的一种规律。

史实说明，"刑罚世轻世重"有符合同犯罪作斗争的客观要求的一面，值得肯定与借鉴。只有根据当时当地的具体历史条件，有区别地制定和适用轻重不同的刑罚，才能有效地发挥刑罚作为社会自卫手段的积极作用，推动社会进步，保障国家安全和社会安宁。如果刑罚不能随时应变，以过时之旧法治理已变化的新形势之世，不仅无助于国家稳定、社会发展，而且效果往往适得其反，加速政权覆亡。晋朝明法掾张斐就曾说，"夫奉圣典者，若操刀执绳。刀妄加则伤物，绳妄弹则侵直"，故在办案中必依"律者，幽理之奥，不可以一体守也。或计过以配罪，或化略不循常，或随事以尽情，或趣舍以从时，或推重以立防，或引轻而就下。公私废避之宜，除削重轻之便……然后乃可以理直刑正"。这些历史经验的总结，都是值得重视的。但同时也要注意，历史上也出现过不当运用"刑罚世轻世重"政策思想而导致政权困顿、民不聊生的境况。宋朝王安石曾指出，"刑法有三十年一变者，'刑罚世轻世重'是也"。此语重在强调刑法的稳定性，不能把它理解为朝令夕改的"时轻时重"，否则，同样不利于治理。因此，要正确理解"刑罚世轻世重"政策思想的智慧，须做到：法随时变，刑与势宜；或以地别，或以罪异；或时移法变，适当用敕令、谕旨来节制刑罚；或律守一定，而例则适时变通。概言之，刑罚的轻重要适应同犯罪作斗争的形势需要，从时代治安形势的差异上体现出轻重不同的刑

---

① 参见殷松华：《中国古代刑罚世轻世重制度的应用及其意义》，《历史学习》，2004（2）。

罚。该政策思想，运用得好，国家则治；运用不当，社会则乱，甚至危及政权的存亡。这是阶级社会的历史规律所决定的。① 同时，刑罚如何世轻世重又是治国理政的艺术。

第二节　刑事立法政策思想

刑事立法政策思想，是指在刑事立法过程中所应遵循的政策观念。任何朝代的刑事立法都是在一定的政策思想指导下进行的，只不过古代由于理论研究的欠缺，没有对刑事政策思想从理论上区分为立法政策思想、司法政策思想而已，但这并不妨碍今天我们运用刑事政策学理论将中国古代某些刑事政策思想进行归类研究。本节所研究的立法宽简、严治贪腐就是中国古代突出的对现今有重大启发意义的刑事立法政策思想。

一、立法宽简

立法宽简是道法传统的重要主张，并对中国古代立法影响深远。在由汉至清的法制历程中，立法宽简的政策思想得到一以贯之的坚持，而这一以贯之的理念，便是生生不息的传统之一。

（一）立法宽简的思想与实践

秦朝执政十五年即短命而亡，让人不得不反思秦朝密如凝脂的法律之过失。汉虽承秦制，但一改秦律之繁密，而崇尚立法简易。《汉书·刑法志》记载："汉兴，高祖初入关，约法三章曰：'杀人者死，伤人及盗抵罪'。蠲削烦苛，兆民大说。"其后周边四夷尚未臣服，战争尚未停息，原定三章之法不足以御奸护国，于是相国萧何拾取秦法，取其宜于时者，作律九章。虽有萧何制律九章，但制定法律崇尚简约的宗旨一仍如初，删去了秦法中惨刻寡恩的法条。司马迁对此评论道："昔天下之网尝密矣，然奸伪萌起，其极也，上下相遁，至于不振。……汉兴，破觚以为圜，斫雕而为朴，网漏于吞舟之鱼，而吏治烝烝，不至于奸，黎民艾安。"② 老子的思想得到了验证，"斫雕而为朴"一语深得黄老道家言近旨远的风味。汉朝法律置身于天人合一的广阔境界中，又以其朴拙洗练疏阔的风格，开启了封

---

① 参见孙新艳：《刑罚世轻世重析》，复旦大学 2007 年硕士论文。
② 《史记·酷吏列传》。

建正统法律的先河。① 汉初谋臣贾谊在《新语·无为》中提出："法逾滋，而奸逾炽""道莫大于无为"。道家之法尚宽疏的思想进入法制领域，经过多年的实践，收到了良好的社会效果。《汉书·刑法志》载，"从民之欲，而不扰乱，是以衣食滋殖，刑罚用稀"，证明了道家法律思想的现实价值。汉武帝"罢黜百家，独尊儒术"后，法尚宽疏的价值观念总体上说未曾改变，自此之后新儒生们主张的"德主刑辅"思想确也包含了立法从简的价值倾向。但儒学在后世获得了治国总纲的地位，致使后人多误认为这一思想渊源于儒家学说，看不见其原本是由道家"无为"中演化出来的历史真相。② 这也从一个方面证明了传统刑事政策思想理论渊源的多样性。

《汉书·刑法志》称，孝文十三年（前167年），丞相张苍、御史大夫冯敬奏言："臣谨议请定律曰：诸当完者，完为城旦舂；当黥者，髡钳为城旦舂；当劓者，笞三百；当斩左止者，笞五百……臣昧死请。"皇帝制曰："可。"著名法史学家黄静嘉先生说：肉刑之残忍，在当时即已为人所诟病。文帝之废除肉刑，为两汉及我国法制史上之大事，嗣后虽有短暂之反复，且《汉书·刑法志》亦对废除肉刑之效果表示质疑，"但自文帝始，肉刑之废除，基本上已为定制。其既表现了大帝国对于国家安全及内部秩序已有一定程度之自信，亦借此实施了仁政，并进而展现恩威并济之'恩'的一面"③。可见，刑罚的轻缓化对文景之治有助成之功。

《汉书·刑法志》曾盛赞汉初刑制之宽厚，禁网之疏阔："当孝惠、高后时……萧、曹为相，填以无为，从民之欲，而不扰乱，是以衣食滋殖，刑罚用稀。及孝文即位……惩恶亡秦之政，论议务在宽厚……风流笃厚，禁罔疏阔。选张释之为廷尉，罪疑者予民，是以刑罚大省，至于断狱四百，有刑错之风。""至高后元年，乃除三族罪、妖言令。"孝文二年（前178年），又诏丞相、太尉、御史："今犯法者已论，而使无罪之父母妻子同产坐之及收，朕甚弗取。"大臣陈平、周勃乃曰："臣等谨奉诏，尽除收律、相坐法。"此足以显示其时法制之宽厚。

魏晋以后，立法尚简的思想得到理论界的进一步强调。魏国的何晏、王弼、嵇康等主张，法律制度应当符合自然，符合自然发展的规律；法律应当省简，不能过多地干预人们的生活，尤其是不能严刑峻法。④ 法律要

---

① 参见吕世伦主编：《法的真善美：法美学初探》，北京，法律出版社，2004，第448～449页。

② 参见龙大轩：《道与中国法律传统》，济南，山东人民出版社，2004，第82页。

③ 黄静嘉：《中国法制史论述丛稿》，北京，清华大学出版社，2006，第10页。

④ 参见何勤华：《中国法学史》（第一卷），北京，法律出版社，2000，第304页。

让人民有更多活动空间，与自然相协调，"若乃多其法网，烦其刑罚，塞其径路，攻其幽宅，则万物失其自然，百姓丧其手足，鸟乱于上，鱼乱其下。"① 西晋重臣贾充崇尚立法宽简，并在此思想指导下组织编纂了在中国法律史上具有重要影响力的《泰始律》。晋武帝称赞此律"刑宽禁简，足以克当先旨"，即律条禁令简约、刑罚宽缓，能满足先王圣哲的要求。西晋律学家杜预受道家法网宽疏思想的影响，提出"简直"立法观："刑之本在于简、直"，"简书愈繁，官方愈伪，法令滋彰，巧饰弥多。""去繁就简，则简而易从也。"② "简直"立法观对于一个王朝中后期法网渐密的状况提出了批评意见：法律简约，人们才好遵从。

隋唐时期，法尚宽疏的思想得到巩固。隋文帝杨坚在总揽北周朝政时进行法制改革，就赢得了"大崇惠政，法令精简"的美誉。其称帝后，更注重立法宽简，并定下"刑网简要，疏而不失"的立法方针。据此，《开皇律》删除死罪条款 81 条，流罪条款 154 条，徒、杖罪各款一千余条，只保留 500 条刑律。③ 唐初的统治者，以宽疏作为刑事立法指导政策。高祖李渊定下"务在宽简，取便于时"的原则，以指导修订《武德律》。《贞观政要·赦令》载："条文法令，惟须简约，不可一罪作数种条。格式既多，官人不能尽记，更生奸诈，若欲出罪即引轻条，若欲入罪即引重条。"以此为指导制定的《贞观律》，史称其"凡削繁去蠹，变重为轻者，不可胜记"④。高宗李治"遵贞观故事，务在恤刑"⑤，所定《永徽律》仍保留500 条。后世成文法典的条目，都没有超过这个规模：《宋刑统》为 213门，元朝《至元新格》尚不足 500 条，《大明律》为 460 条，《大清律例》为 436 门。⑥ 这是律典正文的条目数字。

清末法制变革时，修律大臣沈家本上奏《删除律例内重法折》，指出："治国之道，以仁政为先，自来议刑法者，亦莫不谓裁之以义而推之以仁，然则刑法之当改重为轻，固今日仁政之要务，而即修订之宗旨也。"建议亟应删除凌迟、枭首、戮尸、缘坐、刺字重刑。上谕准奏。⑦ 这表明统治者认可法律的宽缓是实施仁政的重要表现或重要手段。

---

① （三国）王弼：《老子》第四十九章注。

② 《晋书·杜预传》。

③ 参见龙大轩：《道与中国法律传统》，济南，山东人民出版社，2004，83 页。

④ 《资治通鉴》卷一九四。

⑤ 《旧唐书·刑法志》。

⑥ 参见龙大轩：《道与中国法律传统》，济南，山东人民出版社，2004，84 页。

⑦ 参见《寄簃文存》卷一《奏议》。

（二）立法宽简思想的背离

在实践中，一个朝代的中后期往往法令会越来越多、刑罚越来越重，立法宽简的思想并未得到始终如一的严格执行。汉初立法宽简，但及至孝武帝即位，法制渐现严苛，禁网渐密。孝武帝好大喜功，"外事四夷之功，内盛耳目之好，征发烦数，百姓贫耗，穷民犯法，酷吏击断，奸轨不胜"。史载汉武帝招进张汤、赵禹等人，"条定法令，作奸知故纵、监临部主之法，缓深故之罪，急纵出之诛。其后奸猾巧法，转相比况，禁罔浸密。律令凡三百五十九章，大辟四百九条，千八百八十二事，死事决事比，万三千四百七十二事，文书盈于几阁，典者不能遍睹"①。《汉书·刑法志》的这一记载道出了汉代法网渐密的实况。又史载宋太祖注意刑辟，哀矜无辜，尝叹曰："尧、舜之时，四凶之罪止于投窜。先王用刑，盖不获已，何近代宪网之密耶。"② 宋太祖的这一喟叹多少也道出了对"宪网之密"的无奈！

从整个封建社会的历史长河来说，封建社会的中后期立法整体趋重，此处以一些重刑为例，说明之。

如凌迟。在唐朝以前是没有这一刑种的，《辽史·刑法志》开其先河。北宋自熙宁（1068—1077 年）之后，渐渐沿用。陆游常请废除凌迟，"谓肌肉已尽而气息未绝，肝心联络而视听犹存，感伤至和，亏损仁政，实非盛世所宜遵也"。元、明、清相仍未改。

如枭首。在秦汉时虽已存在，但只用于夷族之诛。到六朝时梁国、陈国、齐国、周国律条中开始在斩刑之外别立枭首。隋朝颁布律文，诏云"枭首义无所取，不益惩肃之理，徒表安忍之怀"，故隋朝删除了枭首之刑。唐元时期都没有枭首，明朝却又恢复枭首。

如戮尸。《史记·始皇本纪》有记载，但其适用范围是特定的，只用于惩治谋反的军队。历代"刑法志"均无此法，《明律》亦无明文。明万历十六年（1588 年）始定此例，但专对谋杀祖父母、父母者适用。清朝沿袭之，后来并将其推及因强盗案件而被处以斩刑、枭首的罪犯。

清初颁布律令，重刑只许有斩刑，但是到后来，凌迟、枭首、戮尸都有了。清末修律大臣沈家本说："凡此酷重之刑，固所以惩戒凶恶。第刑至于斩，身首分离，已为至惨，若命在顷忽，俎醢必令备尝，气久消亡，刀锯犹难幸免，揆诸仁人之心，当必惨然不乐。谓将以惩本犯，而被刑者

① 《汉书·刑法志》。
② 《宋史·刑法志二》。

魂魄何知？谓将以警戒众人，而习见习闻，转感召其残忍之性。""顾有唐三百年不用此法，未闻当日之凶恶者独多。……自用此法以来，凶恶者仍接踵于世，未见其少，则其效可睹也。化民之道，固在政教，不在刑威也。"① 意即酷刑未必能止恶，说不定还会招致更大的恶；没有酷刑，恶性犯罪也未必增多。

又如缘坐。缘坐之制，起于秦之参夷及收司连坐法。汉高后废除了三族（一人犯罪，株连三族）令，文帝除收孥相坐（罪人的父母、兄弟、姊妹、妻子和子女都要连坐，重的处死，轻的没入为官奴婢）律。但是司法实践中，夷族之诛还间或适用，魏晋以下仍有家属连坐之法。《唐律》中只对反叛、恶逆、不道律规定了缘坐。清律下奸党、交结近侍、反狱、邪教诸项都要缘坐。一案株连者动辄数十人。因一人之故而波及全家，对无罪之人科以重罪之刑，实为反害于民的不正之法。

又如刺字。刺字在中国奴隶社会已存在，当时叫墨刑，汉朝叫黥刑。汉文帝废除肉刑时黥刑一道被废除。魏晋南北朝时期对逃奴、劫盗有刺刑，但旋行旋废。隋唐皆无此法。到后晋天福年间，始创刺配之制，并相沿至清。清初其适用范围有限，主要用于窃盗、逃人，其后日加繁密，刺事由，刺地名，刺改发，有例文不著而相承刺字者，有例文已改而刺字未改者，其事极为繁杂。《宋志》说，面目一坏，谁复顾籍，强民适长威力，有过无由自新也。清朝人对此已提出了批评："在立法之意，原欲使莠民知耻，庶几悔过而迁善。讵知习于为非者，适予以标识，助其凶横，而偶罹法网者，则黥刺一膺，终身受辱。"②

在理论上，立法宽简的主张无人提出质疑。而且，每次改朝换代后，大多数新的王朝无不将法网宽疏的口号喊得响亮，并付诸实践，但一段时间后，又走上繁苛之路。如此循环往复，使中国法统创新不够，致使在清末遭遇欧风美雨时立即丧失话语权。清朝在灭亡之前借收回治外法权之名探寻与西方法治接轨之时，即已着手立法宽简的改革，但与前朝不同，此次立法改革的成果还没有来得及生效，清朝政权就被推翻了。

二、严治贪腐

我国古代法制有"诸法合体，以刑为主"的特征，刑事法律十分发达，相应地，惩治贪污贿赂的法律规范也相当完备、成熟，成为古代廉政

---

① ② 《寄簃文存》卷一《奏议》。

法制的重要组成部分。立法宽简虽然是古代立法一贯的政策思想，但是对官吏贪污贿赂而言，则立法周密、执法从严，为当代中国惩治贪腐的廉政法制建设提供了宝贵、丰富的经验，应大力借鉴。

（一）严惩贪污受贿犯罪

《史记》记载，舜帝时，被称为司法鼻祖的大臣皋陶提出"昏、墨、贼、杀"犯罪行为，其中的"墨"就是指"贪赃枉法"的行为。西周穆王制《吕刑》，规定，对于接受犯人贿赂的，严惩不贷："狱货非宝，惟府辜功，报以庶尤"①。战国时魏国《法经》规定，"丞相受金，左右伏诛；犀首以下受金则诛"②。秦简有《为吏之道》："凡为吏之道，必精洁正直，慎谨坚固，审悉无私，微密纤察，安静毋苛，审当赏罚。"秦律对受贿重罚，受赃不足一钱者与盗千钱者同论。③

汉初的《二年律令》收录有 27 种律文和 1 种令文，其中反映了严以治贪的思想，主要体现在：一是严惩司法腐败，如"具律"规定："鞫狱故纵、不直，及诊、报、辟故弗穷审者，死罪，斩左止为城旦，它各以其罪论之。"再如"盗律"规定："受赇以枉法，及行赇者，皆坐其赃为盗。罪重于盗者，以重者论之。"二是严惩官吏性犯罪，如"杂律"规定："诸与人和奸，及其所与皆完为城旦春。其吏也，以强奸论之。"汉文帝十三年（公元前 167 年）颁布诏令："吏坐受赇枉法，守县官财物而即盗之，已论命复有笞罪者，皆弃市。"④ 对受贿者处以极刑，对受财不枉法者，"今可改不枉法受财者，科同正盗"⑤。魏律在前代的基础上，增订《请赇律》，成为中国最早的惩治贪赃贿赂的系统化的专门法律。北魏首次提出了"义赃"的概念，"义赃"指官吏利用喜庆宴会之机私自接受馈赠，对此类馈赠，无论以何种名义，皆计赃定罪。对于"义赃"的规定，在今天看来仍然有很强的现实意义。

《唐律》是我国封建法制建设的巅峰作品，惩贪肃贿的立法也达到了完备、成熟的阶段。《唐律》明确提出"六赃"，将非法侵占公私财物的犯罪行为概括为六种："一曰强盗；二曰窃盗；三曰受财枉法；四曰受财不枉法；五曰受所监临；六曰坐赃"。强盗罪相当于今天的抢劫罪，不过在古代法典里强盗罪主要是针对农民起义而言的。窃盗罪相当于今天的盗窃

---

① 《尚书·吕刑》。
② 《晋书·刑法志》。
③ 参见孔庆明：《秦汉法律史》，西安，陕西人民出版社，1992，第 50 页。
④ 《汉书·刑法志》。
⑤ 《陈书·宣帝纪》。

罪。受财枉法，是指官吏接受当事人贿赂，枉法而为其谋取利益。受财不枉法，是指官吏接受当事人的贿赂，并没有枉法为其谋取利益。《唐律》将受贿罪又细分为受财及与财、受财分求于官、以财行求、监临主司受财和事后受财五种情况，构成了一个完整的受贿罪的体系。受所监临，指官吏因其管辖范围内事项而收受钱财货物。坐赃，是指非监临主司因事受财而致罪。《唐律》将盗窃、抢劫犯罪与贪污受贿犯罪并列，表明了贪污受贿犯罪的严重危害性。《唐律疏议》云："坐赃者，谓非监临主司，因事受财，而罪由此赃，故名坐赃致罪。"实际上坐赃就是前几类赃罪以外的其他贪赃行为的表现形式，是对它们的补充。

《唐律》首次把"盗"与"赃"并列，将一切具有"赃"的特征的经济犯罪统一为"六赃"，是对历代赃罪立法成果的归纳和总结，使以前纷繁杂呈的各色经济犯罪以及混淆不一的罪名概念顿时清爽起来，使惩贪肃贿法律体系更趋完善——几乎任何可能出现以权谋私的地方都有针对性的规定，严密了贪贿犯罪的法网。其法律的细密、完备和当今发达国家的法律相比毫不逊色，只是用语比较简洁罢了。[①] 许多立法在今天看来仍具有现实意义，《唐律》针对官员配偶、亲属代为受贿所作的规定尤其值得注意和借鉴。

《宋刑统》承袭了《唐律》"六赃"的规定，但从立法上加重了对赃吏的惩治，特别规定了官吏集体贪赃枉法的罪名与处罚，即"官吏率敛吏民财物，以受所监临财物论，加一等"，对集体腐败严加惩处；对索贿罪加重了处罚，即对"因官挟势乞所财物"者，准刑部格敕，对乞索人"并当重断"；强调官员要管好自己的亲属、子女及其他关系密切的人，"诸帅臣、监司、守令子弟，及随行亲属门客，于所部请托骚扰，收受馈送，及非所处饮宴者，杖八十"。"宋以忠厚开国，凡罪恶从轻减，独于赃吏最严"，但其后"前严后宽"，不能将严刑惩贪贯彻到底，导致腐败日益严重，国家败亡，教训可谓深刻。

明代惩贪，以酷刑峻法为特色。朱元璋制《大诰》颁行天下，《大诰》为从重惩治官吏赃罪的案例汇编，既有警戒教育作用，又具判罪科刑标准的法律效力。《大诰》不但与《大明律》一体颁行，而且可以"诰"破"律"。《大诰》用刑苛峻，如官吏受财不枉法罪，按《大明律》不处死刑，按《大诰》则处以凌迟、枭首等酷刑。朱元璋惩贪，手段强硬，且不留情面，不管涉及谁，都一查到底。户部侍郎郭桓等人贪污巨额粮食，赃罪所

---

① 参见张建国：《惩贪肃贿法制的历史考察》，《中外法学》，1995（6）。

涉官员，自六部左右侍郎以下皆处死；就是自己的女婿欧阳伦违律贩茶叶牟暴利，朱元璋一样将其依律赐死。由于执法严明，明初惩贪收到了澄清吏治的效果。史称洪武年间，"一时守令畏法，洁己爱民，以当上指，吏治焕然不变矣。下逮仁、宣，抚循休息，民人安乐，吏治澄清者百余年"①。可见，严刑峻法在明初反腐败、整顿吏治方面取得了很好的效果。

《大清律》沿袭《唐律》"六赃"规定，惟枉法赃罪最重。《大清律》对承诺接受贿赂者也加以惩治，体现了从严治吏的精神，即"凡官吏听许财物，虽未接受，事若枉者，准枉法论；事不枉者，准不枉法论，各减一等"②。针对官员家属的索贿行为，特别规定"家人求索"之罪，冀通过法律的方式督促官员"修身齐家"。

（二）严惩挪用公款

秦朝时就有挪用公共财物罪的规定，如"毋擅假公器，诸擅假公器者有罪"③，"或私用公车牛，其主车牛者及吏、官长皆有罪"④；挪用公款的，与盗窃同罪："府中公钱私贷用之，与盗同法"，体现了严刑惩贪的精神。《唐律》亦规定挪用公款以贪污论处："诸贷所监临财物者，坐赃论，授讫未上，亦同。余取受及相犯，准此。若百日不还，以受所监临财物论，强者，各加二等。余条强者准此"⑤。公物私用，也以贪污论处："诸监临之官，私役使所监临，及借奴婢，牛马骡驴、车船、碾、邸店之类，各计庸，赁以受所监临财物论。"⑥ 古代对挪用公共财物的行为又称"放散官钱（物）"，根据《唐律·疏议》，"放散官物"，谓出用官物，有所市作，并谓官物还充官用者。汉代韩延寿"在东郡时，放散官钱千余万"⑦。《三国志·魏志》载"许允以放散官物，徙乐浪"⑧，对挪用公款处以流刑。《唐律》规定，"诸放散官物者，坐赃论；物在，还官；已散用者，勿征"。对挪用公共财物以贪污论，虽有客观归罪之嫌，但体现了从严惩贪、从严治吏的精神。

（三）实行职务连带责任

古代惩贪，实行职务连带责任：官员对下属贪赃犯法要负领导责任，对同级官吏违法而知情不举也要负连带责任。秦始皇三十四年（公元前

---

① 《明史·循吏传序》。

② （清）沈之奇撰，李俊、怀校锋点校：《大清律辑注》，北京，北京出版社，2000，第865页。

③ 睡虎地秦墓竹简整理小组：《睡虎地秦墓竹简》，北京，文物出版社，1990，《工律》。

④ 同上书，《法律答问》。

⑤⑥ 《唐律疏议》卷十一《职制律》。

⑦⑧ 程树德：《九朝律考》，中华书局，1963，第127页。

213 年）规定：“吏见知不举，与同罪。”① 官员若举报自己周围的贪官污吏，可以免罪：“守法守职之吏有不行王法者，周官之人，知而告之上者，自免其罪。”② 这条法律规定由于免除了举报者的罪责，对于防止官官相护下集体腐败、窝案串案的发生，有一定意义。汉代《二年律令》之“置吏律”规定：“有任人以为吏，其所任不廉、不胜任以免，亦免任者。”就是说，如果被提拔、荐任者因为不廉洁从政、不胜任所任职位被罢免，那么提拔、举荐者也要被罢免。汉武帝时有见知故纵、监临部主之法，“见知人犯法不举告为故纵，而所监临部主有罪并连坐也”。《晋书·刑法志》注曰：“律之，其见知而故不举劾，各与同罪，失不举劾，各以赎论，其不见不知，不坐也。”意思是，官员对于同僚或下属犯法故意不举报的，与犯法者同罪；出于过失没有举报，准以赎论；不知者不为罪。汉桓帝时规定，二千石官员和刺史对于下属或所监管官员贪赃不纠举的，要定包庇纵容之罪，“长吏赃满三十万而不纠举者，刺史二千石以纵避为罪”③。宋时也有官吏犯赃罪时连带责任的条款，规定，官员犯赃，要追查他近期升迁及任现职的荐举人，荐举人要负贪赃的连带责任，如上司对赃吏没有觉察到，或知情不举，也要受到处罚。清朝时，下属官员贪赃的，主管者应负领导责任。这些法令规定了担任领导职务的官吏对下属承担的廉政责任，对于今天廉政建设领导干部责任制的完善有一定的意义。④

（四）治贪财与治贪色双管齐下

　　检阅史册，从远古到先秦，记载有关贪官人物活动有七八十起。秦汉至五代，据宋《册府元龟》统计，贪贿官员达 460 名。宋代，据包拯《包孝肃奏议》，“赎货暴政，十有六七”，贪官比例为 60％～70％。尽管严厉惩办，至宋末依然贪贿公行，愈来愈严重，“廉吏十一，贪吏十九”，贪官比例增至 90％。明代，永乐十九年（公元 1421 年）邹缉上疏反映：“贪官污吏遍布内外”，贪官人数多得已无法估计了。清朝顺治年间，吏科官员林起龙在奏折中指出，“今贪官污吏遍天下”。这说明明清两代情况相差无几，达到了历朝贪污贿赂状况的顶峰。相应地，这两代惩办贪官的严厉程度，也达到了历朝的顶峰。⑤ 值得注意的是，中国古代在惩贪方面有其

---

① 《秦会要》，北京，中华书局，1959，第 78 页。
② 睡虎地秦墓竹简整理小组：《睡虎地秦墓竹简》，北京，文物出版社，1990，《为吏之道》。
③ 《汉书·桓帝纪》。
④ 参见刘守芬等：《对中国古代廉政法律制度的历史考察》，《北京大学学报（哲学社会科学版）》，2003（3）。
⑤ 参见许道敏：《民权刑法》，北京，中国法制出版社，2003，第 179 页。

特色，那就是不单纯惩贪财，而是惩贪财与惩贪色双管齐下，在重惩贪色
方面颇有先见之明。

《晏子春秋》记载了这样一个故事：

> 春秋时期的齐国，有个君王叫齐景公，特喜欢槐树。他让人栽下
> 一棵槐树，命手下仔细看管，并立一木牌于旁，上书："碰槐树者刑，
> 伤槐树者死。"君王此一具有"普遍性"的诰令，当属一种国家法律。
> 一日，一酒徒醉酒后撞到了槐树，槐树看上去有些损伤。齐景公下令
> 按国法处置。酒徒之女既漂亮又聪明，她觉得父亲冤枉，托人告诉宰
> 相晏子说愿为其妾。晏子觉得有文章，约见该女子。女子说：景公因
> 为一棵槐树，便立下不仁的法令。我爹嗜酒，时常糊涂，不小心撞上
> 了那槐树。现在，官兵要治他的罪。听说，英明君主时刻为小民着
> 想，不为禽兽伤害百姓，不为禾苗伤害禽兽，不为野草伤害禾苗。这
> 不应该是假的。可景公却要为一棵槐树惩罚家父，要我成为孤儿。父
> 亲受罚事小，因此罚损害君王名声道义事大。第二天，晏子见齐景公，
> 推心置腹。齐景公心服口服地废掉了那法令，又放了小女子他爹。①

这则故事，显然说明了法律有好坏的问题，也就是今人所说良法恶法
问题，而且，还暗喻了人之德性对立法和执法的重要；但同时也说明，性
贿赂或权色交易现象古已有之。

贪官之贪者，贪财贪色之谓也。王公大臣、各级府衙官吏一旦贪财贪
色，其手中的权力鲜有不成为其猎财摄色的工具，徇私枉法便是贪者逻辑
的必然结论。

1. 以官吏为特殊主体的性犯罪

宿娼罪。清代以前，常人宿娼为法所不禁止，但是官吏宿娼却被法所不
容，也就是说，常人宿娼行为不构成犯罪，官吏宿娼行为则构成犯罪。
《大清律·刑律·犯奸》规定："凡文武官吏宿娼者，杖六十。挟妓饮酒，
亦坐犯罪。若官员子孙（应袭荫者）宿娼及生员挟妓者，罪亦如之。"该
条文表明，宿娼罪的犯罪主体是特殊主体，即只有文武官吏及其子孙才具
备宿娼罪的主体资格。

奸淫部属罪。中国古代法律对于官吏奸淫下属妇女者禁令甚严。《唐
律》有"监主于监守内奸"之罪名②，专门惩治官吏奸淫下属吏佐及部民

---

① 转引自刘星：《槐树·猪腿》，载刘星：《法学作业——寻找与回忆》，北京，法律出版
社，2005，第232～233页。

② 《唐律疏议·杂律上》。

妻女者。此罪刑罚比常人和奸罪加重一等。明律专门设有"奸部民妻女"罪："凡军民官吏，奸所部妻、女者，加凡奸罪二等，各罢职役不叙"。《大清律》规定："若奸囚妇者，杖一百，徒三年，犯妇不坐"①，即因妇止坐原犯罪名，若囚妇保管在外即不在狱中服刑，对奸者仍以奸所部坐之。

求奸罪。后来也称为图奸、调奸，即用言语动作等挑逗求奸。平民无此罪名，平民用言语动作等挑逗求奸，只要被调戏妇女没有羞愤自尽，一般不予追究刑事责任。但官吏用言语动作等挑逗求奸，即使"未成"，用今天的刑法理论来说即使求奸未遂，也构成犯罪，予以处罚。如《元史·刑法志·奸非》规定："诸职官求奸未成者，笞五十七，解见②任，杂职叙。"《元典章》记载了一个案例：元仁宗延祐元年（公元1314年），江西瑞昌县达鲁花赤屯屯求娶民妾，对方不从，乃"扯定求奸"，被拒。上司判决以其"甚失牧民之体"，决五十七，解职。③

对部属性骚扰或猥亵罪。性骚扰与猥亵行为，在中国旧律和西方刑法中都曾被特别规定为官吏独有的犯罪。元朝法律规定：诸职官因谴部民妻，致其夫弃妻者，杖六十七，罢职，降二等杂职叙用。④ 仁宗延祐五年（公元1319年），武进县达鲁花赤伯不花"将部民妻阿五扯捽戏谴，决六十七，罢见役，将二等杂职内叙用"⑤。

娶部民妻女或与属民通婚罪。为了防止官吏利用权势娶占百姓妻女，或防止百姓通过献送妻女与官吏联姻而滋生腐败，中国古代法一般明文禁止官吏与部民通婚。这或许是门当户对的另一种诠释。《唐律》规定："诸监临之官，娶所监临女为妾者，杖一百；若为亲属娶者，亦如之。其在官非监临者，减一等，女家不坐。"⑥ 监临官，用易中天解释历史的思维与方法来看即是指领导干部，非监临官即是非领导干部。唐《户令》规定："诸州县官人，在任之日，不得共部下百姓交婚。违者，虽会赦，仍离之。其州上佐以上，及县官于所统属官亦同。其定婚在前任官居后，及三辅内官门阀相当情愿者，并不在禁限。"⑦ 官长不得与下属百姓交婚，而且不得与僚属交婚。即使国家赦免了此种违法联婚罪，不究刑责，但仍要强制

---

① 《大清律例·刑律·犯奸》。
② "见"通"现"。
③ 参见《元典章》卷五四《刑部》一六《非违》。"见"通"现"。
④ 参见《元史·刑法志·奸非》。
⑤ 《元典章》卷五四《刑部》一六《非违》。
⑥ 《唐律疏议》卷一四《户婚》。
⑦ 《宋刑统》卷一四《户婚》引唐户令。

离婚。元朝法律规定:"诸职官因奸买部民妾,奸非奸所捕获,止以买部民妾论,笞三十七,解职别叙。"买部民妾,不等于唐律所谓娶民女为妾,因民妾的身份低于民女。元朝法律还规定:"诸职官与倡优之妻奸,因娶为妾者,杖七十七,罢职不叙。"可见,元朝法律比唐朝法律在贪色方面禁止更严。

清朝法律规定:"凡府州县亲民官任内娶部民妇女为妻妾者,杖八十。女家主婚者并同罪,所娶他人妻妾仍两离之,既不归后夫,也不归前夫,所娶他人女亦离之,归其亲。财礼入官。恃势强娶者,各加罪二等,女家不坐,不追财礼。若为子孙、弟侄、家人娶者,罪亦如之,男女不坐。"①这里规定了唐朝、元朝法律所没有的"强娶"加重处罚之内容。《刑案汇览》卷八载有这样一个"娶部民妇女为妻妾"的案例,其中概括了案件行为人实施的行为及其触犯的罪名,引用了相关法条的规定,提出了处罚方案及其理由:

> 吏部查刑部审办大兴县民妇王石氏,诱令籍隶广东之武举徐朝泰之妻徐谢氏捏称孀妇,卖与孙怀汾为妾一案。查律载官员娶部民妇女为妾者,杖八十。定例官员犯私罪,杖八十者,降三级调用等。谙此案孙怀汾凭媒买娶徐谢氏为妾,迨询系有夫之妇,即赴坊呈送。惟该员系新补顺天府粮马通判,虽非府州县亲民官,可比究由本属置买,应酌减为降一级调用。嘉庆三年通行本内题准案。

向案件当事人求婚求爱或"性受贿罪"。这是典型的权色交易罪行。《唐律》规定:"诸监临之官……枉法娶人妻女者,以奸论加二等。为亲属娶者亦同。行求者,各减二等。各离之。"《唐律疏议》曰:"有事之人,或妻若妾,而求监临官司曲法判事,娶其妻妾及女者,以奸论加二等。其娶者有亲属应加罪者,各依本法,仍加监临奸罪二等。为亲属娶者亦同,皆同自娶之坐。行求者各减二等,其以妻妾及女行求,嫁与监临官,得罪减监临二等。亲属知行求枉法,而娶人妻妾及女者,自依本法为从坐。"②《唐律》这里规定处罚的,正是性贿赂罪。或许在以长孙无忌为首的《唐律》起草者那里,"色"或"性服务"就是"财"与"贿",与以金钱财物行贿没有什么本质上的不同。元朝法律、清朝法律都有同类规定。元朝法律规定:"诸监临官与所监临囚人妻奸者,杖九十七,除名。"③ 清朝法律

---

① 《大清律·户律·婚姻》。
② 《唐律疏议》卷一四《户婚》。
③ 《元史·刑法志·奸非》。

规定："监临官娶见问为事人妻妾及女为妻妾者，杖一百。女家主婚者并同罪，妻妾仍两离之，女给亲。财礼入官。强娶者，各加二等，女家不坐。不追财礼。若为子孙、弟侄、家人娶者，罪亦如之。若娶为事人妇女而于事有所枉者，仍以枉法从重论。"① 此外，还设有娶部民妻女或与属民通婚罪的规定。

2. 以官吏身份为加重处罚因素的性犯罪

关于官吏的性犯罪问题，除上面的情形外，还有百姓可以作为犯罪主体的性侵犯罪，若官吏犯之，则罪责更重，加等处罚。这时官吏的身份只影响量刑，不影响定罪，用今天的刑法术语来说叫刑罚的加减身份。这主要指通奸、强奸等犯罪，官吏为之则要加重处罚。②

关于通奸罪。官吏犯通奸罪要加重处罚，这在我国东汉时代就似乎已成惯例。史载东汉章帝时，荆州刺史谢夷吾接到一位县令汇报一个亭长奸部民妻案，县令将其定性为"和奸"，谢夷吾斥之曰："亭长职在禁奸，今自为恶首，何得言和？"于是改定为强奸罪。汉章帝对此判决十分欣赏。③对官吏以通奸之罪行处以强奸之刑罚，自汉至唐的立法均大约如此。《唐律》规定："诸监临主守于所坚守内奸者，加奸罪一等。"官吏"和奸"与常人一般强奸同罚。元朝法律规定官吏求和奸未成亦处刑。清朝法律规定："凡军民本管官吏奸所部妻女者，加凡奸罪二等，各罢职役不叙。妇女以凡奸论。若奸囚妇者，杖一百，徒三年。"④

清朝乾隆年间有个县官叫李维棠，好色贪财。李维棠托人买了一丫鬟，丫鬟之母杨恳娘时不时来探望女儿，她虽年过三十，却异常艳丽。李维棠趁机不断"性骚扰"，后两人成奸。李维棠在占着此妇人同时，还将她出租卖淫，从中抽头。不久事发，依照大清律例，此人被革职，被判处头戴枷板示众两月，后流放边远地区四千里。说来奇怪，一般都讲古人的法律"特权"特别严重，从来都是官吏有特殊待遇，而民是低人一等，从此得出"意思单一"的官民没有平等可言的结论。但是，翻看古人的法律，却是可以看到另一层意思的官民不平等，如大清律例规定，要是平民犯有同样的诱奸拐骗，应当比照官人犯罪减轻处罚；如果嫖娼，官吏受罚，而平民不罚。原来，儒家早就提倡官吏应在道德方面成为平民的楷

---

① 《大清律·户律·婚姻》。
② 参见范忠信：《中西法文化的暗合与差异》，北京，中国政法大学出版社，2001，第229页。
③ 参见《古今图书集成》之《经济汇编·祥刑典》卷一四〇《听断部纪事一》。
④ 《大清律·刑律·犯奸》。

模。官吏要安民济世、齐家平天下，其表率作用和平民不可同日而语。这种提倡日积月累，终于不知不觉地渗入了某些法律之中。真正的平等，可能应该包含"待遇、惩罚成正比"的意思，即一部分的"官民有别"①。

关于强奸罪。中国古代法关于"监临主守于临守内奸"加重一等或二等处罚之条，包含官吏于管辖范围内强奸加常人罪一等或二等而重罚之意。唐朝法律规定：强奸者，加和奸罪一等；有折伤时，各加斗殴折伤之罪一等。官吏强奸，再加一等。因此，常人一般强奸罪之刑为徒二年（无夫者）或二年半（有夫者），官吏则为徒二年半或徒三年。② 元朝法律规定：常人强奸有夫妇女既遂者处死刑，未遂者处流刑；强奸无夫妇女既遂者处杖刑一百七，未遂者处杖刑九十七。但官吏强奸部民妻女，未遂者即处杖刑一百七，除名不叙；既遂者大概均处死刑。③ 清朝法律规定：官吏强奸加常人强奸罪二等处罚，常人强奸既遂者处绞监候，官吏犯之则已罪无可加；常人强奸未遂者处杖刑一百，流放三千里，官吏强奸未遂则应加至绞监候。至于奸囚妇，清朝法律规定"强者，俱绞"④。从字面看，似乎不分既遂、未遂，只要是强奸均处绞刑。

但是，司法实践中也有法外开恩的。例如，宋朝赵匡胤当政时期，沧州节度使张美把沧州治理得井井有条，但张美爱财好色。赵匡胤对张美的逼婚、受贿行为法外开恩，没有依法处理，而是让其母转告他，"要钱，找我；至于良家小女，好生相待才是"。此类法外开恩削弱了法制的权威。

从总体上看，中国古代在治贪上，刑罚日益走向严苛，而贪官却也日益增多。这表明单靠重典治吏未必能反腐肃贪，但也不能就此证明严以治贪的思想和法制没有其合理性。古往今来无数案例表明：贪财贪色常常密切交织，且恶性互动。中国传统上在惩治贪色方面就有重典治吏的政策，并在有的朝代上升为法律，如规定某些性犯罪只以官吏为犯罪主体，这与今天贪污受贿罪仅以国家工作人员为犯罪主体法理相类相通。治贪财与治贪色双管齐下的做法对今人颇具借鉴意义。当然，古代严惩贪腐犯罪因赎刑、先请、官当、八议等制度以及法外开恩的存在而并不彻底。

---

① 刘星：《官民有别》，载刘星：《法学作业——寻找与回忆》，北京，法律出版社，2005，第254～255页。

② 参见《唐律疏议》卷二六《杂律》。

③ 参见《元史·刑法志·奸非》。

④ 《大清律·刑律·犯奸》。

第三节　刑事司法政策思想

刑事司法政策思想是与刑事立法政策思想相并列的一个概念，是指在刑事司法过程中所应遵循的政策观念。它既包括刑罚裁量政策思想，也包括行刑政策思想。本节选取顺天刑行、慎刑恤罚、慎用死刑来揭示古代刑事司法政策思想中颇具光环的一面。

一、顺天行刑

顺天行刑是古代"司法时令说"的反映，作为一种刑事政策思想自汉代至明清都影响了司法机关断狱行刑的时间①，尤其是死刑执行的具体时间段。

（一）顺天行刑的基本内容

中国古代以农业立国，农业生产在很大程度上取决于天时、地利，讲究天文、地理，重视季节、时令。一切生产活动和社会活动，都受这些自然因素的制约和影响。从奴隶主贵族政权开始，统治阶级就宣扬"受命于天""恭行天罚"的神权法，把人间的一切都说成是上天的安排，从而使自己的所作所为取得合法的依据。为实现这一目的，统治者一方面大力扶持对上天的崇拜和对各种自然现象的迷信，另一方面又尽可能将人事附会于天象，以论证其所作所为都是则天而行、符合天意的。具体到司法活动也概莫能外。行赏施罚必须适应天象，与季节、时令相合。春夏是万物滋育生长的季节，秋冬则是肃杀蛰藏的季节。这是宇宙永恒不变的自然秩序和法则。人间的司法活动也应与天道相配，顺于四时。

这套说教由来已久。"秋冬行刑"的刑事政策思想萌芽于奴隶社会的神权思想，是西周统治者"敬天保民""以德配天"理论的产物。经战国吕不韦《吕氏春秋》的解说阐述和西汉董仲舒《春秋决狱》的阐发论证，形成以"君权神授""天人感应"理论为依据的一项司法制度。《左传·襄公二十六年》（公元前 547 年）有"赏以春夏，刑以秋冬"的记载。《礼记》中的《月令》，集中地论述了"春夏施德，秋冬行刑"的理论，认为：春夏之时，"天气下降，地气上腾，天地和同，草木萌动"，因此，治理国

---

① 参见舒国滢、宇培峰：《"司法时令说"及其对中国古代司法制度的影响》，《政法论坛（中国政法大学学报）》，1996（4）。

家要以德政为先。春天应当"命有司省囹圄，去桎梏，毋肆掠，止狱讼"。春夏应当"断薄刑，决小罪，出轻系"，"挺重囚，益其食"。秋冬之季，万物闭藏，治理国家则应当以刑罚为主。秋天应当"命有司修法制，缮囹圄，具桎梏，禁止奸，慎罪邪，务搏执。命理瞻伤、察创、视折，审断决狱讼必端平，戮有罪，严断刑"，"乃命有司申严百刑，斩杀必当，毋或枉挠。枉挠不当，反受其殃"，"乃趋狱刑，毋留有罪"。冬天应当"是察阿党，则罪无有掩蔽""功有不当，必行其罪以穷其情"，有违法者，"行罪无赦"；并且应当"涂厥廷门闾，筑囹圄，此以助天地之闭藏也"。这些思想，是春秋时代"赏以春夏，刑以秋冬"的延续和具体化，其最大社会功用是把儒家的德政礼教和法家的法治刑罚结合了起来。①

　　先秦儒家的子思和孟轲的思想中都包含着司法时令说。先秦法家不讲司法时令，在法家思想指导下的秦王朝同样不讲司法时令，可以随时行刑。《后汉书·陈宠传》以批评的口吻说："秦为虐政，四时行刑。"由于秦王朝没有实现长治久安，所以后人更认为"四时行刑"是违背天意、不得人心的。故西汉初年，"萧何草律，季秋论囚"，但事实上春夏杀人也是经常有的事情，如刘邦夷韩信三族、夷彭越三族都在春夏时节。

　　秋冬行刑的制度化、法律化，是在封建正统思想占据统治地位的西汉中期以后。其主要理论根据首推董仲舒的《春秋繁露》。董仲舒大谈天人感应、阴阳五行，以阳为德、阴为刑，刑主杀、德主生，阳居大夏、阴居大冬。由于天意任德不任刑，先德而后刑，所以应当赏以春夏、行以秋冬。他还进一步提出，"天有四时，王有四政"，庆赏刑罚与春夏秋冬以类相应。如果违反天意就会招致灾异，受到上天的谴责。正是在这种观念的作用下，在中国古代刑罚执行过程中，有不少讲究，如规定了许多断屠日、停刑日、禁杀日，在这些天日皆不能行刑或执行死刑。西汉以后，儒学乃治国之学，在刑罚的执行上坚持秋冬行刑，规定春夏不得执行死刑，死刑的处决必须在秋天霜降以后、冬至以前执行，因为这时天地始肃，杀气已至，便可申严百刑，以示"顺天行诛""代天行诛"。这种制度的建立主要依据阴阳五行的道理，认为春夏季节万物生长滋育，秋冬两季则万物肃败，这是自然秩序，人类的任何行为都不能违背此规则，刑罚也一样，应顺应四时，与天道相配，才能达到有治。刑杀是一种剥夺生命的行为，应与四季自然秩序相吻合，所以刑杀必于秋冬进行，否则就会"上逆时

_____

　　① 参见武树臣：《儒家法律传统》，北京，法律出版社，2003，第285页。

气，下伤农业"①。

西汉统治者为巩固君权，正式将这一司法制度写入汉律。东汉章帝重申："王者生杀，宜顺时气。其定律：无以十一月，十二月报囚。"② 董仲舒们认为，秋天霜降后，天地始肃，杀气正至，便可申严百刑，以示顺天行诛。后代统治者对时令很重视，纷纷将之载入律令并予以司法化。自西汉以后秋冬行刑制度在历代律典中皆沿用不变。唐代规定："每岁立春至秋及大祭祀、致斋、朔望、上下弦、二十四气、雨及夜未明、假日、断屠月，皆停死刑"③。唯心主义的"君权神授""天人感应"思想更是有唐统治者用以维护封建统治、施政治国的理论根据。在司法实践中，"秋冬行刑"制便为唐律所承袭，是唐朝死刑执行的一贯制度。明代对停刑月、停刑日的规定十分细致："停刑之月，自立春以后，至春分以前，停刑之日，初一、初八、十四、十五、十八、二十三、二十四、二十八、二十九、三十，凡十日"④，禁止行刑。及至清代，对禁刑日期规定得更加详细具体⑤，朝审、秋审应处决的人也要在霜降后、冬至前才能正法。⑥ 断屠月和禁杀日不许刑杀，是东汉以来佛教输入后受佛教影响的产物⑦，如唐朝、宋朝法律规定，从立春到秋分，除犯恶逆以上及部曲、奴婢杀主之罪外，其余的罪都不得奏决死刑，违者徒一年；明朝法律规定违者处杖刑八十。

各种刑忌，虽然限制很严，但统治者特别是最高统治者往往通过合法或非法的方式予以突破。合法的方式，如"十恶"中犯恶逆以上（指谋反、谋大逆、谋叛、恶逆）大罪和部曲、奴婢杀主者，不受时令约束，可以立决。非法的方式也很常见。从西汉开始，不少司法官违禁于春夏刑杀。新朝皇帝王莽曾下令"毋须时"，全年皆可刑杀。此于《汉书·王莽传下》中有记录："方出军行师，敢有趋谨犯法者，辄论斩，毋须时，尽岁止"，即从正月到岁末一年到头都可以刑杀，"于是春夏斩人都市，百姓震惧，道路以目"。《后汉书·隗嚣传》载，隗嚣等移檄数王莽之罪，其中之一就是"除顺时之法"。隋文帝在六月发怒，要杀人，大理少卿赵绰劝他春夏不可诛杀，隋文帝说："六月虽曰生长，此时必有雷霆。天道既与

---

① 《后汉书·鲁公传》。

② 《汉书·章帝纪》。

③ 《新唐书·刑法志》。

④ 《明史·刑法志二》。

⑤ 参见《清史稿·刑法志三》。

⑥⑦ 参见张国华：《中国法律思想史新编》，北京，北京大学出版社，1998，第216～217页。

炎阳之时震其威怒，我则天而行，有何不可?"① 隋文帝的"则天而行"，对司法时令说者可算是以子之矛攻子之盾。② 但总体来说，司法时令说已深入人心，从主政者到平民百姓大都认可则天行刑，认为逆天行刑是没有好下场的。

（二）古人对顺天行刑之愚民性质的分析

也有少数思想家认识到了"顺天行刑"说之愚民性质的一面，历史上一些具有朴素唯物主义因素的思想家大都对其加以批评。如东汉初年的桓谭是公开反对谶纬神学的一位哲学家。谶纬之学在西汉时非常流行，并直接为当时的政治斗争服务。《后汉书·桓谭传》记载，"时帝③方信谶，多以决定嫌疑。"但桓谭多次上疏指斥时皇帝刘秀"乃欲听纳谶记，又何误也"。桓谭认为天是没有意志的，自然界的灾异并不是什么上天的"谴告"，而是"天下所常有，无世而不然"的自然现象，与人生祸福无甚关联。不少人认为王莽篡权失败的原因是其在盛夏杀人，桓谭则认为王莽之败与秦朝统治者之败一样，都是残民以逞的结果，在于"为政不善，见叛天下"，与其盛夏行刑杀人并无必然联系。

柳宗元则撰写《断刑论》，系统地反对司法时令说。首先，柳氏继承和发展了荀子以来的朴素唯物主义，主张天人相分，反对将"四时""五行"等神秘迷信观点附会到行政、司法上，反对治理国家和行赏施罚必须按时令办事；认为四时的变化与人事毫无关系，自然界的灾异、人类的祸福、国家的兴亡，不是受天的主宰，也不由时令来决定，与其说顺从天时、符合天意，不如说顺乎人心、符合民意。人们将冬秋的雪霜和夏天的雷霆附会为"赏以春夏，刑以秋冬"，"雪霜者天之经也，雷霆者天之数也"，因而认为一般罪犯在秋冬被执行刑罚，十恶大罪则可"不时而杀之"。柳氏对此驳斥道："雷霆破巨石，裂大木，木石岂为非常之罪也哉? 秋冬之有霜雪也，举草木而残之，草木岂有非常之罪也哉?"其次，柳氏从提高司法效率的角度和教育惩罚效果的角度出发，强调"赏罚务速"，不能借口时令而拖延积压。他说："夫圣人之为赏罚者非他，所以惩劝者也。赏务速而后有劝，罚务速而后有惩。必曰赏以春夏而刑以秋冬，而谓之至理者，伪也。使秋冬为善者，必俟春夏而后赏，则为善者必怠；春夏为不善者，必俟秋冬而后罚，则为不善者必懈。为善者怠，为不善者懈，

---

① 《历代刑法考》卷三。
② 参见张国华：《中国法律思想史新编》，北京，北京大学出版社，1998，第218页。
③ 指刘秀。

是驱天下之人而入于罪也。又缓而慢之，以滋其懈怠，此刑之所以不措也。""必使为善者不越月逾时而得其赏，则人勇而有劝焉。为不善者不越月逾时而得其罚，则人惧而有惩焉。为善者日以有劝，为不善者日以有惩，是驱天下之人从善远罪也，是刑之所以措而化之所以成也。"① 这有点类似于贝卡利亚所说的惩罚越是及时就越是有效的观点，主张讲求奖惩的时效性与实效性认为，及时奖励能让更多的人趋于善，及时惩处能让更多的人远离犯罪，因法律是统治阶级意志的体现，法律的作用在于及时有效地惩治罪犯、预防犯罪、教育警戒人们。最后，柳宗元认为："刑以秋冬"是借"天命"而愚民。统治者为达到牧民、使民心驯服的目的，不得不凭借"天意"行惑民之道，用"顺时得天"的理论标榜其残酷刑罚制度的人道，以显示"德政"的恩泽。历朝统治者莫不给刑律制度涂上一层神秘的色彩，如夏朝奴隶主启将讨伐有扈氏的战争说成是"奉天罚罪"，西周统治者把推翻商朝美化为"顺天行诛"，汉律中的"秋冬行刑"是"王者承天意以从事"，而唐韩愈宣扬的"天刑"说更是将"天命"推崇到无所不及的顶峰。统治者们就是利用这些唯心的"天意""天命"理论，粉饰其所谓的"德政"，从而给野蛮、残忍、血腥的刑罚制度披上一件合法而又温情的外衣，以笼络人心。

有唐统治者为了昭示其"德政"，还将"公平""宽简"作为立法的核心，将"德礼为政教之本，刑罚为政教之用"写入《唐律》。可是奉行"仁政"的大唐盛世的司法实践在司法时令说的支配下未必"人道"："犯死罪自春而穷其辞，欲死不可得"的惨状令人目不忍睹。柳宗元在《断刑论》中描述道：犯死罪者"大暑者数月，痒不得搔，痹不得摇，痛不得摩，饥不得时而食，渴不得时而饮，目不得瞑，支不得舒，怨号之声，闻于里人"。然而统治者却偏偏要人们相信，这是君主奉上天的旨意行事——春夏施恩布泽于万物，禁止杀伐伤生；秋冬治罪伐恶于丑类，申严百刑。统治者要臣民们相信天命，顺从君主的德政统治。柳宗元将这种借"天命"以残人的刑罚理论斥为"惑于道者也"，是"曲顺其时，以苟是物"。他认为统治者施政治乱应正视现实、遵顺正道，这样才能达到"天时之可得顺，大各之可得致，则全吾道而得之一矣"的施政效果。② 反对者的声音虽然不能改变封建司法中的积习恶习，也达不到刑措的目的，但其中蕴含的合理因素是应该值得肯定的。

---

① 张国华：《中国法律思想史新编》，北京，北京大学出版社，1998，第219～220页。

② 参见翟冰林：《解读柳宗元的〈断刑论〉》，《当代教育论坛》，2005（6）。

顺天行刑，虽有愚民的成分，但也不能否认它是古人的自然观在法律上的反应，认为自然规律与人间法度相类相通，浑然一体，其中蕴含的法律要尊重自然规律、顺应自然规律的思想是有积极意义的。

二、慎刑恤罚

中国古代社会历代统治者大都制定了残酷的刑罚，但是在明德慎罚、慎刑恤狱的刑事政策思想指导下，传统刑罚的裁量与执行体现了儒家慎刑观。慎刑恤罚的司法政策思想直接影响了中国古代刑罚制度和刑罚执行制度的改革。

（一）慎刑恤罚的基本内涵

慎刑的思想源远流长，在《尚书》中就有记载："钦哉，钦哉，惟刑之恤哉！"皋陶认为"罪疑为轻，功疑为重；与其杀不辜，宁失不经；好生之德，洽于民心"①。强调统治者要像关心自己的病痛一样关心百姓的疾苦，执法者要自己带头守法，处理案件一定要慎重，要严格依法办事，即使天子说要杀，执法官也不能不依法律而杀。周公等古代政治家的这一思想，后来就成为历代士大夫阶层追求社会长治久安的理论基础，以及统治阶级的重要刑事政策之一。其基本含义是慎用刑法，减少重刑；体现为为政以德的思想与仁慈宽厚的刑事政策。从史书记载来看，慎刑恤罚大致在四种意义上使用：一是慎用刑罚。例如唐朝陈子昂撰《谏用刑书》表达了用刑要"恤"的看法："臣不敢以微命蔽塞聪明，亦非敢欲陛下顿息刑罚，望在恤刑尔。"二是指减刑。例如，《续资治通鉴·宋太宗太平兴国二年》载："诏恤刑。自是每岁常举行之"。三是指刑罚执行过程中的多种轻缓化措施。如到了清朝，恤刑的含义更丰富了。《清会典·刑部四·恤刑》载："凡恤刑之典：曰停刑，曰减刑，曰停遣。"将恤刑法定为三种：停刑、减刑、停遣。四是明代及清初由中央派往各地审录刑囚、清理冤滞的官员，常被称为恤刑（官），以统一司法适用。中央下派恤刑官制度始设置于明太祖时，成化后遂成定制。清人方苞的《狱中杂记》提到了"停遣"制度："时方冬停遣"。恤刑官制度似乎也没能阻止司法的腐败，故清康熙时裁省派往各地的恤刑官。本书主要采用第一种基础含义，即用刑上的审慎。

（二）慎刑恤罚在古代的传承

商朝开始对疑案重案的审判有了程序上和制度上的规定。就程序而

---

① 《尚书·大禹谟》。

言，《礼记·王制》中有记载："成狱辞，史以狱成告于正，正听之。正以狱成告于大司寇，大司寇听于棘木之下。大司寇以狱之成告于王，王命三公参听之。三公以狱之成告于王，王三又然后制刑。"又曰："司寇正刑明辟以听狱讼，必三刺。"商代判决"必三刺"，三刺就是抄录判决书三份，用以分别征询群臣、群吏和万民对于裁判的意见；"疑狱讯与众共之。众疑赦之"，即疑狱则与群众共同探讨，群众认为疑不能决，则赦免而不处刑。是否罚金，无从臆断。①　我们从这些记载中，可以看出当时适用刑罚在程序上的审慎和制度上的设计。

《周礼》中的三刺制度，当是承自商代。西周兴起之后，吸取了殷纣王的前车之鉴，在统治思想上提出了"以德配天"，明德慎罚相应地就成了主流的法制指导思想。在司法实践中有"三刺"和"乞鞫"制度。三刺即"讯群臣""讯群吏""讯万民"，也就是要征询官员与百姓对案件判决的意见。乞鞫即不服判决而上诉，是指一件刑案定罪量刑之后，当场将囚犯传呼过来，把所认定的罪状和判决结果告诉他；如果犯人称冤，就允许其上诉，然后启动进行更为详细的审讯。

就秦朝的朝政来说，史书上通常称之为秦朝暴政。然而，云梦秦简的出土，使我们从中看到了有关慎刑的火花。如《睡虎地秦简》的《法律答问》载："以乞鞫及为人乞鞫者，狱已断乃听，且未断犹听？狱断乃听之。"这说明秦律规定了乞鞫的司法制度。又如《法律答问》中，有如下条文："免老告人以为不孝，谒杀，当三环之不？不当环，亟执勿失。"据睡虎地秦简整理小组注释："环，读为原，宽宥从轻。古时判处死刑有'三宥'的程序，见《周礼·司刺》。"②　尽管这里表达的重点是对不孝之子不应当"原宥"的要立即拘捕，但言外之意也还包含应当"原宥"的情形。但不管如何，这至少能说明当时对于重大案件存在要经过三次原宥的程序设计，体现了用刑的审慎。

汉代堪称慎刑的典范。自汉代开始，就用法律明文规定了对判处徒刑以上案件的严格审理程序和上诉纠错程序，如"乞鞫"和"录囚"等。"录囚"的意思是：皇帝、郡守以及刺史等，定期或不定期地巡视下属各地监狱，对已经在押的犯人尤其死囚进行审讯，了解对其定罪量刑是否合法适当，巡视中如发现冤屈，有权"即时平理也"。汉初统治者宣扬王道，实行仁治，明德慎刑，要求不轻易出入人罪，慎狱恤刑，尤其对于疑狱，

---

① 　参见蔡枢衡：《中国刑法史》，北京，中国法制出版社，2005，第 160 页。
② 　睡虎地秦墓竹简整理小组：《睡虎地秦墓竹简》，北京，文物出版社，1990。

以宽为先务。例如，《二年律令·具律》规定："鞫狱故纵、不直，及诊、报、辟故弗穷审者，死罪，斩左止为城旦，它各以其罪论之。"① 大意是，司法官如果徇私枉法、出入人罪以及对案情不审查到底者将受到法律的严惩。在司法制度上形成了谳疑狱制度："高皇帝七年，制诏御史：狱之疑者，吏或不敢决，有罪者久而不论，无罪者久系不决。自今以来，县道官狱疑者各谳所属二千石，二千石官以其罪名当报，所不能决者，皆移廷尉，廷尉亦当报之，廷尉所不能决，谨具为奏，傅所当比律、令以闻。"② 谳疑狱诏的颁行对于平反冤狱、纠正错案、督办疑案起了重要作用。汉武帝虽好大喜功，但在慎刑方面也采取了一些举措，如为防止郡国刑狱酷滥，设部刺史以后，以六条问事，也就是考核刺史追究责任的六条标准，其中第三条就是"二千石不恤疑狱，风厉杀人，怒则任刑，喜则淫赏，烦扰刻薄，剥截黎元，为百姓所疾，山崩石裂，妖祥讹言"③。这表明刺史"不恤疑狱"的，要"问事"追责。这些制度，均被后世承继了下来，成为"慎刑恤罚"司法政策思想的重要体现。④ 汉代以后，经历了贾谊的"省刑恤罚"、曹操的"慎刑"、诸葛亮的"执法公允"，西晋杜预、刘颂、张斐等人的"文约而例直、听省而禁简、理直而刑正"，北魏孝文帝拓跋宏的"民命尤重""惟刑之恤"等等主张，慎刑恤罚的刑事政策思想得到了继承和弘扬。

《唐律》的慎刑思想更为突出。《唐律疏议》开篇指出："德礼为政教之本，刑罚为政教之用，犹昏晓阳秋相须而成者也。"这是说治理国家必须兼有德礼和刑罚，但适用刑罚必须慎重，要符合昏晓阳秋的规律，决不可滥刑酷罚。唐代的"慎刑恤罚"思想得到了空前的发展，并成为唐初君臣的共识。《唐律》中的刑罚原则、刑罚制度、刑罚适用大都体现了慎刑思想。以唐太宗李世民为首的唐王朝统治集团，亲身经历了隋王朝的兴衰，目睹了隋王朝在短短的几年间就被推翻的过程，认识到其根本原因是没有处理好与人民群众的关系，极度压榨百姓，破坏法制，滥杀无辜，穷奢极欲。因此，唐初统治者就以"安人宁国"为基本国策，注意改善与人民群众的关系，"慎刑恤罚"就是他们采取的其中一个重要政策。为了使"慎刑恤罚"的政策能够得到严格执行，《唐律》对违反此政策的各级官员

---

① 张家山二四七号汉墓竹简整理小组：《张家山汉墓竹简》，北京，文物出版社，2001。

② 《汉书·刑法志》。

③ 《汉书·百官公卿表》。

④ 参见何勤华：《慎刑恤罚：法的人道主义萌芽》，见 bbs1. people. com. cn/postDetail. do? id=88977...51K 2008-10-21。

规定了严厉的处罚措施。《唐律疏议·断狱》之"死囚复奏报决"条规定："诸死罪囚，不待复奏报下而决者，流三千里。即奏报应决者，听三日乃行刑，若限未满而行刑者，徒一年；即过限，违一日杖一百，二日加一等。"这里，期限未满时行刑的责任明显大于过了期限再行刑的责任。可见其"慎刑恤罚"的坚定立场。①

宋朝时慎刑思想一如既往。《宋史·刑法志》曰："宋兴，承五季之乱，太祖、太宗颇用重典，以绳奸慝，岁时躬自折狱虑囚，务底明慎，而以忠厚为本。海内悉平，文教浸盛。士初试官，皆习律令。其君一以宽仁为治，故立法之制严，而用法之情恕。狱有小疑，覆奏辄得减宥。"大意是：宋初政局不安定之时，太祖、太宗制定的法律很严厉，即古称的"重典"，但适用法律时在具体定罪量刑上却"务底明慎"。而至海内悉平时，司法官都是"习律令"者，"以宽仁为治"，所以当时法制的特点为"立法之制严，而用法之情恕"。宋太祖曾诏曰："禁民为非，乃设法令，临下以简，必务哀矜。"② 宋真宗性情宽慈，尤慎刑辟。他曾经对宰相说："执法之吏，不可轻授。有不称职者，当责举主，以惩其滥。"③ 真宗令法官慎刑名，有情轻法重者以闻。④ 审刑院每奏案，真宗都"叫先具事状，然后亲览之，翌日，乃候进止，裁处轻重，必当其罪"⑤。时人晁迥曾向宋仁宗"献《斧扆》《慎刑箴》《大顺》《审刑》《无尽灯颂》，凡五篇"⑥，其中的《慎刑箴》和《审刑》反映了他的慎刑思想。朱熹说，"所谓恤刑者，欲详审曲直，令有罪者不得免，而无罪者不得滥刑也"，其目的在于避免枉滥，即"罪疑惟轻"之意。"所谓疑者，非法令之所能决，则罪从轻"；"非谓凡罪皆可以从轻"⑦。

明朝的王守仁认为，只有"取其罪犯之显暴者，明正典刑""酌其心迹之堪悯者，量加黜谪"，才能使"奸谀知警，国宪可明"⑧。因此，他在处置参加明武宗正德十四年（1519 年）南昌宁王朱宸濠叛乱的"从逆官员"时，主张区别对待，不可一律从重，对罪大恶极的处以极刑，而对"事虽涉于顺从，势实由于胁迫""被胁从令"的官员酌情降职免官。⑨ 对

① 参见何勤华：《慎刑恤罚：法的人道主义萌芽》，见 bbs1. people. com. cn/postDetail. do? id＝88977...51K 2008－10－21
②③⑤ 《宋史·刑法志一》。
④ 参见《宋史·真宗三》。
⑥ 《宋史·晁迥传》。
⑦ 《朱子语类》卷一一〇。
⑧ 《王阳明文集》卷十三《处置从逆官员疏》。
⑨ 参见上书。

于被迫参加叛乱的兵士及下级军官，因为"据法在所难容，原情亦难非得已；宥之则失于轻，处斩似伤于重"，不如"免其死罪，令其永远充军"，从而"情法得以两尽"①。对于先发动田州、思恩府地叛乱而后投降的庐苏、王受，"各杖之一百"，以示"人臣执法之义"，而对其余人等一概不问。② 主张执法从严的朱熹，也十分强调慎刑："狱讼……系人性命处，须吃紧思量，犹恐有误也。"③

《大明律》和《大清律例》都继承了《唐律》的规定，对司法官吏不遵守法定程序行刑，或违反上报复核奏决行刑的行为，制定了严厉的处罚措施。

我国儒家传统思想上，极端的一面有所谓刑措之说，认为治国可以专事教化，不需要法，刑可以搁置起来不用。刑措之说，也是无为思想的一个支流，以之作为一种理想的悬鹄，当然可以，许多先贤的立论，亦不过是于是想而已，真正的目的，不过在省刑恤刑，希望能把重点放在教化上去。所谓求之于上得之乎中，倘说他们真的希望刑措的实现，则非愚即诬了。④ 总之，慎刑恤罚的政策思想在历朝都有体现，但在不同朝代对此思想的贯彻执行还是有差别的。

三、慎用死刑

慎用死刑也是慎刑恤罚的应有之义。由于死刑事关人命，古代对死刑的适用有更为严密的制度限定，所以单独列为一目。

死刑是中国传统刑种之一。清末伍廷芳、沈家本在《虚拟死罪改为徒流折》中说："中国刑法，周时大辟二百，至汉武帝时多至四百九条，当时颇有禁网渐密之议。元魏时大辟二百三十条。隋开皇中除死刑八十一条。唐贞观中又减大辟九十三条，比古死刑殆除其半，刑法号为得中。""顺治时律例内真正死罪凡二百三十九条，又杂犯斩绞三十六条。迨后杂犯渐改为真犯，他项又随时增加，计现行律例内，死罪犯八百四十余条，较之顺治年间增十之七、八，不惟为外人所骇闻，即中国数千年来，亦未有若斯之繁且重者也。"⑤ 这表明，中国古代死刑条款众多，除了极少数

---

① 《王阳明文集》卷十二《恤重刑以实军伍疏》。
② 参见《王阳明文集》卷十四《奏报田州、思恩平复疏》。
③ 《朱子语类》卷一一○。
④ 参见王伯琦：《近代法律思潮与中国固有文化》，北京，清华大学出版社，2005，第19页。
⑤ 《寄簃文存》卷一《奏议》之《虚拟死罪改为徒流折》。

朝代外，为了维护统治，历朝历代对死刑都有很大的依赖性，尽管有些是虚拟的死罪。但同时受天谴报应、龙恩浩荡等观念的影响，对死刑的实际适用又通过多种方式予以限制。从史籍记载看，主要通过死刑复核制度、死刑复奏制度、死刑赦宥制度对死刑适用予以实际控制。

（一）死刑复核制度

死刑复核制度，是中国古代法律规定的地方各级司法部门对拟判处死刑的案件逐级呈报中央司法机关或者皇帝进行审查核准，以便最终决定是否适用死刑的一项诉讼制度。它萌芽于东汉，确立于北魏，定型于隋唐，完善于明清。死刑复核属于审理程序，不同于属于执行程序的死刑复奏。自从北魏开始，死刑复核与死刑复奏就形成审判和执行两条源流，共同发挥着控制死刑实际适用的作用。

汉朝的地方行政长官对一般案件拥有生杀予夺权，不必奏请皇帝核准，但有两类案件，必须奏请皇帝核准：一是案情重大的死刑案件，二是二千石以上官吏被判处死刑的案件。魏晋南北朝时期，整个国家处于四分五裂的局面，中央很难控制司法刑杀权的运用，但有的皇帝出于慎刑的考虑，仍然要求地方各级司法机关对于死刑案件必须奏请核准，不得擅自刑杀。在全国范围内首次正式形成一种对所有死刑案件普遍适用的复核制度，是在北魏时期。北魏太武帝时规定，死刑案件应一律奏报中央核准，即死刑复核权统一由中央行使。《魏书·刑罚志》记载："当死者，部案奏闻。以死者不可复生，惧监官不能平，狱成皆呈，帝亲临问，无异词怨言，乃绝之。"这段文字，已经分别从死刑的适用对象、程序、原因、目的、时间、范围、方式等方面为我们全面展示了当时适用死刑复核制度的具体规定。

在隋朝，全国死刑的终审权归于中央，由大理寺统一执掌，终审结束之后报尚书省刑部裁决。在唐朝，掌握死刑复核权的中央司法机关最先为刑部，即死刑案件一律归刑部复核，后来皇帝下令把"十恶"、造伪头首、劫杀、敌杀、谋杀之外的死刑案件复核权赋予中书省和门下省。此外，唐朝还采取了三大特殊的复核措施，即由中央有关机关会同复核：一是三司推事制，二是九卿议刑制，三是都堂集议制。三司推事制，是指遇有死刑案件和重大疑难案件时，皇帝诏令刑部、御史台、大理寺三大中央司法机关派员组成临时性联合审判机构共同复核。九卿议刑制，是指由中书、门下四品以上官员及尚书九卿共同对死刑案件进行审核复议。都堂集议制，是指与帝王同宗同祖的亲系、服侍过帝王的故旧，以及统治者视为多才多艺、立事立功的人，如果犯了死罪，都要由刑部集诸司七品以上官员共同讨论，再由皇帝裁决的制度。这三大复核措施的运用，凸显唐朝对死刑适用的慎重程度非同一般。

宋朝初期，基于当时的特殊社会背景，将死刑判决终审权下放，规定州级审判机关对于死刑案件具有终审判决权，不必报请中央核准。中央刑部只是在死刑执行完毕以后，依据各州旬申禁状进行事后复查。人死不能复生，复查后即使发现是冤狱也无法挽回生命，所以自北宋中期改变了事后复查的做法，规定死刑案件必须由提刑司详细复核后才能交付执行，州级机关不再享有终审权，并逐渐形成为一种制度。该做法一直沿用到南宋，除非遇有紧急情况，才免于提刑司复核而暂时赋予知州以死刑终审权。

在明朝，死刑判决分为立决和秋后决两种，它们都要经过中央司法机关和皇帝的审核批准。对于秋后处决的死刑案件，明朝建立了朝审制度加以审核。"朝审"是明朝创设的一系列会官审录制度的一种，是指每年霜降后十日，三法司即中央刑部、大理寺、都察院会同三品以上官员共同审理京畿附近的死囚。朝审制度于明英宗天顺三年（1459年）九月正式开始实施。英宗鉴于"人命至重，死者不可复生"，下令"自天顺三年为始，每至霜降后，但有该决重囚，著三法司奏请众多官人等，从实审录，庶不冤枉，永为实例"。朝审制度可看作是古代录囚制度的延续和发展。"朝审"不仅是审核死刑，而且有宽宥之意，也就是对于朝审的案件，将根据不同情况作出不同的处理：一是改判，即情节有矜悯或可疑的改判为戍边；二是发回重审，即囚犯有翻供的发回再审；三是监候听决，即符合律令的监候听决。在"朝审"之外，明朝的死刑复核案件还实行"会审""圆审"制度。如遇重大案件，由刑部、大理寺、都察院共同审理，称为"三司会审"。如遇特大案件，则要由上述三法司会同各部尚书及通政使共同审理。此即"圆审"。

至清朝，在明代的基础上实行"秋审"和"朝审"两种复核制度。清朝的"朝审"是在每年秋审大典前一日，刑部对京师大狱中的在押监候死囚进行最后的审录。"秋审"是由中央各部、院长官共同对监候案件进行复审，因复审时间定于每年农历八月中旬，故称为"秋审"；具体操作是每年秋八月在天安门外金水桥西由九卿、詹事、科道以及军机大臣、内阁大学士等会同审理各省的死刑复核案件。一般先由各省督抚将省内所有斩、绞监候案件会同布政使、按察使进行复审，提出不同的处理意见，并将卷宗上报刑部。会审以后由刑部向皇帝具题。经秋审的死刑案件处理结果分为四类：情实、缓决、可矜、留养承祀。情实是指案情属实、罪名恰当的，执行死刑；缓决是指案情属实但危害性不大的，留待下次秋审或朝审时审核；可矜是指案情属实但情节不严重的，可免死罪；留养承嗣是指情节严重，但父母、祖父母年老无人奉养的，可免死罪。四类中除情实类由皇帝勾决后执行死刑外，其他三类均可免于死刑。康熙年间，"朝审"与"秋审"渐趋一致。

死刑复核是我国所特有的司法程序，是中华法系留给我们的珍贵历史遗产之一。在我国封建社会，由于"恤刑慎罚"观念的影响，从汉律就有死刑复核的一般规定，经隋唐形成定制，至明清成为"一代大典"，前后有两千多年的历史。① 从汉朝至明清的死刑复核程序，从案件的审判程序开始便控制死刑的适用。

（二）死刑复奏制度

死刑复奏是指对死刑已定判的案件，要求在行刑之前又必须再次奏请皇帝进行核准，只有等待死刑复奏批准命令下达之后方可行决的一种死刑执行程序制度。

由于死刑事关人命，人死不可复活，所以在中国古代，对死刑案件的处理是慎之又慎，要有多重上奏、复奏的程序。在汉代，这种程序称为"上具狱"。死刑复奏正式作为一项法律制度，初现于北魏太武帝时。《魏书·刑罚志》记载："诸州国之大辟，皆光谳报，乃施行。"这说明，北魏当时的法律已经对死刑复奏所适用的对象、程序等问题都作出了明确的规定，因此可以被看作是迄今为止我国法制史上关于死刑复奏制度的最早规定。

隋唐时期，对死刑判决的执行，须奏请皇帝批准。隋朝时，死刑复奏制度已经非常细密，体现在明确规定了死刑复奏的具体次数，即对于判处死罪的案件，在正式行刑之前，必须再奏请皇帝核准三次——所谓"三复奏"。至唐朝，死刑复奏制度已趋于完善。贞观五年（631年），唐太宗李世民在盛怒之下，错杀了不构成死罪的大理丞张蕴古。事后为了防止再错杀，他下诏规定："凡有死刑，虽令即决，皆须五复奏。"之后，唐《狱官令》对三复奏、五复奏以及相关问题作出了明确的规定：死刑案件，在京者，行决之前必须五复奏，即决前一日二复奏，决日三复奏，共五复奏；在京外者，刑部三复奏，即决前一日之内，刑部连续向皇帝奏请三次。唐朝的死刑复奏，一般依据案件性质和行决地点在京城内还是京城外的不

---

① 参见蒋清华：《中国古代死刑制度概览》，见 flwh. znufe. edu. cn/article_show. asp?id＝2146 75K 2008－10－6。

同，采取两大类三种固定的形式：第一大类是关于一般死刑案件的复奏。这类复奏又采取两种不同的形式，即京城内的五复奏和京城外的三复奏。第二大类则是关于重大死刑案件的复奏。这里的"重大死刑案件"，包括恶逆以上和部曲、奴婢杀主人两种案件。这类案件不同于前面的一般死刑案件，它不分执行的地点是在京城内还是京城外，都一律实行一复奏，而不适用五复奏或三复奏。这些复奏形式，行刑官吏必须严加遵守，即使遇到皇帝临时颁发了不许复奏的敕令，亦不得停止复奏。当然，这就难为行刑官了，行刑官他到底该咋办？是听皇帝的临时敕令还是遵从成文法？

在宋朝，宋真宗、宋仁宗曾两度拟恢复三复奏，经臣下讨论，由于担心淹延刑禁而无法实施，最后只规定京师地区的死刑案件实行一复奏，州郡的死刑案件则不复奏。

明清两朝继承了唐代复奏制度。在明朝，死刑无论是立即执行还是秋后执行，都要三复奏。另据《明史·刑法志》载，死刑执行之事最后都要报请皇帝裁决。至清朝，顺治十年（1653 年），规定朝审的案件实行三复奏，秋审的案件则不实行。雍正二年（1724 年），诏令秋审情实应决者，和朝审一样要三复奏。乾隆十四年（1749 年），由于各省报请死刑复奏的案件太多，皇帝审阅时间有限，又诏令朝审案件仍三复奏，秋审案件改为一复奏。[①] 清代的朝审、秋审制度，是每年一度对被判死刑监候的案犯，进行一次全国范围的复核，启动决定其生死的复奏程序，这样，往往使对被冤判死刑者的救济又多了一道防线。

（三）死刑赦宥制度

关于中国古代的赦宥问题，最为详细的资料当推沈家本在《历代刑法考》中所辑录的 12 卷与赦宥有关的各种文献。但沈家本主要是对历代"赦"的类型和具体情况进行辑考，没有对赦宥的相关运行环境进行探究，并且对赦宥在死刑中的作用也没有进行相应分析。死刑适用中的"赦宥"通常有三种途径：一是狭义上的"赦"，即免除当事人的死刑，主要适用于大赦；二是"宥"，即把当事人的死刑减等为其他生刑，如徒、流等；三是广义上的"赦"，即容许当事人采用赎金等方式替代死刑。通过这三种途径的赦宥，使被判处死刑的当事人化死为生，从而减少死刑的实际执行数量。

1. 死刑赦宥概况

在中国古代，赦宥最初是针对特别情形适用的一种司法规则，后来逐

---

① 参见蒋清华：《中国古代死刑制度概览》，见 flwh. znufe. edu. cn/article_show. asp?id＝2146 75K 2008－10－6。

渐发展为一种仁政举措，不单单适用于死刑。

《尚书·舜典》中有"眚灾肆赦"的记载。这里的"赦"是针对特定的情节适用的，即"过误"或者因不可避免的原因产生的犯罪行为。《易经·解卦》中有"雷雨作，解。君子以赦过宥罪"。这里的"赦"是针对"过"的情节，"过"是"误失"，即"赦"仅适用于"过失"的情节。另外一种使用情况是疑案从赦，其中最有代表性的是《尚书·吕刑》中的"五刑之疑有赦，五罚之疑有赦"①。以上"赦"都是作为针对特别情形适用的司法规则，而不是为使某一类人获得刑法上的特定处遇而适用的。对这个时期的"赦"，明朝的丘浚认为是"盖就一人一事而言耳，非若后世概为一札，并凡天下之罪人，不问其过误故犯，一切除之也"②。

"赦宥"发生变化始于西周时期。《周礼·地官·司市》中有"国君过市，则刑人赦"。这里"赦"仅是基于国君经过犯罪人居住的地方这一特定事由。但这没有成为赦的主流，至少春秋以前"赦"没有作为调节不和之气、获得善报的手段而适用。"赦"作为获得善报的手段而适用始于春秋时期，最早有这方面记载的是《春秋谷梁传》。鲁庄公二十二年（公元前680年），因为有"春，王正月，肆大眚"。注解曰："皆放赦罪人，荡涤众故，有时而用之，非经国之常制。"③ 这里的"赦"与以前的"赦"在性质与目的上都发生了变化：赦的对象是所有的人犯，不问犯罪的情节；目的是荡涤旧故、获得革新，与民更始。这样，"赦"不再作为特定的司法规则适用，而是作为一种仁政并获得天报的行为举措而适用。春秋时有过一个具体案件：楚国陶朱公的二儿子杀人后被官府逮捕，陶朱公让自己的长子行贿楚王大臣，提出大赦的请求，最终获得二儿子的免死。尽管此案中罪犯获得大赦的手段不正当，但此事说明此时"大赦"已经及于死刑。

秦朝由于奉行法家学说、多主张重刑，所以很少采用"赦"自是情理之中。汉朝开国者刘邦为了给百姓施以仁政的印象，与秦朝截然相反，进入咸阳时就采用大赦。此后"赦"的手段常常被运用。汉高祖五年（公元前202年）"赦天下殊死以下"④，因为殊死罪在秦汉时期是最严重的死罪、不能"赦"，所以此"赦"及于殊死之外的所有死罪。此后历朝"赦"

---

① 李学勤：《尚书正义》卷十九《吕刑》，北京，北京大学出版社，1999，第545页。
② （明）丘濬：《大学衍义补》卷一百九《慎刑宪》，文渊阁四库全书，影印本。
③ 李学勤：《春秋谷梁传注疏》卷六《庄公二十二年》，北京，北京大学出版社，1999，第85页。
④ 《汉书·高祖纪下》。

事不断，并且形成了践阼、改元、立后和建储四大行赦的法定事由，除此之外，还有各种因其他临时原因而临时确定的"赦"制。

汉朝时的"赦"有多种，根据其适用的地理范围和罪名的类别，或对所涉及的罪名是采用"减"还是"免"等情况的不同，可以分为大赦、特赦、曲赦、别赦、德音等，其中，大赦、曲赦、特赦、别赦是以后历朝通用的。汉朝"赦"的法制化程度已经较高了，在《汉旧仪》中不仅记载了"赦"的规定，并且每种"赦"所适用死罪的范围都有明确的设置。《汉旧仪》中记载了汉朝的两条赦的法律：一是践阼、改元、立皇后、立太子，赦天下。"每赦，自殊死以下，及谋反大逆不道诸不当得赦者，皆赦除之。令下丞相御史，复奏可，分遣丞相御史乘传驾行郡国，解囚徒，布诏书。郡国各分遣吏传厩车马行属县，解囚徒。"二是日食，即日下赦。曰："制诏御史，其赦天下自殊死以下，及吏不奉法，乘公就私，凌暴百姓，行权相放，治不平正，处官不良，细民不通，下失其职，俗不孝弟，不务于本，衣服无度，出入无时，众强胜寡，盗贼滋彰，丞相以闻。"[1] 根据《汉旧仪》中关于"赦"的法律条文，践阼、改元、立皇后、立太子时"每赦自殊死以下及谋反大逆诸不当得赦者，皆赦除之"，"日食"时"赦"是"赦天下自殊死以下"。但汉朝大赦在实践中往往及于殊死罪，特别是殊死罪中最为严重的罪，如谋反、大逆等。例如，东汉明帝永平十五年（72年）四月下诏大赦天下时有"其谋反、大逆及诸不应宥者，皆赦除之"[2]。然而，其他类型的"赦"，如曲赦和特赦等，则是采用减死等，多不及于殊死罪。

宋朝时"赦"更为成熟，更加法制化。据记载，宋朝时"赦"主要有三类，即"大赦""曲赦"和"德音"。这三类"赦"主要依其适用的范围和罪名类别不同进行区分。"大赦"是对全国人犯都赦免，特别是一些平时不会赦的罪名都"赦"及，如"真犯死罪"，所以常说大赦天下。《宋史·刑法志》记载，"凡大赦及天下，释杂犯死罪以下，甚则常赦所不原罪，皆除之。凡曲赦，惟一路或一州，或别京，或畿内。凡德音，则死及流罪降等，余罪释之。"[3] 宋朝对于大赦、曲赦和德音三者的区别最详细的记载是《文献通考》："宋朝赦宥之制，其非常覃庆，则常赦不原者咸除之，其次释杂犯死刑罪以下，皆谓之'大赦'，或止谓之'赦'。杂犯死减等而余罪释之，流以下减等，杖笞释之，皆谓之'德音'。亦有释杂犯罪

---

① （汉）卫宏：《汉旧仪》（上卷），孙星衍校，北京，中华书局，1990。

② 《后汉书·明帝纪》。

③ 《宋史·刑法志三》。

至死者，其恩需之及有止于京城、两京、两路、一路、数州、一州之地者，则谓之'曲赦'。"①从以上记载可以看出，宋朝关于"大赦"的适用，在地理范围上及于全国，罪名上及于死刑罪，特别是"真犯死罪"；"德音"主要适用于杂犯死罪以下，并且对杂犯死罪者只能减等，不能免除处罚；"曲赦"则适用于特殊地区和局部地区，适用的罪名罪行是"杂犯罪至死者"。

清代时"赦"已经较为完善。"赦"的种类发展成为"恩赦"和"恩旨"两类，《清史稿·刑法志三》记载："赦典有恩赦、恩旨之别。""恩赦死罪以下俱免，恩旨则死罪以下递减。"为了有效处理"赦"的事务，朝廷在刑部中设有"减等处"，专门负责"赦"的核验事宜。"恩赦"时，由刑部"减等处"检查成案，根据具体情况开出准免、不准免的范围，然后上奏裁决，名曰"恩赦条款"；"恩旨"时，由刑部"减等处"开列出准减、不准减的罪名类别，名为"减等条款"。一般在"恩赦"时有不赦的范围，也就是恩赦的排除范围，具体包括"谋反、大逆、子孙谋杀祖父母父母、内乱、妻妾杀夫、奴婢杀家长、杀一家非死罪三人、采生折割人、谋杀故杀真正人命、蛊毒魇魅毒药杀人、强盗、妖言、十恶等真正死罪不赦外，军务获罪、隐匿逃人及侵贪入己"②。可见，不在"恩赦"范围的主要是"十恶罪"，贪贿犯罪也不在"恩赦"的范围。这样，就把维护国家的基本价值与"仁政"思想统合在一起了。③

在中国古代特殊的死刑文化中，虽然历朝不乏反对"赦"的人，但各种各样的"赦"事并没有因此而减少，并且在反对呼声最高的朝代，行"赦"事也最多，如汉朝、唐朝、宋朝等。汉朝时有明确记载的"大赦"就达到101次，其中，文、景、武三帝时共有28次没有写明是否是"大赦"，但从记载的"赦"的对象来看应是"大赦"；唐朝时的"大赦"多达163次；北宋与南宋"大赦"多达164次。明清以来，"赦"的次数大大减少，其中，明朝有记载的"大赦"是26次，是中国古代较长王朝中"大赦"次数最少的。"大赦"再加上其他类型的"赦"，中国古代很多王朝每年"赦"的次数至少是1次。"大赦"对死刑的适用非常重要，因为在中国古代"大赦"都及于死刑④，所以它对死刑的实际控制是富有成效的。

---

① （宋）马端临：《文献通考·刑考十二·赦宥》，杭州，浙江古籍出版社，1988，第1495页。

② 《清史稿·刑法三》。

③④ 参见胡兴东：《赦宥在中国古代死刑适用中的作用》，见 www. studa. net/xingfa/081114/13000183. html 37K 2008-11-14。

2. 死刑赦宥的排除

"赦"作为一种特殊的制度存在，虽然能为当权者博得仁政美名，但在现实中却存在很大的争议。自春秋战国时期法家学者多反对"赦"开始，历朝反对之声不断。管仲在《管子·法法》中认为："凡赦者，小利而大害者也。"① 孔子提出"先有司，赦小过，举贤才"②。这里，孔子"赦小过"中的"小过"是与"大过"相比较而使用的，不再是以前"赦"中的"情节"，而是"小罪"与"大罪"的区分。也即孔子认为在对"小罪"上可以采用赦免，对"大罪"能否赦免此处未提及，但至少可以推测孔子是不提倡"赦大过"的。管仲与孔子的言论正好说明，在中国古代"赦"作为减免各种类型罪的手段，始于春秋时期。甚至有人提出"无赦之国，其刑必平"③ 之说，并认为"赦"导致的是"惠奸宄，贼良民，怙终得志，善良喑哑，失天讨之公，纵人欲之私"④；更有人提出"感神以政，应变以诚，故桑谷之异，以勉己而消，汉末屡赦，犹凌不反，由此言之，上协宿度，下宁万国，唯在贤能，慎厥庶政，殆非孤赦所能增损也"⑤。这是从赦宥存在的根基上进行反驳。五代后晋天福三年（938年），张允进强烈反对"赦"，他把批判的矛头直指支持"赦"的理论根基：

> 窃观自古帝王，皆以水旱，则降德音而宥过，开犴牢而放囚，冀感天心，以救其灾者，非也。假有二人讼，一人有罪，一人无罪，遇赦则有罪者幸免，无罪者衔冤。衔冤者何疏，见赦者何亲，冤气升闻，乃所以致灾，非弭灾也……天道福善祸淫，若以赦为恶之人而变灾为福，是则天助恶民也。或曰天降之灾，警诫人主，岂以滥舍有罪而能救其灾乎!⑥

在他看来，"赦"不可能获得预期的目的，"赦"不是救灾，而是助灾。

反对"赦"最早的代表人物当推春秋时的管子。此后，有汉朝的匡衡、三国时的诸葛亮等。诸葛亮在治蜀时不仅反对"赦"，并身体力行，

---

① 《管子·法法》。
② 《论语·子路》。
③ （隋）王通：《中说·王道》，文渊阁四库全书，影印本。
④ （明）丘濬：《大学衍义补》卷一百九《慎刑宪》，文渊阁四库全书，影印本。
⑤ （唐）欧阳询：《艺文类聚》卷五十二《政治部上·赦宥·裴頠集》，江绍楹校，上海，上海古籍出版社，1985，第950页。
⑥ （宋）马端临：《文献通考·刑考十二·赦宥》，杭州，浙江古籍出版社，1988，第1495页。

在治蜀十几年间没有进行过"赦"。

为了协调帝王家运与国家政运和打击元恶大憝之间的冲突，战国以后，在赦宥中形成了有条件的"赦"，即在"赦"时把一些特定的罪名排除在外。《战国策·魏（四）》中记载魏国的法律"大府之宪"中规定"子弑父，臣弑君，有常无赦。国虽大赦，降城亡子不得与焉"①。这里把弑君罪、降敌罪等排除在"常赦"的范围之外，以调和施"仁政"与惩"元恶"之间的冲突。这样，在一定程度上解决了反对赦宥者提出的问题，因为反对者的主要理由是赦宥导致一些"元恶大憝"的人犯得到了释放，致使犯人没有得到应有的惩罚，朝廷不能有效地打击犯罪。战国后，朝廷为了更好地协调"赦"与打击犯罪、改造罪犯的关系，已经进行了相应的制度设计，如通过把死刑分成不同的类型，如殊死和非殊死、真犯死罪与杂犯死罪及十恶重罪等，在行"赦"时把朝廷认为严重的罪排除或把某类死刑罪排除，如把殊死、真犯死罪排除在"赦"的范围之外或者仅采用减刑等方式。隋唐以后把十恶重罪排除在一般"赦"的范围之外。这样，朝廷既因减少死刑的执行而实现对善报的价值追求和仁政的美名，也达到了打击重罪的目的。但上述分类不是没有缺点，因为同样类别的罪中往往存在着性质上的不同。为此，朝廷又不得不在"赦"时列出特定罪名，把它们置于"赦"的范围之外。这种制度在汉朝时开始出现，特别是东汉时大量使用，如对谋反、谋大逆、无道等罪采用减宥而不是赦免。汉和帝永元八年（96 年）八月诏"郡国中都官系囚减死一等，诣敦煌戍。其犯大逆，募下蚕室。其女子宫"②。三国两晋南北朝时期这种制度得到进一步的发展：晋元帝建武元年（317 年）大赦时规定"其杀祖父母、父母及刘聪、石勒，不从此例"③。这里的例外是恶逆、谋反、谋逆等罪的具体化。北魏宣武帝延昌二年（513 年）下诏"杀人、掠卖人、群强盗首，及虽非首而杀伤财主，曾经再犯公断道路劫夺行人者，依法行决；自余恕死"④。这里是按罪名的性质排除赦死的范围。

这种制度发展到唐朝已经十分成熟。如唐太宗贞观四年（630 年）大赦天下时明确规定"自贞观四年二月十八日昧爽已前，罪无轻重。自大辟以下，系囚见徒，皆赦除之，逋负官物，三分免一分。其谋反大逆，妖言

---

① 《战国策》卷二十五《魏四》，长沙，岳麓书社，1988，第 246 页。

② 《后汉书·和帝纪》。

③ 《晋书·明帝纪》。

④ 《魏书·世宗纪》。

惑众，及杀期亲以上尊长，奴婢部曲反主，官人枉法受财，不在赦例"①。以后历代仅是增加不能赦之罪的数量或扩大其范围而已。明清时期已经把不能"赦"的罪名在法典的《名例律》中设专条明文规定，称为"常赦所不原"条。对此，《大明会典》有很详细的规定：

> 凡犯十恶杀人，盗系官财物及强盗放火，发塚，受财枉法、不枉法赃，诈伪，犯奸，掠人买，和诱人口，若奸党，及谗言左使杀人，故出入人罪。若知情故纵，听行藏匿引送，说事过钱类，一应真犯，虽会赦，并不原宥。其过误犯罪，及因人连致罪，若官吏有犯公罪，并从赦原。

这说明朝廷对"赦"的范围划定得更加规范与明确。当然司法实践中，在条文中明确规定不赦的罪名并不是绝对不可赦，而是必须由皇帝临时指定。若在"赦"时是"赦书临时定罪名特免及减降从轻重，可以不在此限"②。此即特赦。这样，朝廷通过把特别性质的罪名排除，建立起赦死罪与打击罪大恶极者相统一的制度。③

概言之，中国古代赦宥制度在春秋以后，慢慢地发展出复杂的制度体系和制度实践，与中国古代社会死刑制度想要实现的威慑与仁政双重目的相适应。不同的"赦宥"在死刑适用上具体可以分为免、减、赎三类。通过这三种途径，中国古代死刑适用得到一定控制。上述情况的存在同时也说明中国古代在死刑制度及其运用上的困惑和两难境地：一方面，认为对严重犯罪不进行刑杀，不足以维持、巩固皇权；另一方面，认为死刑的存在和经常运用又会不利于统治，大量适用死刑会导致大量的生命被剥夺，会导致天事运行不畅，从而影响政权稳固。可以看出，赦宥制度在死刑制度中的运用既是中国传统法律文化的产物，同时也是实现传统文化价值取向的路径依赖。④ 这种在死刑制度上的纠结在中国古代一直都存在。

第四节 针对特定人的刑事政策思想

针对特定人的刑事政策思想主要是因年龄、性别、亲属关系、职务身

---

① 《全唐文·太宗二》。
② 《大明会典》之《刑二·名例律下·常赦所不原》。
③④ 参见胡兴东：《赦宥在中国古代死刑适用中的作用》，见 www. studa. net/xingfa/081114/13000183. html 37K 2008—11—14。

份等群体的特殊性而形成的立法、司法处遇政策主张。本节选取矜老恤幼、亲亲相隐来论述古代关于特定人的刑事政策思想。

一、矜老恤幼

此前，我国已有学者分别探讨我国古代老年人的刑事责任与未成年人犯罪的刑事政策①，但当笔者试图进行这两方面的梳理时，却发现传统的经史子集与法律规条中对老幼的刑事责任或刑事政策往往都是一同规定的，所以下文在论述矜老恤幼的刑事政策思想时也不着意分别展开。

中国古代的"矜老恤幼"传统可以追溯到原始社会。《礼运·大同》说，在我国原始社会时期，就已经有了"老有所终""幼有所长"的传统习惯。不过，在原始社会中，"矜老恤幼"是作为一种道德观念而存在的，最早在法律中明文规定矜老恤幼的是西周刑法。

（一）矜老恤幼刑事政策思想法律化的历程

在西周时期，就有减免老幼刑罚的三宥三赦制度。在现存资料中，《周礼·秋官·司寇》中的"三宥、三赦"是关于减免罪责制度的最早规定："一宥曰不识，再宥曰过失，三宥曰遗忘。一赦曰幼弱，再赦曰老旄，三赦曰蠢愚。"这里三赦中有两赦与老幼有关：一是"幼弱"，又称为"悼"；二是"老旄"，是指老年人。《礼记·曲礼》说："七十曰老而传，八十、九十曰耄，七年曰悼。悼与耄，虽有罪，不为刑焉。"汉朝经学家郑司农给幼弱、老耄作注时说："若今律令，年未满八岁，八十岁以上，非手杀人，他皆不坐。"②"蠢愚"是指智力低下者。三宥是指对误杀、过失行为及过失杀伤都可予以减免刑罚，三赦是指对未成年人、智力低下者及年老者犯罪可以根据情况不予追究刑事责任。从制度成熟的程度看，此非创始于周代，而是承自商代甚至夏代。③ 三赦的对象——幼弱、老旄和蠢愚，在商周都可以是犯罪主体，只是免除刑罚而已。唐宋明清都不存在完全免责的老小废疾人，实际与汉代并无不同，而与三代相反。④《周礼·秋官·司寇》还在盗窃罪里规定："凡有爵者，与七十者，与未龀者，皆不为奴。"龀者，是换牙的意思，一般指男八岁、女七岁。在战国初期

---

① 参见张利兆：《"仁政"思想与我国古代未成年人犯罪刑事政策》，《青少年犯罪问题》，2005（6）；雷海峰：《我国古代未成年人犯罪刑事政策初探》，《青少年犯罪问题》，2005（4）。

② 《十三经注疏》。

③ 参见蔡枢衡：《中国刑法史》，北京，中国法制出版社，1982，第174页。

④ 参见上书，第184～186页。

制定的中国历史上第一部比较系统的封建刑事法典《法经》中，有关于矜老恤幼内容的规定："罪人年十五以下，罪高三减，罪卑一减。年六十以上，小罪情减，大罪理减"①。

西汉时期的《汉律》九章中虽然没有关于矜老恤幼内容的规定，但是随着社会的发展，在一些皇帝的诏书中渐渐有了矜老恤幼的内容，而皇帝的诏书是法律的一种形式，具有法律约束力。汉惠帝即位时规定："民年七十以上，若不满十岁，有罪当刑者，皆完之。"② "当刑者完之"，就是指应处肉刑的从轻处罚，皆处剃发刑；若是应处死刑的罪，仍应依法处罚。后来汉景帝后元三年（公元前141年）诏曰："高年长者，人所尊敬也……其著令：年八十以上八岁以下，及孕者未乳，师、侏儒当鞫系者，颂系之。"③ 即八十岁以上、八岁以下，孕妇、乐师、侏儒犯罪可以不加桎梏等刑具。汉宣帝元康四年（公元前62年）诏曰："朕念夫耆老之人，发齿堕落，血气既衰，亦无暴逆之心，今或罗于文法，执于囹圄，不得终其年命，朕甚怜之。自今以来，诸年八十以上，非诬告、杀、伤人，它皆勿坐。"④ "勿坐"就是不构成犯罪，不给予刑罚处罚。也即八十岁以上的老人除犯诬告罪、杀人罪、伤害罪外，皆不负刑事责任。成帝鸿嘉元年（公元前20年）定令："年未满七岁，贼斗杀人及犯殊死者，上请廷尉以闻，得减死。"⑤ 东汉光武帝建武三年（27年）下诏："男子八十以上，十岁以下，及妇人从坐者，自非不道、诏所名捕，皆不得系。"⑥ 后来明确规定："年未满八岁或八十岁以上，非手杀人，皆不坐。"⑦ 也即八岁以下、八十岁以上的人除犯亲手杀人罪外，不负刑事责任。

魏晋南北朝时期，据《晋书·刑法志》记载，晋律规定："若八十，非杀伤人，他皆毋论。"⑧ 即八十岁以上老年人除杀伤人罪之外皆不负刑事责任。《魏书·刑罚志》载北魏律曰："年十四以下，降刑之半，八十及九岁，非杀人不坐，拷问不逾四十九。"⑨ 这表明，在北魏时，满一定年岁的老年人除杀人罪外不负刑事责任，对十四岁以下的未成年犯量刑时要减免一半的刑罚量。南朝《梁律》规定："疬罪囚八十以上十岁以下及孕

①⑦　《十三经注疏》。

②　《汉书·惠帝纪》。

③④⑤　《汉书·刑法志》。

⑥　《后汉书·光武帝纪》。

⑧　《晋书·刑法志》。

⑨　《魏书·刑罚志》。

妇、盲者、侏儒，生非死罪除名。"耐，是古时一种剃掉胡须两年的刑罚。《汉书·高帝纪》说："耐以上请之。"应劭注曰："轻罪不至于耐，完其耐鬓。故曰耐。"《后汉书·光武帝纪》解释为："耐罪亡命。""耐，轻刑之名。一岁刑为罚作，二岁刑以上为耐。"可见，在南朝八十岁以上的人犯耐罪的不负刑事责任。隋朝在《隋书·刑法志》中规定，"耐罪囚八十以上以除名之罪"。

集中国封建法律之大成的《唐律》在矜老恤幼的规定方面，较之以前有了长足的发展。《唐律·名例律》"老小及疾有犯"条规定："诸年七十以上、十五以下及废疾，犯流罪以下，收赎。（犯加役流、反逆缘坐流、会赦犹流者，不用此律；至配所，免居作。）八十以上、十岁以下及笃疾，犯反、逆、杀人应死者，上请；盗及伤人者，亦收赎。（有官爵者，各从官当、除、免法）余皆勿论。九十以上，七岁以下，虽有死罪，不加刑；（缘坐应配没者不用此律）即有人教令，坐其教令者。若有赃应备，受赃者备之。"宋、明、清各代关于矜老恤幼的规定，基本上都沿用了《唐律》的规定。

《辽史·刑法志》规定："民年七十以上，十五以下犯罪者，听以赎论。"《宋刑统·名例律》之"老幼废疾及妇人犯罪条"完全承袭了《唐律》的有关规定。《大明律》"老小废疾收赎"条规定："凡年七十以上、十五以下及废疾，犯流罪以下收赎。八十岁以上、十岁以下及笃疾，犯反逆杀人应死者，议拟奏闻，取自上裁。盗及伤人者，亦收赎。余皆勿论。九十以上、七岁以下，虽有死罪，不加刑。其有人教令，坐其教令者。若有赃应偿，受赃者偿之。"但也有例外，七十岁以上、十五岁以下及废疾，犯死罪及犯谋反逆叛缘坐应流，若造畜蛊毒，采生折割人，杀一家三人，家口会赦犹流者，不用此律；九十岁以上犯反逆者，不用此律。尽管如此，此条亦显现出"优老怜幼、矜不成人者"之意。①

《大清律例》对这一问题的规定应该算是最完整的，因为不仅有律文规定，还有很多条例，即律之下还有例。《大清律例》之"老小废疾收赎"条规定：

> 凡年七十以上、十五以下及废疾（瞎一目折一肢之类）犯流罪以下收赎（其犯死罪及犯谋反、叛逆、缘坐应流，若造畜蛊毒，采生折割人，杀一家三人，家人会赦犹流者，不用此律，其余侵损于人，一

---

① 参见（明）雷梦麟：《读律琐言》，怀效锋、李俊点校，北京，法律出版社，2000，第36页。

应罪名，并听收赎，犯该充军者，亦照流罪收赎）。八十以上、十岁以下及笃疾（瞎两目折两肢之类），犯杀人（谋故斗殴）应死（一应斩绞）者，议拟奏闻（犯反逆者不用此律），取自上裁。盗及伤人（罪不至死）者，亦收赎（谓既侵损于人，故不许全免。亦令其收赎）。余皆勿论（谓除杀人应死者上请，盗及伤人者收赎之外，其余有犯皆不坐）。九十以上、七岁以下，虽有死罪不加刑（九十以上犯反逆者不用此律）；其有人教令，坐其教令者，若有赃应偿，受赃者偿之（谓九十以上七岁以下之人皆少智力，若有教令之者，罪坐教令之人；或盗财物，旁人受而将用，受用者偿之，若老小自用，还着老小之人追征）。

这是律文里的规定，和《唐律》里的规定基本上是相同的。在此律之后规定有 9 条例文：

一、凡老幼及废疾犯罪律该收赎者，若例该枷号，一体放免，应得杖罪，仍令收赎。

二、内外现审人犯，不应具题者，若有老小废疾，俱照律完结外，其直隶各省审拟具题案内人犯，果有老小废疾者，该督抚察明，取具地方官印结具题，照律收赎，如实非老小废疾，徇情题免，事发者，将出结转详官并督抚交部议处，其到部人犯，有告称年老，及在中途成疾者，察明实系老疾，亦得收赎。

三、教令七岁小儿殴打父母者，坐教令者以殴凡人之罪；教令九十老人故杀子孙者，亦坐教令者以杀凡人之罪。

四、每年秋审人犯，其犯罪时年十五以下及现在年逾七十，经九卿拟以可矜，恩宥免减流者，俱准其收赎，朝审亦照此例行。

五、凡瞎一目之人，有犯军流徒杖等罪，俱不得以废疾论赎，若殴人瞎一目者，仍照律科罪。

六、……

七、七岁以下致毙人命之案，准其依律声请免罪，至十岁以下斗殴毙命之案，如死者长于凶犯四岁以上，准其以律声请，若所长三岁以下，一例拟以绞监候，不得概行声请。至十五岁以下，被长期辱，殴毙人命之案，确查死者年岁系长于凶犯四岁以上，而又理曲逞凶，或无心戏杀者，方准援照丁乞三之例（见下文），声请恭候钦定。

八、凡年七十以上，十五以下及废疾犯流罪以下者，准其收赎一次，详记档案。若收赎之后，复行犯罪，除因人连累过误入罪者仍准其照例收赎外，如系有心再犯即各照应得罪名，按律充配，不准再行收赎。

九、……①

其中第六条是关于笃疾死罪在秋审中的分类，第九条是关于老疾诬告，具体内容本书略去。通过《大清律例·名例律下》这些例文可以看出，清代对"老小废疾"犯罪的规定比较详细，其中既有关于程序性的规定（例之二、四条），也有对律文进行解释适用的规定（例之五、七条），还有对律文中没涉及的问题进行补充的内容（例之一、三、八条）。尤其值得注意的是第七条例文，它详细规定了七岁至十岁和十岁至十五岁幼童毙死人命案可以按律申请的条件。这些条件主要分为两个：一个是死者必须比凶犯大三岁或四岁，另一个是死者须对凶犯理曲逞凶。这前一个条件具体明了，可操作性强；后一个条件中"理曲逞凶"则较为概括，给了办案官员较大的自由裁量权。《刑案汇览》中总共汇编有九个此类案件，其中四个允许减免收赎，另外五个则不允许。其中有两个案件情节几乎都一样，但是判决完全相反。关于七岁以下幼儿犯罪，《刑案汇览》中收录有两个案件，都是依照律的规定，判决免罪。这说明，在这一类案件中，法官还是严格执行律令的。对于老人犯罪，《刑案汇览》中总共有十二个案件，有八例允许减免，有四例不允许减免。不允许减免的主要理由是办事官员认为犯罪的老人虽然已年老，但是智力仍然齐全。针对其中一个案例，刑部的官员说："其年虽老，智虑未衰，若亦准其收赎，幸免治罪，仍得扰累乡愚，是非所以儆刁健而息讼端。"②

这里择取一典型案例丁乞三之例，从中可以看出古代对未成年人犯罪从宽处罚的刑罚适用：

> 雍正十年，江西巡抚题：丁乞三仔殴死无服族兄丁狗仔一案奉旨：丁乞三仔年仅十四，与丁狗仔一处挑土。丁狗仔欺伊年幼，令其挑运重筐，又将土块掷打。丁乞三仔拾土回掷，适中丁狗仔小腹，殒命。丁乞三仔情有可原，著从宽免死，照例减等发落，仍追埋葬银两给付死者之家。钦此。恭纂为例历久遵行。③

---

① 《大清律例·名例律下》。
② 参见姚志伟：《略论中国古代刑事责任年龄制度》，《南华大学学报（社会科学版）》，2005（1）。
③ 《刑案汇览》卷四《老小废疾收赎》。

（二）矜老恤幼刑事政策思想法律化的分析

现代有学者从刑事责任角度研究古代老幼犯罪问题。例如，钱大群教授在《唐律研究》一书中对唐律进行了细致的解读，其中认为唐律中"诸年七十以上、十五以下及废疾，犯流罪以下，收赎；八十以上、十岁以下及笃疾，犯反、逆、杀人应死者，上请，盗及伤人者亦收赎，余皆勿论；九十以上，七岁以下，虽有死罪不加刑"这段话，表示的便是唐律中关于刑事责任年龄的规定。他认为，唐律中的刑事责任年龄可分为三个阶段：超过十五岁、未满七十岁为负完全刑事责任年龄阶段；七十岁以上、未满九十岁及十五岁以下、超过七岁是减轻刑事责任年龄阶段；九十岁以上及七岁以下是不负刑事责任年龄阶段。他还指出了唐律划分刑事责任年龄的四个特点：一是以年老为刑事责任减弱的主要条件；二是把幼年刑事责任的年龄划得很低；三是刑事责任年龄划分的指导思想是对老幼的怜悯、同情；四是在重大犯罪面前不存在不负刑事责任的年龄范围。[1] 古代虽然没有"刑事责任"这一概念，但是，事实上法典中对老幼因年龄、智力等因素而减免刑事处罚的情形普遍存在。

然而，我们也要看到，"三赦"是与"三刺""三宥"等制度联系在一起的，这些制度从古人的立场上来说是君主恤刑的表现："此言三刺、三宥，而复及于三赦则先王谨刑之意尤详焉"；"君臣合于八议，万民合于三赦、三宥，则又非断狱讼者之职，乃所以示一人之恩"[2]。其实在古人那里，三赦制度更强调的是德政所蕴含的慎刑的一面，而主要不是从刑事责任理论角度立论的，这在前述引用《周礼》原文时已做了较深入的分析。

明朝董说在《七国考》中引用了西汉桓谭《新论》中的一段话："秦、魏两国，深文峻法相近……其减律略曰：罪人年十五以下，罪高三减，年六十以上，小罪情减，大罪理减。"从这段话中我们可以看出在战国时代已有类似"老小废疾"减轻处罚这样的制度了。

从前文所引汉宣帝诏令——"朕念夫耄老之人，发齿堕落，血气既衰，亦无暴逆之心，今罗于文法，执于囹圄，不得终其年命，朕甚怜之。自今以来，诸年八十以上，非诬告杀伤人，它皆勿坐"——可以看出，当时对八十岁以上老年人进行宽宥的原因有两个方面：第一，老年人从意志和体力来说犯罪的可能性都很小了；第二，从儒家矜老的角度出发，使老

---

[1] 参见钱大群：《唐律研究》，北京，法律出版社，2000，第177~178页。
[2] 《周官总义》卷二二。

年人不至于"不得终其年命"。若进一步推论，也许可以得出这样的结论：中国古代对老、幼、残疾等人的犯罪予以宽宥，一方面是基于这些特殊人群与一般人相比，在意志和行为能力上是具有缺陷的或者说是处于减弱状态，他们可能造成的社会危害性也没其他人群的大；另一方面，也是更为重要的，这种宽宥是儒家"矜老爱幼""恤刑"等原则在刑罚运用上的一种体现。把这一制度与"存留养亲"制度等量齐观是完全可以的。对于这一点，明人雷梦麟的《读律琐言》中的一段话可资证明："此律当与犯罪存留养亲条并看，盖优老怜幼、矜不成人者，此条之意也。"不管统治者基于何种主观目的的考虑，客观上对这些特殊的弱势群体在刑罚处罚上都倾注了一些人性关怀。

在唐代，中国古代法律进入了发展的鼎盛时期。在这一时期，封建法律制度已发展成为一个相当成熟的体系，这一法律体系主要表现为《唐律》。《唐律》坚持了古代刑事立法"矜老恤幼"的一贯原则，以《周礼》等儒家经典为理论依据，对矜老恤幼作出了系统的规定。从结构上看，《唐律》中关于矜老恤幼的规定主要集中在总则性的《名例律》中，但某些特殊情况也散见于其他各篇中，体现了原则性与灵活性的巧妙结合。从内容上看，《唐律》关于矜老恤幼的规定相当完备，衔接紧密，很少有疏漏或不一致的地方，而且在如何确定刑事责任年龄上，《唐律》也有所创造。可以说，《唐律》的这些规定体现了很高的立法水准，也成为后世王朝和周边国家立法的典范，宋元明清基本上都沿用了《唐律》关于"矜老恤幼"的规定。《唐律》采取了有利于犯罪人的做法，充分体现了"矜老恤幼"的立法精神。① 这主要表现在以下几个方面：

（1）以受刑时年龄作为追究"老疾"者刑事责任的计算依据。《唐律疏议》中"犯罪时未老疾"的条款规定，"诸犯罪时虽未老、疾，而事发时老、疾者，依老、疾论"。即如果犯罪人在实施犯罪时，没有达到可以减免刑事责任的年龄，而在事发时达到了这一年龄，则可以按照事发时的年龄来计算。这样，那些在犯罪时并不属于老、疾的人就可以在事发时享有老、疾的优待。这一点与我国现行刑法不同，我国现行刑法在确定犯罪人的年龄时，一般均以犯罪行为实施时的年龄为准。而《唐律》为了体现对于年老以及身患疾病者的怜悯仁爱，采取了以犯罪行为被追究时的年龄为准的做法。这是更为宽宥的做法。例如，《唐律疏议》曰："假有六十九

_____

① 参见刘斌：《浅议唐律中的刑事责任年龄》，《湖北师范学院学报（哲学社会科学版）》，2004（1）。

以下犯罪，年七十事发，或无疾时犯罪，废疾后事发，并依上解'收赎'之法；七十九以下犯反逆、杀人应死，八十事发，或废疾时犯罪，笃疾时事发，得入'上请'之条；八十九犯死罪，九十事发，并入'勿论'之色。"①《唐律疏议》又载："问曰：律云犯罪时虽未老、疾，而事发时老、疾者，依老、疾论。事发以后未断决，然始老、疾者，若为科断？答曰：律以老、疾不堪受刑，故节级优异。七十衰老，不能徒役，听以赎论。虽发在六十九时，至年七十始断，衰老是一，不可仍遣役身，此是役徒内老疾依老疾论。"从这段话中，可以看出当时的立法者强调的是，老、疾之人因身体原因不堪受刑，才对他们进行刑罚上的宽宥，所以，即使犯罪者犯事时没有"老、疾"，只要受刑时已经"老、疾"，就应该对其进行宽宥。② 其着眼点是"老、疾"者的刑罚适应能力减弱。这是有利于犯罪人的。

（2）以行为时年龄作为追究幼小者刑事责任的计算依据。《唐律疏议》中"犯罪时未老疾"的条款规定，"犯罪时幼小，事发时长大，依幼小论"。在这种情况下，以犯罪行为发生时的年龄计算有利于犯罪人。例如，《唐律疏议》曰："假有七岁犯死罪，八岁事发，死罪不论；十岁杀人，十一事发，仍得上请；十五时偷盗，十六事发，仍以赎论。"③这种规定与我国现行刑法相似，以有利于被告为原则。这有利于保护未成年人，是相当科学合理的。

（3）犯罪时未"老、疾"，而刑罚执行过程中"老、疾"的，比照犯罪时"老疾"处罚。《唐律疏议》中"犯时未老疾"条规定，"若在徒年限内老、疾，亦如之"。也即如果犯罪人在刑罚执行过程中到达"老、疾"的标准，那么对于没有执行完毕的刑期，可以按照"老、疾"用赎刑来处理。例如，六十九岁以下配徒役，或役限未满，年满七十岁；或者在配役时无疾，配役期间内成废疾，均可以依律收赎。

《唐律》大量引用《周礼》等儒家经典，并根据这些儒家经典的相关内容对刑事责任年龄进行划分。例如，《唐律》根据《周礼》中"年七十以上及未齿者，并不为奴"，规定年七十岁以上、十五岁以下及废疾，犯流罪以下，收赎；根据《周礼》中"三赦"之法，规定八十岁以上、十岁以下及笃疾，犯反、逆、杀人应死者，上请；根据《礼记》，规定九十岁以上，七

---

① ③ 《唐律疏议·名例律》。
② 参见姚志伟：《略论中国古代刑事责任年龄制度》，《南华大学学报（社会科学版）》，2005（1）。

岁以下，虽有死罪，不加刑。在解释为何如此划分时，《唐律疏议》进一步阐明是出于"爱幼养老之义也"①，也就是我们今天所说的出于人道主义考虑。

这种礼与法的融合，较为周全地考虑到了中国社会的传统和普通民众的心理，也表明看似简约的法律条文背后蕴含着深厚的理论基础。这样，不仅给残酷的封建刑法带来了一丝温情，也为封建统治者博得一些仁政的美名。可这种所谓的仁义是极其有限的：任何时候，一旦统治受到威胁，这种仁义就会荡然无存。这在谋反、谋逆罪上表现得最为明显：由于这些罪最能够触动封建统治者敏感的神经，所以历朝历代都将谋反等罪行规定为最严重的犯罪，处以最严重的刑罚。在谋反、谋逆罪上，不存在完全不负刑事责任的人。例如，《魏律》在规定"年十四以下，降刑之半，八十及九岁，非杀人不坐，拷问不逾四十九"的同时，又规定"大逆不道腰斩，诛其同籍，年十四以下腐刑，女子没县官"②。即使是刑罚相当平允的《唐律》也规定："父祖反、逆，罪状已成，子孙七岁仍合配役"③。在其他一些朝代，刑罚就更为严酷。例如，根据《大清律例》的规定，凡谋反、谋大逆，只要是共谋者，不分首从，皆凌迟处死。其父子、祖孙、兄弟及同居之人，不分异姓及伯叔父、兄弟之子，不限籍之同异，十六岁以上，不论笃疾废疾皆斩。即使子孙确不知情，十一岁以上，也要阉割后发往新疆给官为奴。④ 这些规定，说明了在中国古代刑事法律中，是不存在完全不负刑事责任年龄阶段的。此外，受"准五服以定罪"的制约，对于卑幼侵犯尊长尤其是杀伤类犯罪，法律是要加重对卑幼的处罚的，尽管对年幼者犯罪有宽免，但侵犯尊长仍然要作为加重情节予以考虑。

此外，存留养亲也是"矜老"的一种体现。晋咸和二年（327 年）勾容令孔恢罪至弃市，皇帝诏曰："恢自陷刑网，罪当大辟，但以其父年老而有一子，以为恻然，可悯之。"⑤ 瞿同祖先生说，这是最古因体念犯亲年老无侍而特免死刑的一事。但只是出于人主一时之见，尚未成为规定，最早见于法律的当推北魏：祖父母父母年七十以上更无其他成年子孙，又旁无期亲者，可具状上请。⑥ 唐以后历代皆仿此遗制而明定于法典中。唐宋元明清律规定，犯了死罪，只要不是不赦重罪，直系尊亲属老或笃疾应侍，家无成丁者，皆可上请，由皇帝裁决是否准许。子孙犯了徒流罪，在

---

① ③　《唐律疏议·名例律》。

②　《魏书·刑罚志》。

④　参见朱勇：《中国法制史》，北京，法律出版社，1999，第 408 页。

⑤　转引自瞿同祖：《中国法律与中国社会》，北京，商务印书馆，1981，第 62 页。

⑥　参见《魏书·刑罚志》。

刑期未满以前也不能在侧侍养，所以法律上也有缓刑的规定。魏《法例律》规定，犯流罪而祖父母、父母年老，无人侍养者，鞭笞留养，亲终从流，不在原赦之列。唐朝、宋朝法律规定，父母老疾无人侍养者，流罪亦可权留养亲，但不在赦列，如以后家有进丁或亲终已期年，留养的对象已不复存在，留养便失去意义，所以仍须流配。明清法律规定，凡是犯徒流刑而合乎留养条件的，止杖一百，余罪收赎，存留养亲。留养之后，亲终亦不再流配。此较魏朝法律、唐朝宋朝法律为宽。①

犯死罪或徒流罪而存留养亲之意原在体贴老疾无侍之犯人尊亲，本是以孝为出发点的，并非姑息犯人本身。这是由中国浓重的孝文化所决定的。如果犯人平日不孝，留在家里徒然惹父母生气，父母依然无人侍奉，那恰与劝孝的精神背道而驰，和留养的原意大相径庭，所以不准申请存留养亲。不要说恶逆不孝已经是重罪了，即便曾经触犯父母，素习匪类，为父母所摈逐，及在他省获罪，审系游荡他乡远离父母、忘亲不孝者，也是没有申请留养的资格的。②

综上，矜老恤幼是统治者长期推行的有限的宽免政策，体现了儒家仁政和"恤刑"的思想，在一定程度上冲淡了法律的残酷性，从而让刑罚显得宽缓一些，有利于缓和社会矛盾，有利于取得民众对统治者的支持。"矜老恤幼"在立法上的价值取向与现代刑法、刑事政策有相通之处，现行刑法与宽严相济刑事政策都有关于对老年人与未成年人从宽处罚的规定。但在古代阶级统治与礼教纲常弥漫的氛围中，"矜老恤幼"思想有其局限性。统治阶级为了维护其统治，总是将危害统治地位的行为或者有可能危害统治地位的行为列为重罪进行严厉打击，在这些重罪中，"矜老恤幼"政策思想是没有发挥作用的空间的。在"贵贱、尊卑、长幼"的家庭伦理制约下，未成年人又是涉家庭伦理犯罪重惩的对象。

二、亲亲相隐

自古以来，中国社会就是一个非常注重伦常纲纪的社会，"亲亲相隐"的刑事政策思想在中国古代历朝的法律中均有体现。

（一）亲亲相隐刑事政策思想的理论渊源

在亲属犯罪时，人们应当互相为容隐、不得告发，这本是春秋、战国以来儒家的一种理想。汉武帝"罢黜百家，独尊儒术"之后，儒家思想获

---

① 参见瞿同祖：《中国法律与中国社会》，北京，商务印书馆，1981，第63页。
② 参见上书，第64页。

得了治理国家指导思想的正统地位，于是"亲亲相隐"便成为一种治国理政的重要的刑事政策思想。其理论根据自然可以从春秋、战国以来儒家思想中去寻求。儒家思想的重要载体便是儒家经典，诸如《论语》《孟子》《荀子》等。

1. 亲属间包庇犯罪行为之非罪或不罚的理论渊源

《论语·子路》载"攘羊"之事：

> 叶公语孔子曰："吾党有直躬者，其父攘羊，而子证之。"孔子曰："吾党之直者异于是。父为子隐，子为父隐，直在其中矣。"

孔子认为，父亲偷羊，儿子告发，儿子的行为不叫正直；父子犯事，父亲为儿子隐瞒，儿子为父亲隐瞒，这才叫正直。亲属相容隐，经孔子倡导阐发后，成为儒家学说中一个重要的道德原则。"父子"相互包庇，与父慈子孝的伦理相贯通。"父为子隐"体现了父母长辈对子女晚辈的慈爱之心，"子为父隐"体现了子女晚辈对父母长辈的孝道。此开启了后世亲属间包庇犯罪行为之非罪或不罚的理论先河。

2. 通风报信、帮助逃匿行为之非罪或不罚的思想渊源

《孟子·尽心上》载"窃负而逃"之事：

> 桃应问曰："舜为天子，皋陶为士，瞽瞍杀人，则如之何？"孟子曰："执之而已矣。""然则舜不禁与？"曰："夫舜恶得而禁之？夫有所受之也。""然则舜如之何？"曰："舜视弃天下，犹弃敝蹝也，窃负而逃，遵海滨而处，终身訢然，乐而忘天下。"

通过孟子与其弟子桃应之间的对话可以看出，孟子认为，如果舜的父亲杀人了，舜依法不能阻止司法官皋陶逮捕他的父亲，但是舜可以将犯了杀人罪的父亲"窃负而逃"。这表明，在孟子看来，帮助亲属脱逃，应免受法律制裁，并不受道德舆论的谴责，反受世人德性之唯美的称赞。从孝道而言，这体现了百事孝为先的伦理取向。同时，这也是后世"漏泄其事，摘语消息"即通风报信、帮助亲属逃匿行为之非罪或不罚的思想渊源。

3. 亲属间不诉的理论渊源

《荀子·宥坐》载"父子讼"之事：

> 孔子为鲁司寇，有父子讼者，孔子拘之，三月不别，其父请止，孔子舍之。季孙闻之，不悦曰："是老也欺予，语予曰：为国家必以孝，今杀一人以戮不孝，又舍之。"冉子以告，孔子慨然叹曰："呜呼！上失之，下杀之，其可乎？不教其民而听其狱，杀不辜也；三军

大败，不可斩也；狱犴不治，不可刑也，罪不在民故也。"

这则故事触及了犯罪原因的分析。孔子认为父子相讼的原因是国家没有教化好百姓，虽然强调以孝治天下，但是不能没有教化他就杀了他，所以治理国家更重要的是强调教化的作用。这则故事蕴含的法理成了后世亲属间不诉的理论渊源。后世也不断有人阐发"亲属相容隐"理论的根据，但基本上都是遵循着孔孟荀之道。如汉朝班固《白虎通》之解说："兄弟相为隐，与父子同义；朋友相为隐者，人本接朋结友，为欲立身扬名也。朋友之道四焉：通财不在其中，近则正之，远则称之，乐则思之，患则死之。"《晋书·刑法志》载卫展云："相隐之道离，则君臣之义废；君臣之义废，则犯上之奸著矣。"足见其视相隐之道为君臣之义的根基。

（二）亲亲相隐刑事政策思想的法律化历程

"亲亲相隐"思想经过一代代儒学大师微言大义的阐发，获得了家国之间的广泛认可。自秦汉开始，亲亲相隐刑事政策思想便逐步走上了法律化的历程。

1. 秦律规定子为父隐为法律义务

有学者认为，在亲亲相隐问题上，儒家和法家有着尖锐的对立。儒家主张亲亲相隐，法家则反对之。证之于史，此论不确。中国的亲属容隐观念和制度萌芽，可能应上溯至春秋时期，但最早将容隐政策法律化的似乎是秦律："子告父母，臣妾告主，非公室告，勿听。而行告，告者罪"①。尽管其时，曾有商鞅变法"鼓励告奸"，鼓励人们相互告发，但不准告发父母。这似乎与法家"一断于法"的风格不符。其实，秦汉时期，随着国家的统一，自战国末期出现的学术思想的综合倾向更为明显，所以儒、道、法、墨、阴阳诸家由对立走向了相互吸收与借鉴，因此法家吸收儒家亲属容隐观念并非历史的怪异。杨鸿烈在《中国法律思想史》一书中说，关于亲亲相隐"这些儒家传统的说法到了汉代居然成为国家的律文"，所以杨鸿烈根据汉代的律文认为亲亲相隐法律化始自汉律。② 杨鸿烈著此书是在中华人民共和国成立前，其时《云梦秦简》尚未出土，由于史书记载的欠缺，他自然不知道秦律对亲亲相隐已有规定。

秦律不许告发父母或证实父母有罪，片面强调子女对父母的隐匿义务；父为子隐尚未法律化；视告父母为不道德行为甚至轻罪；尚未允许隐

---

① 《云梦秦简·法律答问》。
② 参见杨鸿烈：《中国法律思想史》，北京，商务印书馆，1998，第156页。

匿父母以外的其他亲属。这是亲亲相隐法律化的第一阶段①，实现了由道德向法律的转变。

2. 汉初至南北朝尊长为卑幼隐罪初见端倪并反对强迫亲属互证有罪

父慈子孝、夫唱妇随、邻里和睦是礼教熏陶下的中国人向往的社会风气。这种观念对中国古代的法律影响深远。尽人之情、维护和睦是中国古代立法与执法的重要原则。

自汉代以后，法家的"告奸"主张受到了普遍的批判，因为"告奸"离间了亲人、朋友的感情，使人重利轻义。衡山王刘赐的太子刘爽派人到长安告发其父与其弟谋反朝廷，结果自己反被判以"不孝"罪，身受"弃市"之极刑。② 这表明，告父亲是"不孝"重罪，要处死刑。这开创了此后两千余年封建社会的传统。

汉武帝时，临汝侯灌贤因首匿犯伤人罪的儿子，被免爵。③ 这说明当时法律尚不允许父为子隐。但很快"子为父隐，父为子隐"的双向隐匿初见端倪。宣帝专门下诏："父子之亲，夫妇之道，天性也。虽有祸患，犹蒙死而存之，诚爱结于心，仁厚之至也，岂能违之哉！自今子首匿父母，妻匿夫，孙匿大父母，皆勿坐；其父母匿子，夫匿妻，大父母匿孙，罪殊死，皆上请廷尉以闻。"④ 这一诏令首次从人类亲属相爱护的本性上解释了容隐制度的立法理由，同时首次用容隐的形式正面肯定了妻、子、孙为夫、父、祖隐罪在法律上的正当性。⑤ 而且以前不允许尊长为卑幼隐罪的做法在法律上已有所松动，为儒家所主张的"亲亲相隐""子为父隐，父为子隐"成为立法制律的原则开辟了道路。对此，明朝政治家、思想家丘浚在《大学衍义补》中说："按律文亲属得相为容隐始此，然宣帝诏所匿者止许父子、夫妇、祖孙，而与兄弟及从子之于世父季父阙焉，必若今律文凡有亲属除谋反大逆外，虽奴婢雇工人为家长，亦在勿论之限，深得先王以刑弼教之意。"⑥ 丘浚在这里首先认为亲属得相为容隐始自宣帝诏书；其次指出宣帝所确立的亲属得相为容隐制度尚存在缺陷，即没有规定"兄弟及从子之于世父季父"之间"得相为容隐"；最后对其所生活的时代明朝采取的较为宽泛的亲亲相隐制度给予了高度肯定。

① 参见范忠信：《中西法文化的暗合与差异》，北京，中国政法大学出版社，2001，第69页。
② 参见《汉书·衡山王传》。
③ 参见《汉书·高惠高后文功臣表》。
④ 《汉书·宣帝纪》。
⑤ 参见范忠信：《中西法文化的暗合与差异》，北京，中国政法大学出版社，2001，第70页。
⑥ （明）丘浚：《大学衍义补》卷之一百七《议当原之辟》。

至于尊长为卑幼隐罪的理由，古人已有洞见。秦法之失，最主要者就是株连太广，这当与其"民人不得相为隐""鼓励告奸"的立法原则有关。汉武帝时，代表民间呼声的贤良文学抨击汉初承秦制之弊、株连太广、伤及人的尊严的处遇时，所依据的理论武器正是孔子"父子相隐"理论：

> 今废其德教而责之以礼义，是虐民也。春秋曰：子有罪执其父，臣有罪执其君，听失之大者也。今以子株父，以弟株兄，亲戚相坐，什伍相连，若引根本之及华叶，伤小指之累四体也。如此则以有罪株及无罪，无罪者寡矣……自首匿相坐之法立，骨肉之恩废，而刑罚多矣。父母之于子，虽有罪犹匿之，岂不欲服罪尔？闻'子为父隐，父为子隐'，未闻父子之相坐也。闻'兄弟缓追以逸贼'，未闻兄弟之相坐也。闻'恶恶止其人'，'疾始而株首恶'，未闻什伍之相坐也。①

在这些主张的影响下，几十年后产生了汉宣帝"亲亲得相首匿"之法。亲属间相互告发不仅为社会舆论所不齿，而且也为法律所不容。此时，谋叛以上国事重罪也不能告发。

对被告亲属"强相掠理"以取证言的做法也逐渐被废除。只要容隐权利不被承认，就必然会对被告的亲属"强相掠理"以取证言。曹魏时"旧法，军征士亡，考竟其妻子"，善法治的高柔、律学家卢毓等谏阻，曹操废之。② 东晋元帝时又有"考子证父死刑，或鞭父母问子所在"之诏令，大理卫展谏曰：此诏令"伤顺破教，如此者众，相隐之道离，则君臣之义废"。元帝纳谏废之。③ 南朝宋时侍中蔡廓建议："鞫狱不宜令子孙下辞明言父祖之罪，亏教伤情，莫此为大！自今但令家人与囚相见，无乞鞫之诉，使足以明伏罪，不须责家人下辞。"朝议以为此论公允，于是法律不再要求子孙作证。④ 南朝梁时"一人亡逃，则举家质作"，株连极广。棱陵老人遮道向梁武帝进谏此举不人道，梁武帝遂废之。⑤ 梁武帝时任提女坐诱口当死，其子景慈对鞫，证实其母有罪。法官虞僧虬启称："案子之事亲，有隐无犯……陷亲极刑，伤和贬俗。凡乞鞫不审，降罪一等，岂得避五岁之刑，忽死母之

---

① （汉）桓宽：《盐铁论·周秦》。
② 参见《三国志·魏志·高柔传》《三国志·魏志·卢毓传》。
③ 参见《晋书·志第二十章·刑法志》。
④ 参见《宋书·列传·卷五十七·蔡廓传》。
⑤ 参见《隋书·刑法志》。但直到清末审刑案，州县狱吏动辄"拘来一干人证"，其中常常是亲属哀号恸天。

命! 景慈宜加罪辟。"于是下诏将证实母亲有罪的儿子流放于交州。① 唐以后的法律都明文规定,于律得相容隐的亲属皆不得令其为证,违者有罪。

这是亲亲相隐法律化的第二阶段,主要特征有:在实体上承认卑幼为尊长隐罪,尊长不得为卑幼隐罪的规定出现了松动;在程序上反对强迫亲属之间互证有罪。此外,尚未见谋叛以上国事重罪不得相隐之立法。

3. 隋唐至清末变法前矫正了容隐对国家的危害且双向隐匿制正式确立

隋律不存,但唐律继《开皇律》而来,从中可大致了解隋律内容。唐代,"亲亲相隐"进一步发展,《唐律疏议·斗讼律》对亲亲相隐的对立面——亲属相告——规定得很详细:

> 诸告祖父母、父母者,绞。〔疏〕议曰:父为子天,有隐无犯。如有违失理须谏诤,起敬起孝,无令陷罪。若有忘情弃礼而故告者,绞。
>
> 诸告期亲尊长、外祖父母、夫、夫之祖父母,虽得实,徒二年。其告事重者,减所告罪一等。即诬告重者,加所诬罪三等。告大功尊长,各减一等;小功、缌麻减二等。诬告重者,各加所诬罪一等。
>
> 诸告缌麻、小功卑幼,虽得实,杖八十。大功以上,递减一等。诬告重者,期亲,减所诬罪二等。大功,减一等。小功以下,以凡人论。②

《唐律·名例》"同居相为隐"条规定:

> 诸同居,若大功以上亲及外祖父母、外孙,若孙之妇、夫之兄弟及兄弟妻,有罪相为隐。部曲、奴婢为主隐,皆勿论。即泄露其事,擿语消息,亦不坐。其小功以下相隐,减凡人三等。若犯谋逆以上者不用此律。

《唐律》为了贯彻落实"同居相为隐"的原则精神,同时规定:(1)不仅藏匿犯罪亲属不罚,就是藏匿犯罪亲属的同案犯"亦不坐"。这里的同案犯可能不是"同居"之亲属,但同样不构成犯罪。(2)泄露、通报捕摄消息,令亲属脱逃者,不罚。(3)审问官不得强逼亲属作证,违者构成犯罪。(4)不得告发尊亲属,被告发的尊亲属视同自首,减免处罚;期亲以下尊卑"相侵犯者"可以告发。(5)不得告发一定亲等范围的卑亲属,但父祖告子孙即使诬告也不构成犯罪;"即诬告子孙、外孙、子孙之妇妾及

---

① 参见《隋书·刑法志》。
② 《唐律疏议·斗讼律》。

己之妾者，各勿论。"被告发者，确有其罪的，按自首从轻论处。① （6）帮助父祖逃脱囚禁后，不得因惧罚复捕得送官。（7）不得捕缚与自己共同犯罪的亲属赴官自首。（8）在审讯中不得已附带吐露亲属之犯罪者，不视为告发。（9）因捕捉与亲属通奸的外人而牵露亲属之奸罪者不视为告发。（10）谋叛以上国事重罪不得相隐，必须告发。直至清末变法以前，容隐制度的内容大致如此。②

《宋刑统·名例律》"同居相为隐"条与《唐律》完全相同。③

《大元通制·诉讼》另有规定："诸子证其父，奴讦其主，及其妻妾侄不相容隐。凡干名犯义为风化之玷者，并禁止之。"《元典章》并录《大德》十年"刑部""礼部"的协议如下："人伦之大，莫大于君臣、父子、夫妇、兄弟之叙，至如刑法之设，正为裨补教化，当以人伦为本。近年有罪者，子证其父，弟证其兄，妇证其夫，奴证其主……其弊至于使人不复知有纲常之理。"④

《大明律·名例律》又复《唐律》之旧，且在《刑律·诉讼》"干名犯义"条规定：

> 凡子孙告祖父母、父母，妻妾告夫及夫之祖父母者，杖一百，徒三年。……若告期亲尊长外祖父母，虽得实，杖一百；大功，杖九十；小功，杖八十；缌麻，杖七十。……其告谋反大逆、谋叛、窝藏奸细……不在干名犯义之限。若告卑幼得实，期亲大功及女婿亦同自首免罪，小功、缌麻亦得减本罪三等。……若奴婢告家长及家长缌麻以上亲者，与子孙卑幼罪同。若雇工人告家长及家长之亲者，各减奴婢罪一等。……

这虽也沿自《唐律·斗讼》，但处分较为减轻。《大清律·名例律》并同《大明律》，另有《条例》一则说：

---

① 参见《唐律疏议·斗讼律》。

② 参见范忠信：《中西法文化的暗合与差异》，北京，中国政法大学出版社，2001，第71页。

③ 与容隐制相表里的是亲属被害后的告发制。和为贵是中国人为人处世的普遍原则。但这一原则唯独不适宜于亲人被害后其亲属与人私和。《宋刑统》规定：祖父母、父母及丈夫被人所害，而与仇家私和者处流二千里之刑。期亲为人所害，而与仇家私和者处二年半徒刑。大功以下亲，减一等。若接受仇家重贿则以盗论处。未与仇家私和，但事过30日未至官府告发者也要受到刑事制裁。在此条之外，《宋刑统》又附加了"详请"条："亲属被杀，受财私和，下民多不知法条，官吏或公然听许。臣等参详，请令后有犯此者，本人准律处分，如官司出首，教令私和者，减二等，容许者，减三等。"禁止被害者亲属与仇人私和，与亲亲相隐制一道，使"亲亲"的人情观渗透于法律之中，增加了人们的家族观念。

④ 《元典章》卷五十三。

　　父为母所杀，其子隐忍至破案后始行供明者，照不应重律，杖八十；如经官审讯犹复隐忍不言者，照违制律，杖一百。若母为父所杀，其子仍听依律容隐免科。①

　　父，至亲也；母，亦至亲也。母杀父，父杀母，皆为罪，为何子为母隐和子为父隐会有罪与非罪的本质差别？这是古代男女不平等在法律上的一种体现。

　　这是亲亲相隐法律化的第三阶段，其主要特征有：由亲亲相隐发展到了同居相隐；规定了谋叛以上国事重罪不得相隐，这从法律上矫正了容隐对国家根本利益的危害；确定了尊长为卑幼隐罪的权利甚至义务，双向隐匿制正式确立。

　　至于被告发的尊长如果所告属实，除缌麻、小功亲本不在相容隐之内，唐宋论如律，明清得减本罪三等外，大功以上尊长及外祖父母（明清又加岳父一项）是同自首免罪的。②

　　这一阶段，关于亲属相为容隐及干名犯义的法律，对于谋反、谋大逆、谋叛的大罪已不再适用。由此可见，家族与国，忠与孝，在并行不悖或相成时，两皆维持，但在两者互相冲突而不能两全时，则国为重，君为重，忠重于孝，所以，普通的罪允许子孙容隐，不许告讦，但危及社稷、背叛国君的重罪为例外。③

　　清末变法以后，急剧的法制变革使中华法系的特征大多洗涤殆尽，而亲属容隐制度经适当改造得以留存。从《大清新刑律》到民国刑法，先后保留了为庇护亲属而藏匿人犯及湮灭证据者不罚、放纵或便利亲属脱逃者减轻处罚、为亲属利益为伪证及诬告者免刑、为亲属顶替自首或顶罪受刑者不罚、为亲属销赃匿赃者得免罚、任何人有权拒绝证明亲属有罪、对尊亲属不得提起自诉等诸多规定。以义务为主要特征的亲亲相隐到以权利为主要特征的亲亲相隐的转变，是这一时期的显著特征。④

　　在中国古代，只有"一准乎礼"的法，人们才会承认其为良法；"礼律两不失"的司法实践，才会为社会所认可。⑤ 亲亲相隐正因为具备了这两个特征才迁延许久。

---

① 《大清律·名例律》"亲属相为容隐"条。
② 参见瞿同祖：《中国法律与中国社会》，北京，商务印书馆，1981，第58页。
③ 参见上书，第59页。
④ 参见范忠信：《中西法文化的暗合与差异》，北京，中国政法大学出版社，2001，第72页。
⑤ 参见马小红：《礼与法》，北京，经济管理出版社，1997，第220页。

第三章　中国传统刑事政策思想的现代借鉴

　　"传统"中的"传"是人类历史的延伸、延续、承袭，"统"是传的精神整体。古人是在先人所创、主导人伦、后人承继的意义上理解所传之统，把"统"作为文明与发展的方向。把"传"与"统"的含义综合起来，"传统"就是人类生活中前后相继、主导人类文明的文化灵魂与精神整体，是在历史进行中延伸着的思想纲领和生活主题。历史事实证明，任何发展只能是内在于文化传统的历史性演进。一旦脱离文化的传统，任何善良的设想与行为都有可能取得相反的结果。因为人既是文化的存在，也是历史的存在，文化在历史中凝聚为思想与实践的传统。从根本的意义上说，传统是打不倒的，也不应该去打倒它。[①] 传统的存在是一个中性的事实，对今人来说，传统总是有利与弊的双面性，而传统又仿佛是一条能穿越时空之链，串着过去、现在与未来。鉴于此，我们对待传统的态度应该是：辩证地看待，批判地继承。

　　中国传统刑事政策思想内容丰富且庞杂，不是寥寥数万言或数十万言能考证梳理清楚的，本书也无意于此。本书也仅旨在于选取在古代社会富有影响力的、在当今建设法治中国过程中依然具有借鉴意义的若干刑事政策思想为研究对象，研究的目的是要回应当今现实，解决理论与实践悖论之难题，为刑事法治现代化的实现提供技术性支持。[②] 本书第二章中所研究的天人合一、德主刑辅、刑罚世轻世重的基本刑事政策思想，立法宽简、严治贪腐的立法政策思想，慎刑恤罚、顺天行刑、慎用死刑的司法政策思想，以及关于特定人的矜老恤幼、亲亲相隐的刑事政策思想，在今天依然具有某种现实意义，其合理因素是祖宗留给我们的珍贵遗产。刑事政

[①]　参见高清海、胡海波：《文化传统的当代意义》，《新华文摘》，1998（4）。

[②]　参见严励：《刑事政策的批判理性——刑事政策的理性思辨之一》，《政治与法律》，2003（4）。

策是司法实践的基本指导思想①，作为今人，我们要倍加珍惜传统刑事政策思想资源，充分发掘利用，以期为当代刑事政策乃至刑事法律的制定与运行提供一点历史智慧，让刑事政策与刑事法律更加完善并发挥其应有的作用。

第一节　传统基本刑事政策思想的现代借鉴

尽管学术研究与政策制定是两种性质不同的工作，但学术研究与政策制定都免不了以现实关怀为取向。选取天人合一、德主刑辅的基本刑事政策思想作为研究对象，是因为它们是中国文化对人类文化的巨大贡献，是实现中华民族的伟大复兴、实现中国特色社会主义法治的本土资源。

一、天人合一：人与自然相和谐的终极追问

将天人合一规约为人与自然之间的和谐，是当代社会基于人与自然之间的内在紧张而提出的，旨在解决人与自然之间的矛盾与冲突的哲学话语。② 同时，天人合一也契合了当代绿色发展的理念，对环境保护法、环境犯罪刑罚制度和环境诉讼程序的完善均有现代价值。

（一）借鉴天人合一思想的现代契机

在古代，因为科学知识的缺乏和医疗手段的欠缺，生老病死随时威胁着人类，所以人对自身常常深感畏惧。人求生的强烈欲望，使人对自身的定位，从来都会逾越人自身，想要去寻求一种使人获得无限和永恒的力量，因而在古代不可避免地带有神人、天人追问的思维定式。天人关系一直是我国伦理政治思想家们关注的重大问题。总体而言，由天人相应走向天人合一，是其思想的大趋向。研究政治哲学的任剑涛教授认为在这一大趋势下有显与隐两条线索。显性线索是：从孔孟到荀子基本上走的是天人相分以给人定位的路子，而董仲舒将之"逆转"为天人合一。隐性线索是：从孔孟荀到董仲舒，天始终是人行为合理与否的价值制定者和功能保障者。③

---

① 参见储槐植：《刑事政策：犯罪学的重点研究对象和司法实践的基本指导思想》，《福建公安高等专科学校学报——社会公共安全研究》，1999（5）。

② 参见陈力祥、余佳润：《王船山天人合一思想何以规约为人与自然之间的和谐》，《船山学刊》，2012（2）。

③ 参见任剑涛：《伦理政治研究——从早期儒学视角的理论透视》，长春，吉林出版集团有限责任公司，2007，第127页。

天人合一是一个复杂的命题："天"是多义的，"人"也是多义的，"合"也是有多种方法的。"天"主要有自然的天和神灵的天两种意义。"人"之多义体现为：天子是人，圣人是人，诸臣百姓也是人。"合"是很复杂的，可以合一于天，也可以合一于人；"合"的方式不同，则主宰或主导的重点不同。中国古代的天人合一，内涵丰富，通常是在多种意义上讲的，既有上天与皇帝的精神感应，也有人与自然界的和谐统一。多种意义经过阐释流变，都能发现其有一些合理性，经创造性转换以后可以供现代社会发展所借鉴。

20世纪80年代以来，伴随着改革开放政策的实施以及其产生的积极效果，对中国传统文化重新评价、讨论的热潮逐步升温，国学热兴起。加上环境保护运动的刺激，"天人合一"说越来越受到重视。这一热潮主要是以现实关怀为主导，不过这种现实关怀的讨论往往是在学术讨论的基础上进行的。金岳霖、钱穆、季羡林、张岱年、李申、刘笑敢等学者对天人合一都有较深的研究。尤其是香港中文大学的刘笑敢先生，他对前人的研究做了认真的梳理，撮其要者如下：以张岱年、余英时、金岳霖、李存山为代表的学者从学术研究的角度出发，对天人合一取基本肯定的态度；以钱穆和季羡林为代表的学者以现实的文化关怀为取向，充分肯定天人合一的古代意义、现代意义乃至世界意义；以任继愈和马积高为代表的学者反对过分推崇天人合一的传统和原则，其担心在于天人合一说在现代社会影响科学发展的负面作用；以任继愈、李申、蔡尚思为代表的学者，其取向是学术研究为主，对天人合一取基本否定态度；季羡林、金岳霖等人将古代"天人合一"解释为人与自然的和谐，这很容易与当今环境保护思想相契合、相支持，也容易得到广泛认同。刘笑敢认为，将"天人合一"解释为大自然与人类的和谐不是一种很有价值的"创构"或"发展"，但他相信，创造新的天人合一理论是有学术价值和现实意义的。[①]

（二）天人合一思想寻求人与自然的和谐

如今，随着科学的发展，迷信神灵的天与皇帝精神感应的"天人合一"的时代已经一去不复返了，然而，自然界与人类和谐统一的"天人合一"正是现代所需要的，应该加以新的解释，用于现实，解决现代社会影响人类生存和保护环境的一些实际问题，例如，当前人类社会存在着的三大矛盾：人与自然的矛盾；人与人（或人与社会）的矛盾；人自身的矛

---

① 参见刘笑敢：《天人合一：学术、学说和信仰——再论中国哲学之身份及研究取向的不同》，《南京大学学报（哲学·人文科学·社会科学）》，2011（6）。

盾。而中国经济正面临越来越大的资源、环境压力，高消耗、高污染的粗放式增长方式尚未根本扭转。而从中国传统文化中或许能够寻找出解决这些难题的办法。① 季羡林先生于 2001 年 11 月 2 日在首届北大论坛上发言说，西方工业文明给人类带来很多福利，也造成严重的问题，如气候变暖、淡水缺乏、动植物灭绝等。西方以自然界为征服对象，而征服的结果，是受到大自然的报复。因此，只有东方文化能够挽救人类。中国人讲"天人合一"，大自然与人类的和谐统一；印度人也讲人与宇宙的统一。天人合一的现代价值就在于人类与自然界的和谐统一。

关于人和自然矛盾的问题，1992 年，全世界 1 575 名科学家发表了一个《世界科学家对人类的警告》，认为人类和自然正走上一条相互抵触的道路。人类已经深刻地认识到，如果照此发展下去，人类社会将会遇到严重的危机。虽然科学技术高度发达可以给人类造福，但作为自然一部分的人，在他们征服自然的过程中，不仅掌握了大量破坏自然的工具，而且也掌握了毁灭人类自身的武器。对自然界无限量的开发与破坏，以及资源的浪费，不仅造成对"自然和谐"的破坏，而且严重地破坏了"人与自然的和谐"。这已经严重地威胁到人类自身的生存。要做到人与自然的和谐，首先在思想上要有人与自然整体和谐的观念。这种整体和谐的观念在中国古代"天人合一"的思想中表现得十分显著。如老子的"道生一，一生二，二生三，三生万物"，庄子的"天地与我并生，万物与我为一"等都表达了这种观念。深入领会先人的这些思想，将有助于我们树立正确的自然观。中共十八大将生态文明建设纳入中国特色社会主义事业"五位一体"总体布局，十八大报告中生态文明、生态产品新概念、新理念的提出，更是引导人们要尊重自然、顺应自然、保护自然，为统筹人与自然和谐发展指明了方向。

"和谐"是"天人合一"哲学观念的核心价值取向。在"天人合一"的哲学观念看来，人与自然是统一和谐的整体，二者彼此相通，一荣俱荣，一损俱损。人与自然混为一体，人性与天道和谐一致。因此，保护天地万物的完好即是保护人类自己，损害自然万物的生态也就是损伤人类自身。古人甚至将自然的天地视为人之父母，将万物视为人之伴侣。这种"天人合一"的环境保护思想，在中国古代已经体现到制度设计上了，例如，《国语》中有"夏之月川泽不入网罟"的制度，《吕氏春秋》也记载了

---

① 参见王春雷：《"天人合一"与现代和谐》，见 www.chinayh. com/newsopen. Asp?id＝23&ty... 20K 2008-9-28。

对砍烧树木、猎捕动物行为的四时之禁。"天人合一"哲学观念中崇尚自然的生态伦理观念启迪人们去正确处理人与自然的关系，使其平衡和谐。就和谐社会构建而言，这无疑是一种深刻而富有现实意义的生态智慧。

不可否认，古代"天人合一"带有"媚神求福"的色彩。它是小农经济对自然的依赖性的反映，是生产力低下时祈求"风雨时至"、期待风调雨顺、畏惧"过则为菑"的心理寄托，是人对自然的顺应与屈从的折射。因此，古人的"天人合一"虽然有多种含义，但更主要的是强调"人来合天"，而不是"天来合人"。这是我们在理解古人"天人合一"思想时应注意的地方，要批判地继承，克服其局限性，避免过分强调"天"而降低"人"的主观能动性。构建人与自然之间的和谐关系，我们应当超越其直观性体认和蒙昧主义视角所造成的对自然本身价值的片面性理解，全面认识自然的价值，真正在现代意义上尊重自然、关爱自然、保护自然，与自然"和生、和处、和立、和达、和爱"，在更高的水平层次上实现人与自然的"和合共处，和合共生，和合共立，和合共达"①。

今天，如果我们把"天人合一"理解为人与自然的和谐的话，那么必须对"天人合一"的概念予以新的阐释，赋予新的内涵。它不再是基于农业小生产社会之"顺天""委天数"而产生的"天人合一"，从而必须去掉"天"的双重性中的主宰、命定的内容和含义，而应该以马克思讲的"自然的人化"为根本基础。马克思主义源于西方。在西方近代，天人相分、天人相争即人对自然的控制、征服、对峙、斗争，是社会和文化的主题之一。这也突出地表现在主客关系研究的哲学认识上。它历史地反映着工业革命和现代文明：不是像农业社会那样依从于自然，而是用科技工业变革自然，创造新物。但即使在这时，一些重要的思想家——马克思是其中的先行者，也已注意到在控制、征服自然的同时和稍后，有一个"人与自然"相渗透、相转化、相依存的巨大课题，即外在自然（自然界）与内在自然（人作为生物体的自然存在和他的心理感受、需要、能力等等）在历史长河中人类化（社会化）的问题，亦即主体与客体、理性与感性、人群与个人、"天理"（社会性）与"人欲"（自然性）……在多种层次上相互交融合一的问题。这个问题就是历史沉入心理的积淀问题。它以近代大工业征服自然、改造自然之后所产生的人与自然崭新的客观关系为基础，这个崭新的关系不再是近代工业初兴时期那种为征服自然而破损自然、毁坏

---

① 王春雷：《"天人合一"与现代和谐》，见 www. chinayh. com/newsopen. Asp? id＝23&. ty...20K 2008－9－28。

生态的关系，而是如后工业时期在物质文明高度发达的同时恢复自然、保护生态的关系，从而"人与自然"不再是对峙、冲突的关系，而更应是和睦合一的关系；人既是自然的一个部分，又是自然的光环和荣耀，是它的真正的规律性和目的性。这是今天发达国家或后工业社会所要面临解决的问题，也是发展中国家所应及早注意研究的问题。而这，恰好就是"天人合一"的问题，是这个古老命题所具有的现代意义。它显然只有在马克思主义实践哲学的基础上才可能得到真正的解答。① 因此，我们要把生态文明纳入社会主义核心价值体系，把生态意识纳入生态文化培育的主要内容。

李泽厚指出，中国传统思想中的人生最高境界的审美具有严重缺陷：

> 它缺乏足够的冲突、惨厉和崇高，一切都被消融在静观平宁的超越之中。因之，与上述物质实践的"天人合一"相对应，今日作为人生境界和生命理想的审美的"天人合一"，如何从静观到行动，如何吸取西方的崇高和悲剧精神，使之富有冲破宁静、发奋追求的内在动力，便又仍然只有把它建立在上述人化自然的理论基础之上，才能获得根本解决。这就是把美和审美引进科技和生产、生活和工作，不再只是静观的心灵境界，而成为推动历史的物质的现实动力，成为现代社会的自觉韵律和形式。只有在这样一个现实物质实践的基础上，才可能经过改造而吸收中国"参天地，赞化育"的"天人合一"的传统观念，真正实现人与自然（作为生态环境的外在自然）的和谐相处和亲密关系；与此同时，人自身的自然（作为生命情欲的内在自然）也取得了理性的渗透和积淀。外在和内在两方面的自然在意义上都获得了"人化"，成为对照辉映的两个崭新的感性系统，这才是新的世界、新的人和新的"美"。这就是我所理解和解释的"自然的人化"或"天人合一"②。

在这里，李泽厚强调的是"天人合一"的另一层含义，即天人合一于人。但是，同样要注意的是，在"自然的人化"过程中，应当避免过分强调"人"的主观能动性和智慧的无边性而鼓吹"人定胜天"。刘笑敢先生认为，新的"天人合一"理论应该保留古代"天人合一"说的某种隐秘性。人类受自然科学的影响，已经产生了人可以无限认识自然，因而可以

---

① 参见李泽厚：《中国古代思想史论》，天津，天津社会科学院出版社，2003，第304～305页。
② 同上书，第305页。

征服自然的妄想，同时也产生了人可以完全主宰自身命运的幻想。"正是这种妄想和幻想将人类拖入生态危机以及人类社会自身的诸多弊病。"但是，人类文明发展到今天，已经有足够的事实证明科学并非万能，理性并非万能，人类并非万能。今天的"天人合一"必须反映自然、宇宙、天道或天命的隐秘性或超越性，才能凸显人道与人生的有限性和脆弱性，从而引起人类，包括政府最高层和各界精英阶层如法律制定者与执行者，对宇宙、自然、社会、生命的复杂性和变异性的敬畏。保留一点个人及群体的谦卑，人类才能摆脱自己万能的妄想和幻想。我们越是相信自己的能力是无限的，就越是无法克服人类自身对宇宙和自然造成的破坏。只有看到和承认人类的不足，才能以谦卑的心态避免进一步地破坏宇宙和自然。总之，只有保持"天人合一"中的隐秘性，才能提醒人类对自身局限性的警惕，才能帮助人类正确认识自己在世界、在宇宙中的真实处境和地位。这或许是中国古代"天人合一"说对现代社会可能有的最主要的贡献。①

　　近年来，中国政府坚持科学发展观，不断地根据经济社会发展的需要调整公共政策、法律导向，以期有效地引导中国经济社会沿着"稳定、协调和可持续"的方向运行。1978 以来的改革开放使中国跻身于世界经济总量大国之列，但付出的沉重的资源与环境代价也是有目共睹的，所以中国政府尤其强调要处理好人与自然的关系，并将之作为持续发展的首要任务。继中共十八大提出尊重自然、顺应自然、保护自然的执政理念之后，2015 年 4 月 25 日中共中央印发了《关于加快推进生态文明建设的意见》，指出要把生态文明建设融入经济、政治、文化、社会建设各方面和全过程，协同推进新型工业化、城镇化、信息化、农业现代化和绿色化，坚持把节约优先、保护优先、自然恢复作为基本方针，把培育生态文化作为重要支撑。我国古代的儒家、道家等对于人类与环境关系的思考，虽然不是在今天环境保护意义上展开的，但都源于人类必须清楚理解自己与环境关系的生存处境，是一种存在论哲学意义上的思考。"这一点构成了这类思考具有贯通人类古今生活世界而始终具有某种当下性的深厚理由。它为人类此后被动地处理自己与环境的关系问题提供了思想储备。"② 在法治浪

---

① 参见刘笑敢：《天人合一：学术、学说和信仰——再论中国哲学之身份及研究取向的不同》，《南京大学学报（哲学·人文科学·社会科学）》，2011 (6)。

② 任剑涛：《政策选择与传统思想——中国可持续发展政策的传统观念之源》，《学术界》，2011 (8)。

潮席卷全球，中国正宣扬宪法法律至上、全面依法治国的今天，我们要清醒地意识到法律也并非万能。长期以来，我国在整体刑法观上，国家主义占主导地位，重国家安全、公共安全，个人权益虽渐受重视，但公众对刑法的亲近感尚未确立；犯罪观上，泛刑主义较为流行，刑法依赖观念深重，导致刑法广泛介入国家治理和社会管理；刑罚观上，重刑主义较为明显，过于依赖刑罚遏制与预防犯罪的作用；刑法功能观上，保障人权的价值观念尚未被广泛接受。因此，当下中国在依法治国、建设社会主义法治国家进程中，刑事政策与刑法要遵从尊重生命、尊重自然的价值导向。

二、德主刑辅：建设法治中国的基本政策

"德主刑辅、礼刑结合"，这是儒家伦理法思想的最典型命题。董仲舒归纳儒家思想而提出的这一命题，自唐至清末一直在庙堂之上和乡村野老间被不断地复述着。直到龚自珍、沈家本，仍未越出德主刑辅论的思路。沈家本说："刑者非威民之具，而以辅教之不足也。"[①] 古时的法即刑，法律仅仅是辅助德教的工具，没有独立存在的价值。这种观念直到清末都未改变。[②]

"德主刑辅"是伦理政治的治道基调，既是治国方略，又是基本的刑事政策思想，也上升为刑事政策。所谓治道，是相应于治权而言。治道就是治理天下之道，或治理人间共同事务之道。其本质是"自上而下"的，它表示一种"智慧之明"。是以在上者涵盖愈广，则治道亦随之而广大精微。故中国以往对于治道之讲论，已达"极端微妙之境"[③]。任剑涛教授指出，这种"极端微妙"之治道，在早期儒家伦理政治理论建构中设计的德主刑辅之吁求中已奠立大致规模。"德主刑辅"作为治道，一方面，该提法意味着德、刑各有指向，存在德如何主、刑如何辅的问题；另一方面，"德主刑辅"的构成与政治构成的一致性，则是凸显其治道价值的关节点。单纯的德主，没有政治威慑力；单纯的刑辅，丧失了伦理感召力。"德主刑辅"是权力发挥作用时伦理与政治互动的机制。而德、刑并用，作为上法天、下治人的治道，实际是对为君为臣之道的抽象，在此，权力单一化、专制化就不可能达到完全的德主，它要求

① 《历代刑法考·刑制总考》。
② 参见范忠信：《中国法律传统的基本精神》，北京，中国法制出版社，2001，第345页。
③ 牟宗三：《政道与治道》，桂林，广西师范大学出版社，2006，第26～27页。

治权的分化，从而使伦理政治在治权上表现出一定的宽松和"民主"性质。而这可能正是构成伦理政治思想中最富有现代性的成分。① 作为基本刑事政策思想，"德主刑辅"与现代刑法的谦抑精神相吻合。

（一）以伦理感召与道德震撼塑造德治模式

在儒家的治道致思中，德化的成分占绝对多的分量，但深究之，儒家治道中未尝没有引入物化的因素。德化，由内在、由自律着眼；物化，由外在、由他律下手。二者适成儒家治道的两种指向，但两种指向，又统一于德治的权力运用过程和成就德治的政治运作目的。德化是根本，是依据，是归宿，是特性所出、特色所在。用刑是枝节，是辅助，是手段，是映衬特性、显示特色。② 儒家德治思路奠基于中国古典的宗法血缘关系之上。由"亲亲"和"尊尊"奠基，政治运作中的"尚贤"之所以成为一种基本的合德性行为与规范，也就是因为其反映出尊崇居人伦主导地位和作为道德榜样的伦理政治精神。而且这种延伸，在早期儒家建构伦理政治理论时，已成为一种由伦理关系转移为政治关系的历史定势，由周代的初始伦理政治实践赋予其合法性。这既给建构伦理政治的理论家以灵感之源，但也给他们圈定了省思治道的大致思路。③

但是，伦理政治的理论建构者们并没有停留于宗法血缘关系，而是以孝悌为蓝本，确立起更适宜于处理社会政治关系的公共礼法规则。孔子以为，一个人能行孝可以悌，则政治上可以忠诚，不会犯上作乱。董仲舒在将孝悌提升为天道之后，将之转换为一套法天而治的规则系统。可见，早期儒家从宗法血缘关系出发，推演出了一种能维持社会政治顺畅运作的伦理准则：由家而推及天下的德治。伦理政治的治道构思，使建构者必然重视握权者的伦理感召和为政效果的道德震撼。④ 统治者的伦理感召和道德震撼塑造了德治模式。

在传统德治模式下，刑法是专政的工具，只具有社会防卫的功能，而不具有保障人权的功能。但传统的德治思想对我们今天仍有启发意义，即道德品质的培育是有其积极意义的，法治文明的建设应当自觉把道德作为其中重要的内容。作为道德范畴的人文精神的张扬，不仅要求提升法律的文化内涵，而且要求充分发挥道德作为社会规范的作用，通

---

① ② 参见任剑涛：《伦理政治研究——从早期儒学视角的理论透视》，长春，吉林出版集团有限责任公司，2007，第 158 页。

③ 参见上书，第 159 页。

④ 参见上书，第 158～159 页。

过人们内心修养的提升、道德教育手段的使用等来促进文明社会目标的实现①，让人们确信公理和正义被公认为一种高于物质力量的力量，道德责任感被公认为一种必须服从的东西。中国古代儒家思想主张"慎刑恤罚"，这是儒家"仁"的观点在法律思想上的重要表现，而"仁"的最基本含义就是"爱人"，即重视人的生命。中国在世界各文明古国中率先废除了肉刑，与儒家的"德治"学说不无联系。法律不是万能的，社会需要多元的控制调整机制，在某些特定情况下，道德能发挥法律所不能发挥的功效。所以，"德主刑辅"在一定意义上仍然具有生命力。②而且，"德主刑辅"对于今天社会治理越来越依赖刑法的倾向也有警醒作用。

但是，我们要警惕泛道德主义。泛道德主义是现代化的陷阱。比如，我们至今仍然习惯于在个人、国家和世界这三个层次上倡导高尚的、高调的道德。儒家学说的缺陷之一就是孜孜以求的君子之道难于实现，今天，我们同样不能梦幻并期待人人都是圣人、人人都是贤人。道德模范是需要的，"感动中国人物"的事迹亦可歌可泣，但是我们必须承认绝大部分人是常人，所以我们加强思想道德建设要立基于常人，思想道德建设的重点是进行普通道德和底线道德教育，而不是圣贤道德和高尚道德教育，否则，过分拘泥于高尚道德，可能得不到道德的结果。泛道德主义是传统文化在现代的一种体现。从某种意义上而言，整个中国的历史就是一部道德说教的历史，对道德问题的关注是国民性的一部分。③在中国当下，关注道德及其建设是必需的，且是刻不容缓的，但要注意的是道德与法律一样，都不是万能的，要正确处理道德与法律之间的关系。

（二）以伦理引导和法律震慑运行德治模式

纯粹的德治，只能以纯粹的可以伦理感化的大众之存在为预设前提。但是，事实上，难以被感化的人确实存在。就是主张人性本善的早期儒家也认为，这种"无德小人"，不仅存在，而且难于改造。那么在德治之外，采取一些惩罚性措施以震慑之，对于捍卫德治就是必不可少的了。为此，以德治为主导，采取辅助性的法律惩罚就是必要且重要的了。④"当然，

---

① 参见李瑜青等：《人文精神与法治文明关系研究》，北京，法律出版社，2007，第184～187页。

② 参见付子堂：《马克思主义法律思想中国化的三条经验》，《人民日报》，2008-07-23，第15版。

③ 参见李扬帆：《走出晚清——涉外人物及中国的世界观念之研究》，北京，北京大学出版社，2005，自序。

④ 参见任剑涛：《伦理政治研究——从早期儒学视角的理论透视》，长春，吉林出版集团有限责任公司，2007，第163页。

每个国家都总会有一小撮人，犯罪分子，世界上也会有少数野蛮人、暴徒将不会认可公理和正义为一种高于物质力的力量，不会承认道德责任感为一种必须服从的东西的。"① 因此，为惩罚罪犯起见，法律震慑在各个国家也都还是必要的。

儒家对刑罚一类法律震慑功用认为既是必不可少的，又是要严加限制的。因为如果任刑，势必弱化伦理功用，无以实现"爱人""惠民"的仁政德治。因此在迫不得已选择了以刑罚作为震慑人心的强力手段的同时，儒家对德治的政治伦理引导、道德感动一类的治理方略，赋以了极其重要的功能与作用，并将德、刑严格限定在"德主刑辅"的格局之中，从而，在德治的价值取向确定以后，又以此来建立伦理政治的德治运作模式，使德治不仅成为家喻户晓的一种观念，而且可以落实为能够实际运作的政治范式。孔子在德、刑的抉择上，首先强调的是"为政以德"，在这一前提条件下，才能运用"宽猛相济"。"宽则得众"② 是一种共识，那么如何达到宽政的效果？一方面，运用法的威力阻吓人心以免妄为，主张不要超过杀戮生命的界线，即"子为政焉用杀"③，如孔子吁请"赦小过"④ 以行德政，保证政宽；另一方面，采取保民、养民、恤民、惠民、富民的举措，并将之作为政策的导向。可见，在孔子的伦理政治视域中，"宽猛相济"的德治运作模式，是以宽为主、以猛为辅的。宽有无限可为的余地，从身正、富民、教民、贤贤到博施济众、老安少怀，而猛有相当限度，所以孔子强调"刑罚中"⑤。孟子对德治全局特征的把握是，主张王道，反对霸道，所以他反对为政以力，视德政为"如解倒悬也"⑥，要"省刑罚，薄税敛"⑦，即对人民的威胁要减到极低的程度，并反对"不教而诛"，主张"教而后诛"。其所说的"不待教而诛"⑧，仅针对严重罪行的特例而言，不具有政治哲学的普遍意义。孟子在孔子奠定的德治模式的基础上，明确提出了德治运作模式要德、法两手抓："徒善不足以为政，徒法不足以自行"⑨，以伦理教化

① 辜鸿铭：《中国人的精神》，海口，海南出版社，2007，第27~28页。
② 《论语·尧曰》。
③ 《论语·颜渊》。
④ 《论语·子路》。
⑤ 任剑涛：《伦理政治研究——从早期儒学视角的理论透视》，长春，吉林出版集团有限责任公司，2007，第165页。
⑥ 《孟子·公孙丑上》。
⑦ 《孟子·梁惠王上》。
⑧ 《孟子·万章下》。
⑨ 《孟子·离娄上》。

和法律震慑相配合为德治奠基，但在德、刑构成上，德化总是居于主导地位，刑罚总是居于辅助地位。荀子循此思路，提出了"明德慎罚"的德治运作原则，并对德治运作中德、刑谁主谁次、谁先谁后、效果差异作了论述。董仲舒进一步巩固了德治运作模式的理论构架，强调"国之所以为国者，德也"①，并以阴阳关系定局处理德刑关系，以阳为德，以阴为刑，"天之任德不任刑也""王者承天意以从事，故任德教而不任刑"②。比较而言，对德治运作模式来说，孔子主要还是奠立精神方向、确立价值立场；孟子则以其聪明睿智，强化德治之德化成分；在荀子、董仲舒那里，德治的运作中，"治"的因素居多，但基本目的和德刑布局并未起根本变化。总的来说，他们都是以强调伦理感动以求政治回报为其大思路③，只希冀法律震慑起辅助作用。

小康社会、和谐社会至少应该是刑事犯罪的严重程度不足以对公民的生命、财产构成严重威胁的社会。将犯罪控制在不对社会构成严重威胁的范围内，既是构建和谐社会的重要目标，同时也是建成小康社会的必要途径。德国学者李斯特说，最好的社会政策就是最好的刑事政策。就这个意义而言，最好的构建和谐社会、建设法治中国的社会政策，就是最好的构建和谐社会、建设法治中国的刑事政策。总结古今中外的历史经验，我们可以得出这样一个结论："德主刑辅"既是构建和谐社会、建设法治中国基本的社会政策，也是构建和谐社会、建设法治中国基本的刑事政策。中华民族从古代的"德主刑辅"，到新民主主义时期、新中国成立初期的"镇压与宽大相结合"的基本刑事政策，再到1956年"社会主义三大改造"完成以后中国共产党第八次全国代表大会以来的"惩办与宽大相结合"的基本刑事政策，直至近年来国家实行的"宽严相济"的基本刑事政策，它们既一脉相承，又有发展创新。"德主刑辅"的宗旨在于注重教化挽救，引导民众向善，打击少数，争取大多数，减少社会对立面，增加和谐因素，营造安宁的生活环境。在构建和谐社会、建设法治中国的背景下，我们来谈"德主刑辅"是我们基本的刑事政策，意味着在如何治理犯罪这个问题上，我们必须坚持以"为政以德"为基本方针；必须坚持以广大民众所认同的方式来解决作为犯罪根源的各种社会问题为主，以对犯罪的处罚、制裁为辅。④

---

① 《春秋繁露·保位权》。

② 《汉书·董仲舒传》。

③ 参见任剑涛：《伦理政治研究——从早期儒学视角的理论透视》，长春，吉林出版集团有限责任公司，2007，第168页。

④ 参见陈忠林：《"德主刑辅"构建和谐社会》，《法学杂志》，2007（1）。

"为政以德"在当下所具有的另一个重要含义是，在建设社会主义核心价值体系过程中，要树立和践行社会主义荣辱观。社会主义荣辱观是走向文化强国的道德基石，没有社会主义荣辱观，社会主义意识形态就失去了价值坐标和道德标准。尤其要对官员进行羞耻感文化教育，减少贪腐犯罪，发挥社会主义荣辱观对经济交往行为的规范作用，营造风清气正的社会风气。全球化进程中，我们面临着传统儒家道德文化、西方道德文化以及其他各种道德观念的冲击和挑战，我们要在各种道德文化如何走向和谐共存、如何激发社会主义道德的生命力、如何推动社会主义道德走向世界等重大问题上下功夫，因为道德的约束对于预防和减少犯罪是一种不可忽视的软实力。此外，说"德主刑辅"是我们基本的社会政策与刑事政策，与"宪法法律至上"并不矛盾，因为我们今天讲的"刑"是刑法作为部门法意义上的"刑"，从社会主义法律体系构成来说，刑法只是其中一个组成部分，并不是古汉语意义上的"刑"即"法"、"法"即"刑"。今天的刑法是保障法、最后法，如果天天都有刑杀，绝不会是一个和谐社会，也难以建成小康社会。不仅在德刑关系上，刑是"辅"，而且在刑法与其他部门法的关系上，刑也应是"辅"。

三、刑罚世轻世重：构建和谐社会刑罚趋缓的准据

中国古代的刑罚世轻世重制度，强调刑罚的轻重要考虑当时当地的经济、政治形势，根据形势的需要确定打击的重点和法律规范的内容，采取宽严相济的刑事政策，对于巩固封建政权、维护封建统治秩序有一定的积极意义。现代社会中，国家确定某一时期重点打击的犯罪行为、某一地区的突出犯罪等，现代审判制度中法官将当时当地的社会治安形势及宏观形势等作为酌定情节加以考虑，实际上也是对刑罚世轻世重制度的一种借鉴和肯定。国际社会自"9·11"事件以来，加强了对恐怖活动犯罪的打击，同样体现了刑罚世轻世重思想。

（一）刑罚轻重与政治实践密切相关

刑罚世轻世重本身就是一个流动性和相对性的概念，充分显现了中华民族灵活应变的智慧。它表明法律不能脱离社会孤立发展，法治不能单独实现，它需要与之相适应的社会文化条件的支持。我们要把刑罚与其他社会现象联系起来进行研究。这一研究方式对于中国法律有理论之外的现实意义。在中国，法律从来不只是法律问题，法律所承载的政治意义、道德意义以及人们赋予它的各种意义远比西方法律所承载的丰富得多，尽管西方法律也不可能脱离政治、社会等。在社会变革中，我们往往看到的是经

济变革或政治变革，它们是推动和导致社会变革的最根本和最直接的力量。法律发生变革，也往往是经济或政治发生变革而引起的。从法律变迁的动态视角将法律看作在很大程度上可以摆脱政治、经济、文化和社会而自主发展的观点，则无论从事实上还是知识上都将我们引上了一条孤立的荒谬之路。就政治与刑罚世轻世重而言，从纯粹学术的立场来看，政治因素也许没有考量的价值，然而将其当作一个关联整体看，刑罚世轻世重与国家的政体、制度、政治实践有最密切的关联，这是不容否认的。

新中国成立以来，随着情势变迁，刑事政策审时而变。新中国的基本刑事政策经历了由"镇压与宽大相结合"至"惩办与宽大相结合"，再至"宽严相济"的演进历程。"镇压与宽大相结合"刑事政策，主要针对反革命分子适用；其精神内涵是：镇压反革命，巩固新政权；恢复国民经济，保障"三大改造"。"惩办与宽大相结合"刑事政策则适用于所有的犯罪分子，并成为新中国第一部刑法典的立法指针；其精神内涵是：惩治各类犯罪，保障改革开放。在构建"和谐社会"的语境下，"宽严相济"的刑事政策应运而生，其精神内涵是：打击犯罪与保障人权相统一；以宽济严，构建和谐社会。三种基本刑事政策，不仅仅是在时间上接续，而且就具体精神内涵而言，后者都是对前者的传承与超越，但总体精神都是惩治犯罪与促进社会发展相统一。刑事政策是一个国家政治文明在刑事领域的集中反映，它不仅是治罪方略，而且也是治国之道。某一个历史时期，采取何种刑事政策，与其所处时期的经济社会的发展水平密切相关，经济社会的发展决定着刑事政策及其精神内涵的基本走向，同时又为刑事政策的贯彻实施提供了特定的社会运行系统。不管不同时期刑事政策具体精神内涵如何发展，惩治犯罪与促进社会发展都是刑事政策的两大根本任务，惩治犯罪与促进社会发展相统一则是现代刑事政策的基本精神。[①]

中共十八届四中全会以全面推进依法治国为主题，但是它不是就法治论法治，而是从中国特色社会主义事业发展全局论法治，包括用刑之道在内的法治是置于中国特色社会主义事业发展全局中运动发展的事物。

（二）刑罚世轻世重符合现代用刑之道

在实现中华民族伟大复兴的征程中，全面建成小康社会、全面深化改革、全面依法治国、全面从严治党——"四个全面"战略布局的政治实践已全面展开。在这一政治实践中，根据刑罚世轻世重的思想，正确贯彻执

---

① 参见彭凤莲：《刑事政策的精神：惩治犯罪与促进社会发展的统一》，《法学杂志》，2012 (6)。

行宽严相济的刑事政策，运用该政策指导刑事立法与司法颇有现实意义。2010 年最高人民法院在《关于贯彻宽严相济刑事政策的若干意见》中指出："要根据经济社会的发展和治安形势的变化，尤其要根据犯罪情况的变化，在法律规定的范围内，适时调整从宽和从严的对象、范围和力度。要全面、客观把握不同时期不同地区的经济社会状况和社会治安形势，充分考虑人民群众的安全感以及惩治犯罪的实际需要，注重从严打击严重危害国家安全、社会治安和人民群众利益的犯罪。对于犯罪性质尚不严重，情节较轻和社会危害性较小的犯罪，以及被告人认罪、悔罪，从宽处罚更有利于社会和谐稳定的，依法可以从宽处理。"这就是刑罚世轻世重的现代诠释。可以预见我国未来的刑事立法和司法实践中会呈现刑罚宽缓化的趋势。1997 年刑法典诞生于"严打"期间，所以不可避免地带有重刑化倾向，如死罪有 68 个之多。随着宽严相济刑事政策的实施，2011 年《刑法修正案（八）》取消了 13 个罪的死刑。《刑法修正案（九）》（草案）也进一步减少了 9 个罪的死刑。司法实践中也一直采取少杀、慎杀的政策。2007 年死刑复核权统一收归最高人民法院行使以后，既统一了死刑适用的标准，又使死刑的实际适用得到控制，从而更好地贯彻了慎杀少杀的刑事政策。

　　现在，我们要以增强群众安全感、促进社会和谐稳定为出发点，准确把握宽严相济的刑事政策。政法机关要根据社会治安形势的变化，做到"该宽则宽，当严则严，宽严相济，罚当其罪"。例如，对于极端仇视国家和社会，以不特定人为侵害对象，所犯罪行特别严重的暴恐分子，该重判的要坚决依法重判，该判处死刑的要坚决依法判处死刑。对于危害国家安全犯罪、恐怖组织犯罪、邪教组织犯罪、黑社会性质组织犯罪、恶势力犯罪、故意危害公共安全犯罪等严重危害国家政权稳固和社会治安的犯罪，故意杀人、故意伤害致人死亡、强奸、绑架、拐卖妇女儿童、抢劫、重大抢夺、重大盗窃等严重暴力犯罪和严重影响人民群众安全感的犯罪，走私、贩卖、运输、制造毒品等毒害人民健康的犯罪，要作为严惩的重点，依法从重处罚。对于国家工作人员贪污贿赂、滥用职权、失职渎职的严重犯罪，黑恶势力犯罪、重大安全责任事故、制售伪劣食品药品所涉及的国家工作人员职务犯罪，发生在社会保障、征地拆迁、灾后重建、企业改制、医疗、教育、就业等领域的、严重损害群众利益、社会影响恶劣、群众反映强烈的国家工作人员职务犯罪，发生在经济社会建设重点领域、重点行业的严重商业贿赂犯罪等，要依法从严惩处。对于所犯罪行不重、主观恶性不深、人身危险性较小、有悔改表现、不致再危害社会的犯罪分子，要依法从宽处理，对于其中具备条件的，应当依法适用缓刑或者管制、单处罚金等非监禁刑，同时配合做好社区矫正，加强教育、感化、帮教、挽救工作（参见 2010 年最高人民法院在《关于贯彻宽严相济刑事政策的若干意见》）。要加强政法机关之间的沟通协调，统一宽严的适用标准，以取得最好的法律效果和社会效果，充分发挥中国特色社会主义司法制度的优越性。这是赋予马克思主义法律思想以民族性的一个典范。①

　　国家适时地根据犯罪态势适当地调整惩罚力度和惩罚方式以因应维持秩序的需要，乃古今中外刑事政策之规律使然，在此意义上，"刑罚世轻世重"不失为一项具有应然性的刑事政策策略。正如沈家本所说，"窃思法律之为用，宜随世运而转移，未可胶柱而鼓瑟"②。但自该政策思想提出以来，"治乱世用重典"的策略就一直被历代统治者奉为至宝，屡试屡败，屡败屡试，几成积习，以至于成为实然刑事政策的话语符号：一提到刑事政策，人们立即就会联想到"治乱世用重典"。我国台湾地区的苏俊雄教授指出：这种现象已经造成对现代刑事政策学的概念认知的相当模糊，甚至误认为刑事政策是一个不稳定的概念，而与刑法理论体系的概念之讲究精确以满足司法的可预测性与安定性的情形非常不同。③ 北京大学的梁根林教授指出：在现代刑事政策学看来，"治乱世用重典"不过是历代统治者基于政治现实而采行的一种刑事政治策略，是实然的刑事政策对应然的刑事政策的一种"政策迷思"，与现代刑事政策学所主张的以合理而有效地组织对犯罪的反应方式为基本价值目标的应然的刑事政策可以说是大异其趣、貌合神离。④ 这是我们今天调整刑事政策、运用刑事政策所必须警惕的。

　　概言之，刑罚世轻世重在今天对我们的启示主要有：首先，要根据经济社会的发展和治安形势的变化，适时调整犯罪圈的大小和刑罚量的投入。这要靠立法的修订。修订立法，程序复杂，并且为了保持法的相对稳定性，也不宜频繁变动。因此，刑罚世轻世重的变动反映在立法上的时间段是相对较长的。如最近刑法修订成果《刑法修正案（八）》是 2011 年 2 月出台的，《刑法修正案（九）》是 2015 年 8 月出台的。其次，在法律规定的范围内，适时调整从宽和从严的对象、范围和力度。要全面、客观把

---

① 参见付子堂：《马克思主义法律思想中国化的三条经验》，《人民日报》，2008-07-23，第 15 版。

② 《寄簃文存》卷一《奏议》之《删除律例内重法折》。

③ 转引自梁根林：《刑事政策解读》，载陈兴良主编：《中国刑事政策检讨》，北京，中国法制出版社，2004，第 83 页。

④ 参见上书，第 83 页。

握不同时期不同地区的经济社会状况和社会治安形势，充分考虑人民群众的安全感以及惩治犯罪的实际需要，注重从严打击严重危害国家安全、社会治安和人民群众利益的犯罪。例如，当下对于危害国家安全的间谍犯罪、"暴恐"犯罪，影响国家政权稳固的腐败犯罪要严厉打击。最后，必须充分考虑案件的处理是否有利于赢得广大人民群众的支持和社会稳定；是否有利于瓦解犯罪、化解矛盾；是否有利于罪犯的教育改造和回归社会；是否有利于减少社会对抗，促进社会和谐，争取更好的社会效果，实现案件裁判法律效果和社会效果的有机统一。例如，2010 年最高人民法院在《关于贯彻宽严相济刑事政策的若干意见》中指出，对于因恋爱、婚姻、家庭、邻里纠纷等民间矛盾激化引发的犯罪，因劳动纠纷、管理失当等原因引发、犯罪动机不属恶劣的犯罪，因被害方过错或者基于义愤引发的或者具有防卫因素的突发性犯罪，应酌情从宽处罚。

第二节　传统刑事立法政策思想的现代借鉴

关于传统刑事立法政策思想，本书选取了两个看似矛盾的内容：一方面提倡立法宽简，另一方面又强调严治贪腐。立法宽简是对一朝一代整体立法的要求，总体上要宽缓而不重刑，要简约而不繁密；但对官吏而言，他们是国家机器运转的操盘手，对国家治理、百姓生活至关重要，所以对他们要严加要求，要求他们严于律己，对他们的贪腐的惩处规定要严厉而不能宽缓，要严密而不能疏漏。

一、立法宽简：构建和谐社会的立法取向

1978 年中国实行改革开放，在中共十一届三中全会上提出了社会主义法制建设的十六字方针："有法可依，有法必依，执法必严，违法必究"。在"宜粗不宜细"的立法指导思想下重新开始了社会主义法制建设的历程，很快在 1979 年相继颁布了《中华人民共和国刑法》《中华人民共和国刑事诉讼法》。自从 1983 年开始"严打"之后，中国法律中的罪名便不断增多，一段时期内刑罚量的投入也是越来越大。但就总体趋势而言，在构建和谐社会的背景下，立法的简约和宽缓化应该是发展方向。

（一）法律世界面临着由简约走向繁密的危险

在今天的法律世界中，存在着一个人们司空见惯的现象：法律规定不断增加，法律内容不断细化。不仅是转型期的中国法制，不仅是定型期的

美国法制，处在其他任何时期任何时代的各国法制，都存在着不断更新换代、填加"补丁"的完善法律规定以及法律内容的行动谱系，以应对国家发展中面临的新的挑战和新的问题。[①] 诚然，法律作为调整社会的手段应当存在，而且从过去和现在加以考察的话，我们的确可以看到法律也在发挥着其应有的作用。法律从其产生那天起，就给人们带来了方便、秩序、尊严，当然也包括了有时令人们非常满意的公正或者正义。但是，正如经济生产者在提供了他方所需的产品的时候应该获得回报、在没有提供他方所需的产品的时候不应获得回报一样，法律生产者也必须面对是否应该获得回报的问题，此即法律经济学。当法律的功能不能解决纳税人的社会生活实践问题的时候，纳税人为什么要保持甚至保养这种功能，而且还要不断地养活驾驭这种功能的职业人员，直至付出神圣的法律信仰？[②] 为此，必须对复杂的且日益增多的法律，特别是法律的"可持续发展"，进行反思。

美国法律学者理查德·A. 爱波斯坦在《简约法律的力量》一书中说，"如果立法行业可以成为所有行业中最为繁荣的行业，那么，我们应该尝试去做的，也就没有任何成功的可能性了"[③]。该书序言中指出：

> 我们全方位地处理社会问题的雄心，使我们迷恋一个十分复杂的法律规则体系，在这个体系中，只有法律工作者才能理解和驾驭，而且费用不菲……对于我们来说，复杂的法律带来了一些便利，然而确定其中某种具体便利到底是什么、到底是怎样的，却是十分困难的。相反，确定这种便利是如何被"冲抵"的，倒是比较容易的。[④]

对法律的可持续发展提出这样的反思，对"复杂法律"提高警惕，并不意味着抛弃法律，而是建立一个对立参照以期阐发"简约法律"的思想。揭示"复杂法律"的困境，等于是在说明"法律为何应该简约"。什么是法律的简约或者简约的法律？简约不是简单。依照《简约法律的力量》一书的思路，成本和激励之间的良好平衡，是法律"简约"的关键。[⑤] 实现了成

---

① 参见刘星：《法律为何简约，何为简约——读〈简约法律的力量〉》，载刘星：《法学作业——寻找与回忆》，北京，法律出版社，2005，第1~2页。

② 参见上书，第13页。

③ Richard A. Epstein, *Simple Rules for a Complex World*, Cambridge, MA：Harvard University Press, 1995. p. 140.

④ 刘星：《法律为何简约，何为简约——读〈简约法律的力量〉》，载刘星：《法学作业——寻找与回忆》，北京，法律出版社，2005，第13页。

⑤ See Richard A. Epstein, *Simple Rules for a Complex World*, Cambridge, MA：Harvard University Press, 1995. p. 30.

本与激励之间的有益平衡，也就实现了法律的"简约"。因此，第一，"简约"不是"简单"的重复，其更为重要的是一种经济学的概念。第二，这种经济学的思路并不是简单的会计成本、机会成本思考的翻版，其还融入了政治经济学的思考，也即成本正当性的证明。第三，正因为成本与激励之间的关系是关键性的，所以，即使表面上看来"复杂"的规则，只要其具有成本、激励之间的正当性关系，其依然是"简约"的。① 当然，"简约"也有其自己的边界。② 此书英文名为 *Simple Rules for a Complex World*，在译者看来，显然不是指中文通常所说的"复杂世界的简单规则"，而是包含着两个方面的重要含义：第一，指实践秩序，一种在法律实践中操作起来简明扼要的秩序。第二，指实践后果，一种在法律实践中运用结束之后出现的正当性结局。中文"简约"更指一种风格，而且包含"审美"的意思。③ 立法的不断膨胀，的确有值得审慎思考的地方。

　　法国学者米海依尔·戴尔玛斯－马蒂也十分担忧各种规范毫无秩序地大量泛滥，鉴别标志混乱不清，给人一种规则混乱的形象。规范之所以呈现给人一种混乱无序的现象，首先源于它的大量产生。有人很愿意将规范的大量产生称为"无政府式的泛滥"。说规范泛滥，是为了表述规范在数量上给人的印象，即各种规范在数量上产生的整体效果，是为了表达人们为这种前所未有的铺天盖地的规范所包围而产生的感觉；而称它无政府式的，是因为每一种制度似乎都孕育着那么多的成分，都在同时产生某种现象以及这种现象的反面，几乎达到自相矛盾的程度，使人们很难从中找到任何头绪。然而，远远没有迹象表明规范正在消失，实践正在让新的调节形式不断地大量出现④，法律规则的"可持续发展"仍在持续。随着规范的不断激增，国内和国际的规范互相混杂，在国际化的实践中，需要解决越来越多、越来越困难的管辖权冲突问题。律师事务所可能从中发现了业务的增加，但法律的质量是否因此得到改善则无从得知。⑤ 国内法律，相互抵触之处甚多，虽给法学研究者提供了饭碗，但立法质量的提高是值得重视的。

---

① 参见刘星：《法律为何简约，何为简约——读〈简约法律的力量〉》，载刘星：《法学作业——寻找与回忆》，北京，法律出版社，2005，第 18 页。
② 参见上书，第 19 页。
③ 参见上书，第 20 页。
④ 参见〔法〕米海依尔·戴尔玛斯－马蒂：《世界法的三个挑战》，罗结珍等译，北京，法律出版社，2003，第 64～65 页。
⑤ 参见上书，第 89 页。

（二）和谐社会的构建呼唤法律宽简

我们古时道家一向欣赏并主张法律简约。如今官吏变成了公仆，王朝已是历史陈迹，但是古人的思想依然闪烁着智慧的光芒，对今人有启发。

我们今人在建立健全有中国特色社会主义法律体系的进程中，在全面推进依法治国进程中，总体趋向是由简约走向繁密。目前已有极少数人注意到这个问题，认为"今人制定法律有个习性，喜欢周密、面面俱到，惟恐漏下什么洞子叫人有机可'钻'"。有学者进一步指出：

> 不过，我们眼下的习性，多多少少也来自洋人的法律文化的影响。启蒙运动以降，洋人对法治着迷上瘾，认定法治有百利而无一害，故而拼了老命来制定方方面面的法律规矩。大凡一个行为，他们就神差鬼使地想将其纳入法律的轨道。那阵儿的法律制定，真是热火朝天、乐此不疲。成千上万的法律文字儿，铺天盖地，就像从有始无终的生产流水线上蹦出的产品，一条接一条，一款接一款。仿佛立法都可实现"泰罗"式的工业化。法史专家说，这是"立法运动"，还说，从这开始才出现了令人应该学习的西方现代化法律大厦。而这座大厦的特征，正是详密、无所不包。①

构建科学、合理、完善的有关犯罪的法网是预防犯罪、打击犯罪的前提。但历史的殷鉴是：不是法网越严密，刑罚越重，国家就越能长治久安。从历史上看，一个王朝在建立之初大都能遵从立法宽疏的政策，但从王朝的中后期开始，立法与司法往往就悄然发生了变化：一是法网渐变渐密，二是刑罚渐变渐重。唐太宗言："国家法令，惟须简约，不可一罪作数种条。"② 魏征主张"以宽仁治天下""务在宽简"，反对"以威刑肃天下"。③ 朱熹也主张立法疏略，只立个大的原则，以便让各级统治者根据具体情况自行处断："古之立法，只是大纲，下之人得自为。后世法皆详密，下之人只是守法。法之所在，上之人亦进退，下之人不得。"法律详密，就给"下之人"提供了口实，减损了"上之人"的权威。同时，再详备的法律也不能杜绝小人钻空子："小人却循其私，敢越于法而不之顾"。可见，他主张立法疏略的出发点是清除法律对统治者手脚的束缚："今日

---

① 参见刘星：《法律的详密与简约》，载刘星：《法学作业——寻找与回忆》，北京，法律出版社，2005，第176页。

② 《贞观政要·赦令》。

③ 《新唐书·刑法志》。

之法，君子欲为其事，以拘于法而不得骋。"① 王夫之主张"法贵简而能禁，刑贵轻而必行"，立法应"宽以养民"；反对"密法"，"法愈密，吏权益重，死刑愈繁，贿赂愈章。"② 清人魏源痛陈法令严苛之弊："强人所不能，法必不立；禁人所必犯，法必不行。"③ 这种主张，从唐至清末，虽不断重复，但就是没有人去进一步探讨当时立法繁苛、法网愈来愈密而残刻百姓的根本原因，更无人去探讨根除此弊的根本途径。④ 结果无一例外的是，立法的膨胀，刑罚的趋重，并没能解决政治危机、社会危机，反而加速了王朝的覆灭。

　　新中国成立后的近三十年间没有一部刑法典，我们不能说这是无为而治的体现，也不能说是国家治理之常态，更不能说是立法简约之结果。1979 年，新中国第一部刑法典问世，该法典基本上发扬了立法宽疏的传统精神。然而，不知不觉中，在世界上几乎所有的法律体系中，立法都越来越重要，这可能是我们这个时代除了技术和科学进步之外最引人注目的了。如今，与私人仲裁、惯例、习俗之类的自发调整人们之间纠纷的方式相比，立法活动似乎已经成了包治各种不幸和麻烦的一粒速效、合理而又疗效显著的万灵丹。我国也为这一全球性立法浪潮所裹挟而不能自主。1979 年刑法典很快被 24 部单行刑法肢解得支离破碎：新罪名不断增加，刑罚不断加重。为应对社会转型期犯罪率上升、治安形势严峻等问题，这些做法有其一定的现实合理性，但也并不是无反思之处。在构建和谐社会的背景下，应重新审视现行刑事立法。私见以为，立法宽简应作为构建和谐社会的立法取向和指导思想。目前现行刑法还算不上十分繁密，但说其有重刑倾向应不为过，因此，吸收法传统中立法宽简的思想，适当地进行轻刑化改革是必要的。可喜的是，这一改革在《刑法修正案（八）》中有突出表现。《刑法修正案（八）》修改的重点是，落实中央深化司法体制和工作机制改革的要求，完善死刑法律规定，适当减少死刑罪名，调整死刑与无期徒刑、有期徒刑之间的结构关系；取消了近年来较少适用或基本未适用的 13 个经济性非暴力犯罪的死刑，包括走私类 4 个罪：走私文物罪，走私贵重金属罪，走私珍贵动物、珍贵动物制品罪，走私普通货物、物品罪；诈骗类 3 个罪：票据诈骗罪，金融凭证诈骗罪，信用证诈骗罪；发票

① 《朱子全书》卷六十三《治道一·总论》。
② 《读通鉴论》卷二二、卷一。
③ 《默觚下·治篇三》。
④ 参见范忠信：《中国法律传统的基本精神》，北京，中国法制出版社，2001，第 348 页。

类 2 个罪：虚开增值税专用发票、用于骗取出口退税、抵扣税款发票罪，伪造、出售伪造的增值税专用发票罪；盗窃类 3 个罪：盗窃罪，盗掘古文化遗址、古墓葬罪，盗掘古人类化石、古脊椎动物化石罪；还有 1 个是传授犯罪方法罪。

我国刑法学家储槐植教授早在 1989 年就提出了"严而不厉"的思想：刑法在法条中体现出来的政策思想的主要倾向在于"厉而不严"，将来我国刑法的改革方向应当是"严而不厉"①。"严而不厉"的刑罚结构的基本特征有二：一是刑罚轻缓，二是法网严密。严密刑事法网主要取决于犯罪态势和刑事政策的变动。通过实体法、通过刑事程序、通过行政措施对犯罪的防控，是严密刑事法网的三个方面。② 严密法网与本书所主张的立法宽简表面看来似乎是对立的，其实不然。立法宽简有两层意思：一是不需要用刑法调整的就坚决不纳入刑法调整范围，二是总体上刑罚要宽缓。就前者而言，意思是不要一遇到难解决的问题就建议立个什么罪名，这也是刑法的谦抑性原则所要求的。因为刑法是最后法，是保障法，是迫不得已才采用的，所以调整社会关系的方法应尽量前移至非刑法方法。但是，对于确实需要运用刑法调整的社会关系，法网就该严密，以发挥刑法的作用。例如，近年来，随着经济社会的发展，黑社会性质组织犯罪出现了一些新的情况，为维护社会治安秩序，保障人民利益，有必要进一步加大对黑社会性质组织犯罪的惩处力度，《刑法修正案（八）》对黑社会性质组织犯罪的法律规定予以了完善：明确了黑社会性质组织犯罪的特征；调整敲诈勒索罪的入罪门槛，完善法定刑；完善强迫交易罪的规定，加大惩处力度；完善寻衅滋事罪的规定，从严惩处首要分子；扩大特殊累犯的范围，加大对恐怖活动犯罪、黑社会性质组织犯罪的惩处力度。《刑法修正案（八）》为加强对民生的保护，将一些社会危害严重、人民群众反响强烈、原来由行政管理手段或者民事手段调整的违法行为，调整为犯罪，如危险驾驶罪，对外国公职人员、国际公共组织官员行贿罪，虚开发票罪，持有伪造的发票罪，组织出卖人体器官罪，拒不支付劳动报酬罪，食品监管渎职罪。

我国目前尚处于转型期，经济社会的发展需要刑法保驾护航的方面比较多，未来刑法的发展趋势应该是法网更加严密、刑罚更加趋缓。法网更加严密，主要是指犯罪圈将进一步有限扩大，陆续增加少数新罪

---

① 储槐植：《严而不厉：为刑法修订设计政策思想》，《北京大学学报》，1989（6）。
② 参见储槐植：《刑事一体化论要》，北京，北京大学出版社，2007，第 60～67 页。

名，如诚信缺失方面的犯罪、网络谣言方面的犯罪等。刑罚更加趋缓，主要是指死刑罪名会进一步削减，例如，《刑法修正案（九）》又取消 9 个死刑罪名：走私武器、弹药罪，走私核材料罪，走私假币罪，伪造货币罪，集资诈骗罪，组织卖淫罪，强迫卖淫罪，阻碍执行军事职务罪，战时造谣惑众罪。需要提醒的是，道家立法定制主张以"道"为本源，而此道法似乎更乐意敦促人们在道德上有所提升，在"天理、国法、人情"的思想之途上不停地追问，而不愿保障器物文明的发展，也不希求在外显世界有什么惊世骇俗的进步。由此，传统的法制建设乃至物质建设，总是原地踏步。这是道论的一重大负面影响，我们亦不得不正视。

二、严治贪腐：长治久安的保障

腐败误国，在历史上的教训比比皆是。中共十八大以来，执政党基于对严峻腐败形势的准确判断和只有吏治清明国家才能长治久安的清醒认识，掀起了强力反腐风暴，要求踏石有印、抓铁留痕，"老虎苍蝇一起打"。2015 年出台的《刑法修正案（九）》严密了贪腐犯罪的刑事法网，加大了惩腐的力度。自此中国的政治生态、社会风气逐渐向好。

（一）严治贪腐是新中国的一贯政策

治民先治吏，这是历代王朝共通的经验，而且封建君主鲜有放弃重典治吏的。在治贪方面，从总体上看，刑罚是一个日益走向严酷的过程，耐人寻味的是，贪官却是越来越多。明清两朝较以往更甚。可见，贪腐是一历史顽疾。新中国成立以来，严治贪腐的政策思想并未改变：20 世纪 50 年代初原中共石家庄市委副书记刘青山、原中共天津地委书记张子善因严重贪污盗窃国家资财被诛，今日尚常有人提及。20 世纪 80 年代以来，高官落马者可谓逐渐增多。胡长清、成克杰、王怀中、郑筱萸等依次伏法。这表明中国共产党治贪的决心不可谓不大；治贪的威力不可谓不猛，每一次对高官判处死刑都释放出中央强力反腐的信号。中共十八大以来，反腐的声势较以往更大，中央要求踏石有印、抓铁留痕，"老虎苍蝇一起打"。一批高级官员因为严重违法违纪"落马"，截至 2015 年 3 月 18 日，中共十八大后全国已有 98 名副部以上官员和军级以上军官落马。

新中国刑事司法实践证明，对于职务犯罪与非职务犯罪在处罚上予以区别对待、从严惩处的做法，不仅可以对贪腐、渎职犯罪分子起到惩罚、教育和改造的作用，使其改过自新、重新回归社会，达到刑罚适用的特殊预防的目的，而且还可对欲犯而未犯的其他腐败犯罪的虞犯者，起到教育警戒的作用，从而达到刑罚适用的一般预防的目的。因而，严治贪腐、从严治吏是当今世界各国的通行做法。从中国1997年《刑法》的总体规定来看，也体现了严治贪腐的政策要求，其主要表现是贪污罪与受贿罪都规定了死刑。2011年《刑法修正案（八）》以巨大的勇气削减了13个非经济犯罪的死刑，但是依然保留了贪污贿赂罪的死刑。2015年《刑法修正案（九）》再次废除了9个罪的死刑，但还是保留了贪污贿赂罪的死刑，并对贪污贿赂罪的死缓犯设置了不得减刑、假释的终身监禁。这再次向世界表明了中国惩治腐败的鲜明态度。但是，严治贪腐的思想并未能在现行刑法典中得到完全彻底的贯彻落实，突出表现在法网不严上，法网不严又突出表现在腐蚀公职人员、败坏国家形象、瓦解政权基础的受贿罪上。受贿是公职腐败的主要问题，腐败问题的严重性在于其普遍性。遏制腐败，有赖于深化改革和加强教育，法制建设也很重要，其中包括刑法规范。① 这一缺陷，在2009年《刑法修正案（七）》增加了利用影响力受贿罪，2011年《刑法修正案（八）》增加了对外国公职人员、国际公共组织官员行贿罪之后得到了改善，但对受贿罪采取与贪污罪等罪相同的立案标准与处罚标准仍值得商榷。《刑法修正案（九）》在涉及对行贿犯罪的处罚条款中，多处增加了处以罚金的内容；对贪污受贿犯罪的定罪量刑标准——具体数额的规定——改为"数额＋情节"的立法模式。对行贿罪增加罚金刑种，既符合经济犯罪刑罚配置的原理，又能增强该罪的惩防功能；但是保留将"数额较大"作为贪污受贿犯罪主要入罪门槛的规定，对官员的震慑力不够，不利于预防贪污贿赂罪的发生。而且《刑法修正案（九）》对受贿罪依然没有规定独立的刑罚，而是依照贪污罪的规定处罚。受贿罪采取与贪污罪相同的定罪量刑标准不符合受贿罪的罪质与特征。②

（二）当下性腐败刑法对策的缺失

权色交易的根本原因是人性贪婪与制度缺失。历史留给我们的殷鉴是贪财与贪色常常两不离分，而目前我国刑法对惩治官员贪色的律条踪迹全无，这给在性观念愈来愈开放的背景下惩治腐败增加了难度。由于性腐败现象十分普遍，社会危害性严重，因而应借鉴历史的经验教训，在治理贪

---

① 参见储槐植：《刑事一体化论要》，北京，北京大学出版社，2007，第57页。
② 参见彭凤莲、胡文静：《论受贿罪的立案追诉标准》，《安徽师范大学学报（人文社会科学版）》，2011（4）。

色立法上下功夫。只有坚持惩治贪财与贪色两手抓，才有可能把反腐败推向深入。

1. 目前惩治性腐败的依据主要是党纪政纪与司法解释

（1）党纪政纪对性腐败的规制。

1）不正当性关系行为。2015 年 10 月 12 日，中共中央政治局召开会议审议通过了《中国共产党纪律处分条例》（自 2016 年 1 月 1 日起施行），其第 127 条第 1 款规定："与他人发生不正当性关系，造成不良影响的，给予警告或者严重警告处分；情节较重的，给予撤销党内职务或者留党察看处分；情节严重的，给予开除党籍处分。"与 2003 年《中国共产党纪律处分条例》相比较，有如下改动：一是将"通奸"改为"发生不正当性关系"；二是将 2003 年《中国共产党纪律处分条例》第 150 条第 2 款规定的"与现役军人的配偶通奸的，依照前款规定从重或者加重处分"予以删除；三是将 2003 年《中国共产党纪律处分条例》第 150 条第 3 款规定的"重婚或者包养情妇（夫）的，给予开除党籍处分"予以删除。根据 2007 年《行政机关公务员处分条例》第 29 条，公务员"包养情人的"，"给予撤职或者开除处分"。

2）利用优势地位发生性关系的行为。1997 年《中国共产党纪律处分条例（试行）》中就有相关规定，此规定被 2003 年《中国共产党纪律处分条例》第 151 条全部吸收："利用职权、教养关系、从属关系或者其他相类似关系与他人发生性关系的，给予撤销党内职务处分；情节严重的，给予留党察看或者开除党籍处分。"2015 年《中国共产党纪律处分条例》第 127 条第 2 款规定："利用职权、教养关系、从属关系或者其他相类似关系与他人发生性关系的，依照前款规定从重处分。"比较之下，2015 年条例加大了对利用优势地位发生性关系行为的处罚力度。

3）猥亵、侮辱妇女的行为。2003 年《中国共产党纪律处分条例》第159 条第 2 款规定，"猥亵、侮辱妇女"的，"给予严重警告或者撤销党内职务处分；情节严重的，给予留党察看或者开除党籍处分"。2015 年条例予以删除。

4）卖淫、嫖娼或者进行色情淫乱活动的行为。2003 年《中国共产党纪律处分条例》第 156 条规定："嫖娼、卖淫，或者组织、强迫、介绍、教唆、引诱、容留他人嫖娼、卖淫，或者故意为嫖娼、卖淫提供方便条件的，给予开除党籍处分"。第 155 条规定："进行色情活动的，给予严重警告或者撤销党内职务处分；情节严重的，给予留党察看或者开除党籍处分。本条例另有规定的，依照规定。"第 159 条第 1 款规定："进行淫乱活动的，给予严重警告或者撤销党内职务处分；情节严重的，给予留党察看或者开除党籍处分。"根据《行政机关公务员处分条例》第31条，实施"组织、支持、参与卖淫、嫖娼、色情淫乱活动的"，"给予撤职或者开除处分"。2015年条例予以删除。

2015年条例在删除某些内容的同时，新增了包容性较强的条款："生活奢靡、贪图享乐、追求低级趣味，造成不良影响的，给予警告或者严重警告处分；情节严重的，给予撤销党内职务处分。"（第126条）"违背社会公序良俗，在公共场所有不当行为，造成不良影响的，给予警告或者严重警告处分；情节较重的，给予撤销党内职务或者留党察看处分；情节严重的，给予开除党籍处分。"（第128条）"有其他严重违反社会公德、家庭美德行为的，应当视具体情节给予警告直至开除党籍处分。"（第129条）

由上可见，一些在2003年条例中规定得很明确的行为在2015年条例中已经没有了，而代之以包容性较强的概括性规定；保留的也仅是对党员或国家工作人员违反生活纪律行为的党纪政纪处分，处罚力度不够。因此，要对国家工作人员的"乱性"行为予以刑法上的特别制约，以遏制性腐败尤其是权色交易恶性互动。

（2）司法解释对性腐败的规制。

1979年刑法、现行刑法都没有类似于古代律典中关于惩治官吏性腐败的规定，而现实中官员的性腐败现象又并非鲜见，所以为应对现实，从20世纪80年代始直到今天，司法解释便担当了弥补性腐败刑法对策缺失的重任。

1）国家工作人员利用教养关系、从属关系、职权等构成强奸罪的认定。1984年4月两高、公安部联合发布《关于当前办理强奸案件中具体应用法律的若干问题的解答》（以下简称《解答》），其中把"利用教养关系、从属关系、职权以及孤立无援的环境条件，进行挟制、迫害等，迫使妇女忍辱屈从，不敢抗拒"解释为"胁迫手段"；虽然利用职权与妇女发生性行为的不能都视为强奸，但《解答》指出："行为人利用职权，乘人之危，奸淫妇女的"，构成强奸罪，这类似于古代的监守内奸罪。但是，《解答》没有把国家工作人员强奸或国家工作人员奸淫幼女作为强奸罪的加重情形之一来认定。

2）国家工作人员性侵未成年人构成强奸、猥亵犯罪的认定。实践中不断出现的诸如海南某小学校长、官员带小学生开房等性侵未成年人案件，催生了2013年10月"两高"、公安部、司法部联合发布《关于依法惩治性侵害未成年人犯罪的意见》（以下简称《意见》）。《意见》第 21 条规定："对幼女负有监护、教育、训练、救助、看护、医疗等特殊职责的人员（以下简称负有特殊职责的人员）与幼女发生性关系的，以强奸罪论处"；"对已满十四周岁的未成年女性负有特殊职责的人员，利用其优势地位或者被害人孤立无援的境地，迫使未成年被害人就范，而与其发生性关系的，以强奸罪定罪处罚"。第 25 条规定："针对未成年人实施强奸、猥亵犯罪的，应当从重处罚"；"对未成年人负有特殊职责的人员、与未成年人有共同生活关系的人员、国家工作人员或者冒充国家工作人员，实施强奸、猥亵犯罪的"，"更要依法从严惩处。"这里，首次明确了"国家工作人员"实施强奸、猥亵犯罪的更要依法从严惩处，"更"字表明了严以治吏的态度。

现实中官员如上海某法院法官等宿娼行为屡见媒体，挑战了民众对于国家工作人员道德底线的期望，社会危害性巨大，党纪政纪已难以应对。1997 年《刑法》原第 360 条第 2 款规定了嫖宿幼女罪，但没有规定国家工作人员嫖宿幼女的要从重处罚。尽管嫖宿幼女罪的设立是想保护幼女的权益，但客观上有弱化社会对幼女被性侵后果的认识、助长嫖宿幼女及类似行为发生的嫌疑。所以，《意见》第 20 条规定："以金钱财物等方式引诱幼女与自己发生性关系的；知道或者应当知道幼女被他人强迫卖淫而仍与其发生性关系的，均以强奸罪论处。"这压缩了嫖宿幼女罪的适用空间，有利于保护幼女。《意见》第 26 条第 2 款规定："对未成年人负有特殊职责的人员、与未成年人有共同生活关系的人员、国家工作人员，实施组织、强迫、引诱、容留、介绍未成年人卖淫等性侵害犯罪的"，"更要依法从严惩处"。这再次明确了国家工作人员实施性侵未成年人犯罪的更要依法从严惩处，对类似于 2013 年海南某小学校长开房案、2009 年贵州习水官员性侵案的犯罪加大了处罚力度。《刑法修正案（九）》删去了嫖宿幼女罪，嫖宿幼女的行为一同纳入强奸罪。

3）贿赂的范围、受贿罪的主体与性腐败关系的认定。2007 年公安部消防局发布的《公安消防部队四个严禁》中将收受贿赂解释为包括接受"提供性服务等非物质性利益"。尽管这不是司法解释，适用范围仅限于公安消防部队，但其明确提及了"性服务"。2007 年 7 月，"两高"在联合发布的《关于办理受贿刑事案件适用法律若干问题的意见》中用了一个新名词——"特定关系人"，并将其解释为"是指与国家工作人员有近亲属、情妇（夫）以及其他共同利益关系的人"。这是广义的刑事法律中首次出现"情妇（夫）"一词，回应了惩治性腐败、权色交易的现实需要。但新刑法几经修改，9个刑法修正案在惩治性腐败上均没有实质性的突破。其中，《刑法修正案（七）》在利用影响力受贿罪中用了一个新鲜词语——与该国家工作人员"关系密切的人"，此"关系密切的人"的含义是仅指情人，还是包括情人在内的范围更广的人？不甚明确，学界争论的观点主要有事前标准说与事后标准说。事前标准说主张以案发前行为人所具有的客观身份作为判断的标准。王作富教授采事前标准说，他从实际案件出发，认为该条文主要针对的是国家工作人员所谓的"情人""情妇（夫）"等，但也包括近亲属之外的亲戚朋友，以及情趣相投的票友、旅友、棋友、牌友等。事后标准说主张从行为人是否利用了国家工作人员的职务便利，通过其他国家工作人员职务上的行为，为请托人谋取不正当利益，索取请托人财物或者收受请托人财物，如果有证据证明是，那么就能被认定为是与国家工作人员"关系密切的人"①。此条文中"关系密切的人"与2007年"两高"司法解释中的"特定关系人"之间是什么关系？同样不甚明确。而且利用影响力受贿罪也不是针对官员性犯罪规定的，而是为扩大受贿罪主体范围而设立的。或许该条款在一定程度上是针对"情人"的，但总体上我国刑法在性腐败问题上还是"犹抱琵琶半遮面"。

2. 刑法有必要介入惩治性腐败

（1）党纪政纪难以应对性腐败形势。

鉴于我国权色交易现象十分普遍，中共中央纪委、监察部于2013年1月10日在北京首次以电视直播形式发布2012年查办案件工作情况：2012年处分县处级以上干部近4 700人，3万多人因贪污贿赂受处分，被查贪官中95％有情妇。这一权威数据表明，贪色与腐败之间的关系十分密切，性权利的膨胀、滥用与腐败犯罪之间恶性互动也是犯罪与社会互动的一种体现。②法不责众的传统心理，使官员逐渐认同性贿赂，形成了性贿赂犯罪的内驱力。③所以，反对性腐败任重道远。

国家工作人员不同于普通百姓，他们手握公权力，有着比百姓更重的遵守、维护道德和秩序的责任，有着比百姓更便利的性犯罪条件。美国前

---

① 罗猛：《如何界定利用影响力受贿罪的"关系密切人"》，《检察日报》，2012-02-08，3版。

② 参见吴鹏森：《中国刑事犯罪60年：犯罪与社会的互动——兼论当代中国犯罪历史分期》，《安徽师范大学学报（人文社会科学版）》，2012（2），第292页。

③ 参见付晓雅：《西方犯罪学视阈下的贪污贿赂犯罪原因研究》，《法学杂志》，2013（12），第15页。

总统尼克松所说的"权力是最好的催情剂",在当代中国也一再被证实。官员利用权力实施的权色交易行为、奸淫行为比普通百姓实施的性犯罪,会对善良风俗、道德秩序造成更为严重的损害。因此,国家工作人员作为公众人物,应受到更严的监督、更重的处罚。腐败大要案几乎都表明,经济上腐败者生活上一样腐化,既贪财又贪色。以往的实践表明,对生活腐化者给予党纪政纪处分难以阻止性腐败。早些年的用人实践似乎也表明:犯错误后东山再起的干部中,犯"性错误"者复出晋升最顺利。这渐渐让人们形成了一种心理定势:性腐败只是生活作风问题,不影响"锦绣前程"。种种权色交易、性犯罪与这种不当做法、错误认识不无关系。官方在描述官员乱搞两性关系时常用的语言是"生活腐化",最近"通奸"一词频现。事实一再表明,性腐败、性贿赂是滋生腐败的"酵母",官员的性罪错不再是纯粹的性问题,而是与"公权力"密切相关。所以,党和政府在选拔人才时应坚持德才兼备、以德为先的标准,对与权力有关的严重性罪错必须用刑法强力惩治。

(2) 司法解释的补位作用有限。

法律的语言是一种专业用语,不同于日常生活语言,通常只有法学法律专家才能解释和操作,所以法律的适用需要解释。"司法解释"一词有广义和狭义之分:广义上是指"两高"或单独或联合以及"两高"与其他部门如公安部、司法部等联合发布的"解释""规定""批复"和"决定"等文本;狭义上则仅指"两高"或单独或联合就审判工作、检察工作中如何具体应用某一法律或者对某一类案件、某一类问题如何应用法律所作出的"解释"①。本文采广义说。司法解释活动既兼顾了法律的稳定性,又能对原有法律进行补充和调整,是应对形势变迁、满足法院裁判基本需要的比较理想的方法,是沟通立法与司法的"桥梁",在司法实践中发挥着重要作用。

多年来司法解释的运用和发展,为立法工作提供了大量宝贵经验,成为立法取之不尽的资源。很多刑事司法解释的成果都为我国刑法、刑事诉讼法所吸收。但是,司法解释不能根本性地解决法律漏洞,有时在解决现有法律矛盾的同时,又会生成新的矛盾;用它弥补立法漏洞时,又会产生新的漏洞。例如,前述 2007 年"两高"《关于办理受贿刑事案件适用法律若干问题的意见》,将"情妇(夫)"解释为"特定关系人"

---

① 何家弘:《司法解释与司法判例——新"刑诉法司法解释"评析》,《法学杂志》,2013 (7),第 30 页。

之一种，那国家工作人员重婚的对象是否属于"特定关系人"呢？从常理分析，处于秘密状态的情妇（夫）是"特定关系人"，那以夫妻名义共同生活的重婚对象更是"特定关系人"。因此，关于"特定关系人"的解释在解决了一个问题的同时又产生了新的问题。同时，司法解释也不具备法律的效力。通过修订、完善刑法立法来填补刑法立法漏洞，而不是通过刑法解释技术来对刑法立法漏洞进行司法填补，是实现刑法良法之治的基本要求。① 因此，应将性腐败司法解释的内容合理吸收为刑法的内容，在提高其效力位阶的同时，通过判决书的援引增强其对国家工作人员的教育作用。

（3）刑法威权文化的依赖。

《中国共产党纪律处分条例》《行政机关公务员处分条例》将党员、公务员性腐败行为作为一种违纪违规问题处理是必要的，但在崇尚刑法威权的中国，党纪政纪处分的震慑力不够，性腐败严峻的现实呼唤刑法要积极应对。

我国自古以来就重视刑法，大多数西方汉学家认为，中国古代的依法而治，通常意指以严厉的法律维持一种统治，"这种法律尤其是指由公元前4世纪和3世纪法家理论所倡导的在公元前4世纪中叶秦国所实行的刑法"②。中国的学者也认为，新发现的材料证明了一个以明确、公开的法律和一致的刑罚为特征的法律制度的存在。③ 自东汉时起流行的"法，刑也"的训诂，也证明中国古代法主要是指以国家强制力为后盾的刑法。

中国传统法律文化在某种意义上说主要是一种刑法文化，刑法文化又具体地体现在国家的犯罪观和刑罚观上，它特别重视对官员性道德进行强力约束，为官员专设了相关性犯罪，还规定官员实施百姓也能实施的性犯罪要加重处罚等。长期以来，在中国，不管是政府治理还是社会治理，都习惯依赖于刑法的威权；不管是官员还是百姓，在个体行为约束上，也都相信刑法的强制，党纪政纪在他们心目中只是"非正式约束"④。法益保

---

① 参见魏东：《从首例"男男强奸案"司法裁判看刑法解释的保守性》，《当代法学》，2014（1），第46页。

② 高道蕴、高鸿钧、贺卫方：《美国学者论中国法律传统》（增订版），北京，清华大学出版社，2004，第242页。

③ 参见饶鑫贤：《汉初黄老学派法律思想略述》，载《法律史论丛》（第3期），北京，法律出版社，1983，第326页。

④ 蔡小慎：《非正式约束视角下公职人员利益冲突的治理》，《安徽师范大学学报（人文社会科学版）》，2013（2），第173页。

护前置化是刑法保护的基本趋势①，因此，在刑法文化浓厚的中国，用罪与罚的方式防治性腐败能起到一般预防效果和保护处于弱势地位女性的性权利。

（三）当下性腐败刑法对策构想

近几年立法和司法对官员性权利的限制及滥用性权利的惩处都有重要进展。2007 年"两高"司法解释中的"特定关系人"已明确包含"情妇（夫）"；2013 年 10 月四部门的《意见》对于官员利用权势或优势地位奸淫妇女幼女明确了从严惩处的态度，并两次提到对"国家工作人员"实施性侵犯罪"更要依法从严惩处"；《刑法修正案（七）》中"关系密切的人"包括但不限于"情妇（夫）"。这些规定都体现了对官员的从严要求和司法的进步，有利于惩治性腐败。但面对泛滥的性腐败，其力度不够，因为：其一，2007 年"两高"司法解释与 2013 年四部门的《意见》都属于司法解释，没有法律位阶高、宣传广，因而对官员的教育预防作用有限；其二，《刑法修正案（七）》中"关系密切的人"虽属立法，但含义不明，也并非针对官员性犯罪的专门规定。贪官之贪，不外财、色两宗，而色助官贪、色逼官贪，此恶性互动产生贪腐的"长效性"。所以，思考如何防治官员贪色有现实意义。

1. 建议将"性贿赂"纳入贿赂罪的范围

学界多年来没有停止讨论贿赂的范围是否包括非物质性利益的问题。在我国签署、批准《联合国反腐败公约》之后，这一讨论仍在持续。一方面，该公约将贿赂的范围规定为"不正当利益"，但没有指明其仅是"物质性利益"还是仍包括"非物质性利益"；另一方面，我国刑法与司法解释将贿赂的范围定位于"物质性利益"，与不断变化的贿赂现状不符。不过，多数学者认为，该公约中贿赂的范围广泛，既包括物质性的金钱、物品，也包括债权的设立、债务的免除、免费旅游等财产性利益，还包括职务升迁、升学就业、提供色情服务等非财产性利益。② 该问题争论的实质是性贿赂是否入罪。十几年来就这一问题有过激辩，反对声中学界权威居多，支持者中学界新人居多。如有权威学者认为，我国贿赂的范围应该完善，但反对一步到位为"任何好处"，也反对将"非物质性利益"纳入其

---

①　参见姜涛：《风险刑法的理论逻辑——兼及转型中国的路径选择》，《当代法学》，2014（1），第 82 页。

②　参见王鹏祥、张彦奎：《当代中国腐败犯罪的刑法治理——以〈联合国反腐败公约为观照〉》，载陈泽宪等主编：《当代中国的社会转型与刑法调整》（下册），北京，中国人民公安大学出版社，2013，第 1183 页。

中，而主张界定为"财产性利益"，提出"性贿赂"不宜列入。① 在 2013 年的全国刑法学术年会上，性贿赂再次被热议。

《联合国反腐败公约》涉及预防和打击腐败的立法、司法、行政执法以及国际合作等方面。② 根据字面含义，"腐败"是应该涵盖"非物质性利益"的。不管是履行公约规定的义务还是遏制普遍的性贿赂现象，将性贿赂等非物质性利益纳入贿赂范围是适宜的，也是必要的。建议借鉴我国古代"向案件当事人求婚或性受贿罪"，吸收 2007 年公安部消防局在《公安消防部队四个严禁》中将收受贿赂解释为包括接受"提供性服务等非物质性利益"的内容，将"性贿赂"写进刑法条文，纳入贿赂犯罪的范围。很多已经处理的腐败案件表明，官员"乱性"行为与色贿行为的普遍存在是一个不争的事实。2000 年南京大学一硕士研究生提出"应设立性贿赂罪"③，在当时引起了一阵不小的争议。

2. 建议设立国家工作人员嫖娼罪

我国古代设立有"官吏宿娼罪"，如今诸如上海某法院法官等宿娼行为虽时有发生，但是只要其宿娼的对象不是幼女，刑法便没有相应的罪名可以适用。为了遏制官员嫖娼卖淫行为，建议借鉴古人，在刑法中专设官员嫖娼罪，普通百姓嫖娼不构成犯罪。

3. 建议设立国家工作人员通奸罪

我国古代没有专门的官员通奸罪，但是规定如果官员通奸要加等处罚。1935 年《中华民国刑法》保留了通奸罪，但没有规定官员通奸从重或加重处罚。新中国刑法中无通奸罪。如今，对百姓的通奸行为没有必要再予以犯罪化处理，但是可以考虑设立国家工作人员通奸罪："国家工作人员有配偶而与人通奸的，构成通奸罪；国家工作人员与现役军人的配偶通奸的，依照通奸罪从重处罚。"其相奸者如果是国家工作人员亦同，如果不是国家工作人员，则不构成犯罪。

4. 建议对国家工作人员实施猥亵行为、重婚行为的从重处罚

《刑法》第 237 条规定了一般的强制猥亵、侮辱罪与猥亵儿童罪，没有古代律典中只有官员才能构成的性骚扰或猥亵之罪名。国家工作人员滥用权势猥亵部属，如果没有使用强制手段便无罪无罚。《美国模范刑法典》

---

① 参见高铭暄、张慧：《论贿赂犯罪的贿赂"范围"》，《法学杂志》，2013 (12)，第 8 页。
② 参见柳华文：《〈联合国反腐败公约〉履约审议机制刍议》，《当代法学》，2014 (1)，第 139 页。
③ 金卫东：《应设立"性贿赂罪"》，《江苏公安专科学校学报》，2000 (6)，第 83 页。

第 213 条把一切利用职权而为的猥亵均定性为强制猥亵。建议：国家工作人员滥用权势猥亵部属，即使未使用强制手段，也构成犯罪；如果使用强制手段，猥亵的对象不管是部属还是他人，均从重处罚；国家工作人员猥亵儿童的，更要从重处罚。

《刑法》第 258 条规定了重婚罪，第 259 条规定了破坏军婚罪，这两个罪的犯罪主体都是一般主体。对于国家工作人员重婚、破坏军婚的，没有特别约束。建议在这两个条文中各增加一款："国家工作人员犯前款罪的，从重处罚。"

5. 建议对监守内奸、利用权势奸淫按照强奸罪从重处罚

根据 1935 年《中华民国刑法》，监守内奸、利用权势奸淫要处最高 5 年刑罚，远重于常人通奸罪处刑 1 年以下。西方现代刑法也持相同立场。《法国新刑法典》第 222—27 条、第 222—28 条、第 222—29 条、第 222—30 条都规定了官员利用职权奸淫妇女的罪与罚：强奸之外的其他性侵犯罪，处 5 年监禁并科 75 000 欧元罚金；犯罪系由滥用职务赋予之权势的人实施的，加重至处 7 年监禁并科 100 000 欧元罚金；犯罪系由滥用职务赋予之权势的人针对 15 岁以下的未成年人实施的，处 10 年监禁并科 150 000 万欧元罚金。[1] 而我国现行刑法对监守内奸、利用权势奸淫或猥亵行为的态度不明确，至今没有将上述 1984 年《解答》的相关内容完善并上升为法律条文，导致在实践中性腐败通常被视为生活作风问题。鉴于经常出现官员利用权势奸淫妇女的案件，1984 年的《解答》对此问题提供了解决方案，但 1997 年刑法依然没有作出明确规定。现行《刑法》第 259 条第 2 款规定，"利用职权、从属关系，以胁迫手段奸淫现役军人的妻子"的，依照强奸罪定罪处罚；但是没有规定利用职权、从属关系，以胁迫手段奸淫妇女的，以强奸罪论处。建议对监守内奸、利用权势奸淫不仅按照强奸罪论处，而且要从重处罚。

6. 建议对国家工作人员强奸的从重处罚

2013 年 10 月"两高"、公安部、司法部的《意见》，明确了对于"国家工作人员"实施强奸、猥亵犯罪的，实施相关性侵未成年人犯罪的，都"更要依法从严惩处"。此两处"更"字表明了重典惩治国家工作人员性犯罪的严厉态度。《法国新刑法典》第 222—34 条规定：由滥用其职务所赋予之权势的人实施强奸的，处 20 年徒刑，比普通强奸罪重 5 年。[2] 建议：

---

① 参见《法国新刑法典》，罗结珍译，北京，中国法制出版社，2003，第 66～67 页。

② 参见上书，第 65 页。

借鉴古今中外官员实施强奸行为加等处罚的规定，吸收《意见》中"更要依法从严惩处"的相关内容，修改现行《刑法》第236条强奸罪的内容，增加一款："国家工作人员实施强奸的，从重处罚。"

概言之，权色交易既是贪腐的伴生现象，又是贪腐的催化剂，同时更是贪腐现象的组成部分。面对普遍的权色交易现象以及基于履行《联合国反腐败公约》的要求，是时候旗帜鲜明地从刑法上反对性腐败了！其现实基础是：不管是根据学者的统计，还是根据官方的权威发布，性腐败已经成为一个不容忽视的问题，一桩桩性腐败案件、一个个性腐败官员及其造成损失的数据，触目惊心！习近平在十八届中央纪委三次全会上发表重要讲话时强调要强化反腐败体制机制创新和制度保障，要以深化改革推进党风廉政建设和反腐败斗争。[1]性腐败也是腐败，古今中外的史实表明，因为性腐败而毁灭自己、毁灭国家的事例不胜枚举。我国古代为了从严要求官吏、要求官吏从严要求自己，从刑法上专门设立只有官吏才能构成的性犯罪，将官吏身份作为性犯罪加重处罚因素，这样的制度设计是值得肯定和借鉴的。正如有学者言，"中国传统法律制度在整体上应该被改造、被置换，但是其中与现代法治相适应的部分优秀法律文化应该被继承和吸收"[2]。西方的性文化虽然与我国性文化差异比较大，但也有预防、惩治公职人员性腐败的法律规定。我国刑法旗帜鲜明并有力地反对性腐败，正是反腐败体制机制的一种创新和制度保障，能提高反腐的针对性。当然，历史的教训更要记住，传统法中虽有不少惩治贪色的律条，但对贪色的实际惩治因为从帝王将相到知府县令都有劣迹斑斑的性腐败问题而收效不大，自己惩治自己是很难的，所以当然会导致贪腐难治。现今各级官员是国家工作人员，为人民服务是其宗旨，他们应成为道德的楷模、守法的先锋，不管是从国家治理角度还是从官员（职业）道德角度，都要谨记历史的教诲，约束与惩治公职人员性权利的滥用应成为我国反腐的重要一端！[3]

此外，古代法令对官吏的职务连带责任的规定，明确了担任领导职务的官吏对下属承担的廉政责任。这对于今天廉政建设、领导干部责任制的

---

① 参见《习近平同志在十八届中央纪委三次全会上发表重要讲话》，《人民日报》，2014-01-15，第1版。

② 冯春萍、张红昌：《也论中国法文化传统与现代法治——与齐延平教授等商榷》，《法学杂志》，2013（10），第119页。

③ 参见彭凤莲：《中国古代性腐败的刑法对策及其当代启示》，《法学杂志》，2014（9）。

完善具有现实意义，对反腐倡廉的关联性整治有一定作用。严治贪腐是打造廉洁政府、实现长治久安所必须坚持的政策。中共十八届四中全会决定指出，党纪严于国法。国法对全体公民有约束力，党纪对全体党员有约束力。对党员的要求高于对普通公民的要求，党员实施违反党纪的行为，普通公民实施之并一定不违规违纪。所以说"党纪严于国法"，是指对党员的要求更高，并不是指党纪的制裁力度大于国法的制裁力度。中共十八届四中全会决定将党内法规体系纳入中国特色社会主义法治体系，表明中国共产党作为执政党自觉地将自身建设纳入法治中国建设的大系统中。

第三节　传统刑事司法政策思想的现代借鉴

对传统刑事司法政策思想的研究，目的还在于当今的刑事司法实践。在刑事政策的体系中，刑事司法政策实践特性突出。刑事司法政策的实践性要求刑事司法政策面向刑事司法实际，解决刑事司法难题，共同服务于抗制犯罪的刑事司法实践。刑事司法实践一方面要为刑事司法改革提供制度依据，另一方面要避免刑事司法机关的改革举措侵犯人权。[①] 顺天行刑、慎刑恤罚、慎用死刑等传统刑事司法政策思想在这两方面都能给我们提供有益的启示。

一、顺天行刑：尊重自然规律、尊重人性

顺天是中国古代思想家的共识。圣人依据天象所立之则为"天子之法"，"天子之法"的内容就是顺阴阳、顺四时、顺五行。如春季万物生长，应减少狱讼；夏季万物苗壮，应多赏而薄刑；秋季万物萧条，应修订法令，断刑决狱；冬季阴气最盛，应对犯罪者严刑制裁。从周秦直至明清，秋冬行刑、秋后处决的制度始终保留。这也是天人合一基本刑事政策思想的必然结论。

（一）去除顺天行刑的迷信成分

如果立法者希望鼓励一个民族具有人性，那么他自己应该首先树立榜样，要求自己有义务对人的生命、对一切能影响人之感受的环境情状，给以极大的尊重。顺天行刑，正是寻求人与自然的和谐，在用刑问题上强调

---

① 参见周建军：《刑事司法政策原理》，北京，清华大学出版社，2011，第67页。

天人合一，遵循自然规律。其思想基础是董仲舒的天人感应说。在今天看来，天人感应说带有诸多神秘色彩，但以此为基础的顺天行刑政策思想对人与自然之间和谐的追求在今天仍具有启发意义。和谐社会不单是人与人之间的和谐，还包括人与自然之间的和谐。

春夏禁刑杀的司法时令说及其相应的一套制度，虽然对封建社会的残酷刑杀，有时起过短暂的缓冲作用，但毕竟是迷信的产物，所以笃信"天报""天讨""天罚"，寄希望于不可定之天数，必然会在完善政制、约束权力的人为努力方面自我松懈。① 墨子憧憬"天子为善，天能赏之；天子为恶，天能罚之"②，希望天能根据天子的善恶赏罚分明。某种意义上这也就是要大家"听天由命"，因为"天罚"只能通过天灾异变的方式显示，只能使其在天灾人祸的大动乱中无暇自救而自我灭亡。这种对君主的"天赏天罚"说，起初可能仅仅是无可奈何情况下的一种善良愿望：既然人的监督力、纠正力无从施行，或者说不得合法施行，那么只好寄希望于一种特殊的力量、一种帝王不敢反抗的力量、一种帝王无法用他的权力加以镇压的力量，希望借这种力量来约束帝王。其实，帝王们大多知道天是没有意志的，是没有惩罚能力的，因而并不畏惧"天谴天罚"。帝王们只想用天去吓唬老百姓，并不想用天意限制自己、束缚自己。这一点，许多思想家心里也清楚，但他们明白，他们的规谏只有通过这种方式提出才比较安全，既容易被帝王们接受，也好保护自己的身家性命。这种善意的欺君学说，久而久之欺骗了思想家们自己，也欺骗了人民，使他们自己和人民长久受此虚假学说的熏陶、麻醉，最后不知不觉地丧失了对政治制度的理性探讨及对现实政治抗争的意志和心理动力，都有意无意地把一切政治变革的希望寄托于难以预知的不可料定的天数，结果是只配受专制制度的数千年折磨。此乃"种瓜得瓜""求仁得仁"也。③

今天的行刑，不会再有因"顺天"而秋冬行刑之说，而是按照刑法、刑事诉讼法的规定，将生效判决交付执行。死刑在最高人民法院核准后执行，不分春夏秋冬。

（二）按照人的天性合理配置刑罚与设置刑罚执行方式

我们今天在尊重顺天行刑政策在劝导人心、稳定社会方面的历史作用同时，要警惕其迷信成分的复活和扩散。而要对顺天行刑政策思想予以改

---

① 参见范忠信：《中国传统法律的基本精神》，济南，山东人民出版社，2001，第209页。
② 《墨子·天志中》。
③ 参见范忠信：《中国传统法律的基本精神》，济南，山东人民出版社，2001，第207页。

造吸收，只能吸收在适用刑罚时要尊重客观规律这一合理内核，并予以新的诠释。例如，古人把打雷这一自然现象理解为天在发怒，天一发怒，天子即可恭行天罚，因为在自然现象中雷霆震怒在一年三百六十余日中毕竟占极少数，而风和日丽却是经常性的，所以即使是顺天行诛也应该是极少动用的，就是说，死刑应该是极少用的，而事实上死刑在古代并不是极少运用的刑罚方法。今人都知道，打雷并不是天公在发怒，风雨雷电是常见的自然现象，当然，此自然现象与人类行为活动不无关联。再如，人对刑罚的感受量是有生理极限的，顺天行刑在此一意义上可以理解为按照人的天性来合理配置刑罚、设置刑罚执行方式。过于惨毒的刑罚超越人性的承受极限，不但不能劝导人性向善，反而可能会使人性更加凶残。意大利刑法学家贝卡里亚说："人的心灵就像液体一样，总是顺着它周围的事物，随着刑场变得日益残酷，这些心灵也变得麻木不仁了。""严峻的刑罚造成了这样一种局面：罪犯所面临的恶果越大，也就越敢于规避刑罚。为了摆脱对一次罪行的惩罚，人们会犯下更多的罪行。"他还指出：

> 刑罚的残酷性还造成两个同预防犯罪的宗旨相违背的有害结果。第一，不容易使犯罪与刑罚之间保持实质的对应关系。因为，无论暴政多么殚精竭虑地翻新刑罚的花样，但刑罚终究超越不了人类器官和感官的限度。一旦达到这个极点，对于更有害和更凶残的犯罪，人们就找不出更重的刑罚以作为相应的预防手段。第二，严酷的刑罚会造成犯罪不受处罚的情况。人们无论是享受好处还是忍受恶果，都超越不了一定的限度。一种对于人性来说是过分凶残的场面，只能是一种暂时的狂暴，绝不会成为稳定的法律体系。如果法律真的很残酷，那么它或者必须改变，或者导致犯罪不受处罚。①

贝卡里亚二百多年前的告诫在今天还是那么振聋发聩！

二、慎刑恤罚：构建和谐社会的民权关怀

宽严相济是我国当下基本刑事政策，认真贯彻"宽严相济"的刑事政策，坚持慎刑恤罚，在构建宁静祥和、诚信友爱、充满活力、安定有序的社会主义和谐社会的过程中有其现实意义。

---

① 〔意〕贝卡里亚：《论犯罪与刑罚》，黄风译，北京，中国法制出版社，2002，第50～51页。

（一）慎刑恤罚符合人权保障的法律宗旨

中国古代法制以"仁政"为基础，认为治国之道在于"省刑罚，薄税敛"①，定罪科刑要循矜恤省刑政策。古有"罚弗及嗣，赏延于世。宥过无大，刑故无小；罪疑惟轻，功疑惟重；与其杀不辜，宁失不经；好生之德，治于民心，兹用不犯于有司"②，以及"惟刑之恤哉"等记载③，其意在于不任意实施杀戮，要重赏而轻罚、慎重用刑、广泛运用宥赦。

蔡枢衡先生通过对我国犯罪史和刑罚史的考证指出：

> 处罚最严重的是政治犯，处罚最慎重的却是杀人犯。严重和慎重，表面上是互相矛盾的；在维护统治者利益这一点上，却是互相一致的。统治者需要重用死刑处罚政治犯，以便使君位可以安然传至子孙万世；也需要对常事犯慎用死刑，以免积怨树敌影响长治久安。严重和慎重，异曲同工，正是同一本质的两种表现形式。

> 慎用死刑的方针，一面表现为死刑判决核定权专属于统治者，同时表现为对杀人疑狱的宽缓。《尚书·舜典》所谓"怙终贼刑"是以再犯杀人或初犯一次杀食三人而事属确实、信而有征为条件的。如果虚实莫辨或情有可疑，理难遽断，便是疑狱，不能处死。自从唐尧时代开始用死刑处罚杀人犯以来，同时就对杀人疑狱特别处理。《尚书·大禹谟》中"罪疑惟轻，功疑惟重。与其杀不辜，宁失不经"，便是历史上第一个处理杀人疑狱的方法。④

蔡枢衡先生这里谈的虽然主要是古代如何慎用死刑，但更重要的是分析了古代在慎刑恤罚方面如何处理疑狱的方法。这对今天疑罪处理是有启示的。例如，夏代死罪疑狱罚铁 750 斤，中罪罚铁约 187 斤，小罪罚铁 75 斤。可见，疑罪减轻处罚，已从杀人罪扩充到一切犯罪了。这显然是一种发展。⑤

古人采取慎刑恤罚的政策，主要是基于体现皇恩浩荡、泽被万民的意图，想让百姓对皇帝感恩戴德，从而稳固统治的根基。如今皇帝不存在了，但是中国政权还在继续，慎刑恤罚的做法仍然有启发意义。今天采用慎刑恤罚基于两点认识：一是对刑罚功能的认识：刑罚的作用是有限的，

---

① 《孟子·梁惠王上》。
② 《尚书·大禹谟》。
③ 参见《尚书·舜典》。
④ 蔡枢衡：《中国刑法史》，北京，中国法制出版社，2005，第157页。
⑤ 参见上书，第160页。

刑事制裁方法不是万能的。二是对人权的认识："尊重与保障人权"已入宪，刑事领域的人权保障程度是衡量法治文明的标尺。

在今天，我们讲"慎刑恤罚"，就是要求司法机关在定罪量刑时，一定要慎重、小心、严谨，关注人的生命，严格依法办事。其潜台词包括三个方面：一是在对案子有疑问，犯罪事实没有完全搞清楚的情况下，不要急于逮捕人，已经逮捕的，不要急于判案，如《尚书》所言，"与其杀不辜，宁失不经"，不能因为"指标"或限期破案的要求而草草了事。二是在犯罪事实搞清楚了的情况下，定罪量刑可重可轻时，用轻刑；可罚可不罚时，不罚。用孔子的话来说，就是"宽则得众""惠则足以使人"。三是对于可能适用死刑这种人死了不可复活的重大案件，必须经过严格的、周密的程序，使冤死的情况尽可能地降到最低限度。① 中共十八大以来，纠正了二十多起重大冤假错案，冤案不时见诸各种媒体的事实要求我们司法机关对待用刑之大事确实需要十分审慎！罪轻罪重有疑问的，按轻罪处理；罪的有无有疑问的，疑罪从无。无罪推定原则要跟罪刑法定原则一样深入人心。

（二）慎刑恤罚的时代要求

慎刑恤罚，以刑法立法的谦抑为前提，在立法上犯罪圈的划定与刑罚总量的投入要合理。改革开放后，我国的犯罪率上升很快，党和国家审时度势开展"严打"运动。自从开展"严打"运动以来，我国的罪名数与刑罚量一起，借助单行刑法、司法解释不断攀升；犯罪圈越来越大，刑罚越来越重；新罪名不断增加，重刑逐渐增多，其中死刑罪名也不断增多。而这些诞生于"严打"期间的立法成果与司法解释成果绝大部分被1997年《刑法》吸收，所以说1997年《刑法》有重刑倾向并不为过。在2011年《刑法修正案（八）》出台以前，挂有死刑的罪名就有68个之多。从每年最高人民法院在"两会"期间所作报告中披露的判处5年以上刑罚的人数与比例来看，司法实践中较重的刑罚适用面较广。这一倾向值得注意。如今，通过《刑法修正案（八）》与《刑法修正案（九）》削减死刑，《刑法》中的死刑罪名减少了22个，在一定程度上缓解了重刑倾向，体现了立法的谦抑与慎重。这是立法上的一大进步。但是，借鉴传统慎刑恤罚政策，改变重刑倾向，同样是当下司法的一个重要课题。在司法适用上要充分运用轻缓化的刑事政策。例如，就一个罪的刑罚适用而言，并不是都要顶格判处，即使是在"专项整治"期间也要宽严适度；对一个犯罪的人量刑

---

① 参见何勤华：《慎刑恤罚：法的人道主义萌芽》，《法制日报》，2008-09-11。

时，并不是判得越重就越能改造他，就越能发挥刑罚的所有功能；在当重则重的同时也不能忘了该轻也得轻。更何况还有一些特殊群体如农民工的犯罪，与身份歧视、生活压力、保障制度的欠缺等社会因素、制度因素不无关系。构建社会主义和谐社会的理念中包含执政为民、司法为民的理念，我们应借鉴传统的慎刑恤罚思想，关注弱势群体的权利实况、司法生态。

中国古代虽然提出了慎刑恤罚的思想，并转化在法典之中，体现了尊重生命和实施刑法中的人道主义精神，但在实际生活中，能真正做到这一点的王朝和皇帝并不是很多。这主要是因为在封建君主专制制度之下，制度的遵守、法律的运行，都是以君主的人治为转移的，与君主个人的性情、品德等有很大关系。因此，"慎刑恤罚"的政策并没有得到一以贯之的贯彻，即使在最为强盛、开明的唐王朝时期，也是一样。尽管如此，中国古人关于"慎刑恤罚"的思想，以及为了实现这一思想而作出的制度设计，对于我们今天加强社会主义法治建设，关注民生，关注社会弱势群体，尊重和保护人的生命，尊重和保护公民的各项基本人权，仍然有着重大的理论和实践价值，是一笔珍贵的法律文化历史遗产。①

当前，我们在继承这笔珍贵的法律文化历史遗产、发挥其效用时，可从以下四个方面着手对刑事司法政策进行适当调整：

一是"省刑"，就是要尽量地减少刑罚的适用，即当今国际上通说的"非犯罪化""非刑罚化"等。尽管用"化"可能过分了一点，但其本意是要尽可能缩小犯罪的范围和罪种。目前我国的转型期尚在继续，今后一段时间的立法趋势可能还是犯罪化和刑罚化，但从长远看，"省刑"的趋势是不可阻挡的，例如，在继《刑法修正案（八）》削减了13个罪的死刑之后，《刑法修正案（九）》再次废除9个罪的死刑。犯罪构成是立法决定的，但是司法机关在一定的程度上根据刑事政策和刑法的出罪功能还是可以发挥司法能动性的，如根据我国1997年《刑法》第13条但书"情节显著轻微危害不大的，不认为是犯罪"的规定，司法机关对于是否构成犯罪可以进行一定程度的微调。最高人民法院在《关于贯彻宽严相济刑事政策的若干意见》中明确指出："对于具有一定的社会危害性，但情节显著轻微危害不大的，不作为犯罪处理"。"非刑罚化"要求能用轻刑则不要用重刑，能用一般刑罚就不要用极刑，能用一种刑就不要用多种刑，能不用刑就不要用刑，可见，其内容是很丰富的。《关于贯彻宽严相济刑事政策的

① 参见何勤华：《慎刑恤罚：法的人道主义萌芽》，《法制日报》，2008-09-11。

若干意见》对此也有相关规定：对于情节较轻、社会危害性较小的犯罪，或者罪行虽然严重，但具有法定、酌定从宽处罚情节，以及主观恶性相对较小、人身危险性不大的被告人，可以依法从轻、减轻或者免除处罚。被告人的行为已经构成犯罪，但犯罪情节轻微，或者未成年人、在校学生实施的较轻犯罪，或者被告人具有犯罪预备、犯罪中止、从犯、胁从犯、防卫过当、避险过当等情节，依法不需要判处刑罚的，可以免予刑事处罚。

二是"慎刑"。可杀可不杀的，不杀；可捕可不捕的，不捕；可羁押可不羁押的，不羁押。这个政策过去强调过，但事实上在某些阶段或某些地区实际上采取的政策是：可杀可不杀的，杀；可捕可不捕的，捕；可关可不关的，关。慎重用刑，除了态度上要小心谨慎、认真对待之外，还要合理量刑：能不判死刑的，则不判死刑；能适用较轻刑罚的，则不适用较重刑罚；能免予刑事处罚的，则要免予刑事处罚。罪的轻重有疑问的，按照轻罪量刑；罪的有无有疑问的，按照无罪推定原则作无罪认定。

三是"恤刑"。这是中国古代刑事政策中的一个概念，就是所谓"生道杀人"：在处理犯罪的时候讲究人情味，比如年龄太大的和年龄太小的是不给予刑事处分的。另外，"留养承嗣"，如有老人在家无人赡养的，犯罪人可以暂不服刑，留在家里赡养父母，等父母亡故后再去服刑；打架斗殴致伤残的，有"保辜"制度，如果把受害人医治好了，可以减刑或免刑。近几年，随着刑事和解的推行，恤刑的范围在增多，恤刑的程度在提高。在当下，首先要贯彻的应该是对弱势群体的恤刑。2011年《刑法修正案（八）》增加规定：不满18周岁的人犯罪不构成累犯；审判的时候已满75周岁的人，除以特别残忍的手段致人死亡的以外不适用死刑。这两项规定是恤刑思想在法律上的典型体现。

四是"措刑"，可以理解为虽然判了刑罚，但事实上不关押、不执行实刑。此种意义上的措刑制度，即现在国际上流行的非拘留或非监禁性措施，或其他替代性惩戒措施，或放到社区进行监管的制度。目前，在司法实践中，要贯彻对于依法可不监禁的，尽量适用缓刑或者判处管制、单处罚金等非监禁刑的刑事政策。《刑法修正案（八）》正式确立了社区矫正制度，这是顺应"措刑"政策思想的一种体现。由于长期受秩序维护重于人权保障思想观念的影响，非监禁刑适用率极低。未来随着社区矫正制度及其实施的逐步完善，非监禁刑适用率会有较大幅度提升。

总之，构建和谐社会、实现法治国家在刑法方面要在省刑、慎刑、恤刑、措刑上下工夫。① 这是法治中国建设的时代要求。

三、慎用死刑：尊重生命、保障人权

中国目前的死刑政策仍然是少杀慎杀。在当今物质文明和精神文明都比较发达的背景下，人们对死刑的看法总体趋于理性，认为死刑是伦理上的终极承担，慎用死刑是尊重生命、保障人权的体现，也顺应国际社会废除死刑的潮流。

（一）古代慎用死刑的历史启迪

我国古代的刑法是君权主义刑法，君主是一切权力的集合，人民只是刑法（罚）的作用对象。在义务本位的时代，死刑是统治阶级的一个重要的威慑工具而时常被运用。"杀人者死"的数千年的死刑文化，已使"杀人偿命"成为中国民间、官方共同认可的公理所在、公义所在。据此，长期以来，对杀人犯包括其他罪大恶极者或罪刑极其严重者判处死刑，在中国绝大多数人心目中可谓是罪有应得、天经地义。中国古代死刑制度，经历了由野蛮到文明的曲折演变过程。由夏至秦，其执行方式以残害人的肉体为主，种类繁多，非常残酷；汉以后开始了轻刑化过程，但时有反复，到明清时死刑执行方法又非常残酷，剥皮实草、凌迟等见于史书。中国古代刑法规定的死罪呈现出以下特点：第一，政治性犯罪挂有死刑是最多的。统治者对危害国家政权、反抗专制统治、冒犯皇帝皇室的行为都要给予最严厉的刑罚制裁。第二，对贪腐渎职犯罪自古就处罚严厉，挂有死刑的也很多。第三，对严重破坏纲常礼教、等级身份的行为也会适用死刑。这充分反映出古代刑法的重要任务之一是维护伦常。第四，把情节严重的杀人罪规定为死罪。至于侵犯财产过程中杀人和伤人的行为，也被统治者视为严重犯罪，也被处以死刑。第五，古代中国一般不用死刑惩罚破坏经济秩序的犯罪。②

中国历来就有"杀人者死"的法律文化传统，因而对最严重的犯罪适用死刑理所当然地能被上上下下接受。尤其是春秋时期的法家，主张"以杀去杀，虽杀可也"③，由此赋予死刑以某种正当性。在近两千年的

---

① 参见江必新：《构建和谐社会与司法政策的调整》，见 www. civillaw. com. cn/article/default. asp?i... 25K 2008-10-23。

② 参见蒋清华：《中国古代死刑制度概览》，见 flwh. znufe. edu. cn/article_show. asp?id= 2146 75K 2008-10-6。

③ 《商君书·画策》。

封建专制社会，此种死刑观念被历代统治者奉为圭臬。历朝统治者通过大量设置死刑和规定种种不同的死刑执行方式体现出对死刑的严重依赖性，即通过死刑的罪与罚的高压政策来维持专制政权，越到一个朝代的后期通常表现得越明显。同时，慎用死刑又为历代统治者所惯用，它既是缓和阶级矛盾的要求，也是我古代死刑文化的一个特点，对于今天的死刑观有着深远的影响。中国古代的慎刑思想及其影响下的死刑复核与复奏制度在当时无疑具有积极意义。有学者指出，中国古代独特的死刑复核复奏制度表明，一般按法律处死罪人是很困难的，或者说是有很多限制条件的。明清时期正常年景一般每年判处死刑的总人数在千人左右。在欧洲 18 世纪以前，小偷小摸 1 个先令就要被绞死，停妻再娶要处剥皮。以英国为例，当时一千多万人口，每年被处死的总人数也有上千。① 这说明，中国古代社会的死刑控制比当时的欧洲要严得多。从法律制度本身来说，中国皇权社会在世界古代判处死刑史上可以说是最慎重的。

我国古代死刑复核复奏制度相当完备，但是皇帝作为各种权力包括司法权的掌握者，又使死刑复核复奏程序沦为皇帝巩固其司法权和皇权的工具，这在根本上减损了甚至扭曲了死刑复核复奏程序的最终意义。死刑复核过程中所谓"从实审录，庶不冤枉"，有时属实，有点重视生命的意味；有时又只是一种堂皇的借口而已，因为封建统治者为了一己之私或皇权永固常常任意杀戮、株连无限，根本谈不上"执法原情"。慎刑思想的根本目的是维护专制、强化皇权。复核复奏权的集中行使直接反映了强化皇权的需要。例如，复核程序的审转性虽然有助于上级审判机关考查下级审判机关的工作，并纠正其错误判决，以维护法律的正确统一实施，但是，下级审判机关将审理的案件主动向上级审转，并非对当事人负责，而是对上司负责。诉讼案卷就像其他公文一样向上呈报，逐级审转。该制度设计考虑的不是被告人的什么诉讼权利，而是为完成上下官府间的公事，或者叫交差，变成了一种程式或概念化的东西。秋审制度号称"国家大典"，是富有特色的死刑缓刑复核制度，但秋审一般均限于情节不十分严重的案件，所以它既不会放纵重大犯罪，又便于减免统治阶级内部个别罪犯的刑罚，并且还是皇帝加强控制司法权的重要举措，所以对巩固政权是有作用的。

---

① 转引自蒋清华：《中国古代死刑制度概览》，见 flwh. znufe. edu. cn/article_show. asp?id= 2146 75K 2008−10−6。

死刑复核与复奏制度是我国古代刑事诉讼中的传统特点之一，也是中华法系区别于世界其他法系的显著标志之一，更是华夏民族对人类诉讼法律文化宝库的巨大贡献，在今天仍然很有借鉴意义。例如死刑复核权问题，除宋朝以外，我国古代各朝法律都规定，对于判处死刑的案件，无论立即执行还是缓期执行，都必须报请中央司法机关复核，然后由最高统治者进行核准。集中统一行使死刑案件的核准权，已成为我国的一项历史传统。新中国死刑复核权已经于 2007 年 1 月 1 日统一收归最高人民法院集中统一行使，即死刑除依法由最高人民法院判决的以外，应当报请最高人民法院核准。此外，已完全不再适用的死刑复奏制度在当今条件下对于贯彻"少杀、慎杀"的刑事政策究竟有无积极意义、是否值得借鉴，也是一个应当认真研究的课题。

今天的中国，已经不存在封建专制制度，而且正在贯彻落实"依法治国，加快建设社会主义法治国家"的基本方略，中共十八届四中全会又奏响了全面推进依法治国的最强音。全面依法治国更应尊重人权、尊重生命。死刑复核的意义在根本上是与人民的利益一致的，就是要尊重生命、保障人权。但是，封建思想的残余仍顽固地存在于今天的社会中。改革开放以来，中国的犯罪率不断地上升，有人认为，这是因为我国的刑罚太轻了，死刑才是遏制刑事犯罪活动的灵丹妙药。于是死刑复核程序在某些时候竟成了从重从快打击犯罪分子的障碍。在一次又一次的"严打"运动中，一些死刑判决执行绕开复核程序后，死刑适用规模一再扩大，而社会犯罪率不降反升。这表明，犯罪率的升降问题，绝不是一个"杀"字所能解决的，犯罪与防治犯罪都有其自身的规律。我们应该摆脱旧的、运动式的、非理性的思维方式，重新认识死刑复核程序所具有的不可缺少的程序价值，认识到它对于保障司法公正、保证慎用死刑、尊重生命，对于我们今天构建和谐社会、建设法治中国的重要意义。

（二）慎用死刑是契合社会发展和法治进步的选择

在当下慎用死刑，必须正确贯彻执行宽严相济刑事政策。该政策是中共中央在构建社会主义和谐社会新形势下提出的一项重要政策，是我国在维护社会治安的长期实践中形成的基本刑事政策。它对于最大限度地预防和减少犯罪、化解社会矛盾、维护社会和谐稳定，具有特别重要的意义。该政策是惩办与宽大相结合政策在新时期的继承、发展和完善，是司法机关惩罚犯罪、预防犯罪、保护人民、保障人权，正确实施国家法律的指南。其基本内容包括：该严则严，当宽则宽；宽严互补，宽严有度；审时度势，以宽为主。① 该政策与时俱进，体现了社会形势发展变化的新要求，体现了我们党和国家在新时期解决社会问题的新思路和对刑事政策认识的进一步深化。宽严相济刑事政策在强调严惩严重刑事犯罪的同时，更加注重刑罚的宽缓化，强调"宽"的一面。这是因为：其一，从历史的发展来看，刑罚的宽缓化符合人类社会的发展趋势和价值取向，是社会越来越进步、文明的反映；其二，在刑罚裁量中，一般是先考虑适用较轻的刑罚，先考虑对犯罪人进行教育、改造、挽救，只有在较轻刑罚与其罪行不相适应或者不足以遏制犯罪时，才考虑较重的刑罚；其三，在刑事追究可宽可严时，我们一贯强调"可捕可不捕的不捕""可诉可不诉的不诉""可判可不判的不判""可杀可不杀的不杀"，体现了刑罚宽缓的思想。刑罚的宽缓化体现了人道主义和人文关怀，有利于最大限度地缩小刑罚的打击面，打击和孤立极少数，教育、感化和挽救大多数，最大限度地减少社会对立面，促进社会和谐稳定，维护国家长治久安。

　　尽管《刑法修正案（八）》削减了13个罪的死刑，但刑法上依然还有55个罪的死刑。在我国立法上较多地规定了死刑的情况下，控制死刑的适用，是贯彻宽严相济刑事政策的当务之急。"保留死刑，严格控制和慎重适用死刑"是我国一贯的死刑政策，是宽严相济刑事政策的重要体现，必须严格执行。首先，对于罪行十分严重、社会危害性极大、依法应当判处死刑的，要坚决地判处死刑，如对社会危害性极大的"暴恐"犯罪。其次，要严格把握死刑适用的标准。根据我国刑法的规定，适用死刑的必须是罪行极其严重的犯罪分子。"罪行极其严重"是指犯罪性质极其恶劣、犯罪手段极其残忍和犯罪后果极其严重，被告人的主观恶性极深，人身危险性极大。司法实践中，如果犯罪分子论罪应当判处死刑，但有自首、立功、从犯等法定从轻或者减轻处罚情节的，可以依法从轻或者减轻处罚，可以不适用死刑立即执行。对于因婚姻、邻里纠纷等民间矛盾激化引发的案件，因被害方的过错行为引起的案件，案发后被告人真诚悔罪并积极赔偿经济损失的案件，应慎用死刑立即执行。对于经刑事附带民事诉讼的调解，被害方谅解的案件，为减少对抗，促进社会和谐，在量刑时可酌情予以考虑。另外，在处理共同犯罪案件时，如果同案犯适用死刑可能超过2名以上的，一般要慎重对其全部适用死刑立即执行。对于可判可不判处死刑的一律不判处死刑，以突出打击重点。"死缓"制度是我国的独创，我

---

① 参见卢建平主编：《刑事政策学》，北京，中国人民大学出版社，2007，第165页。

们要通过更多地适用"死缓"、严格控制死刑，降低死刑的适用数量。再次，要严格死刑案件的证明标准。死刑案件的证明标准应当比普通案件的更为严格，死刑案件必须事实清楚，证据确实充分，排除一切合理怀疑，得出唯一结论。要在事实清楚、证据确实充分上下工夫，不能先入为主，搞有罪推定；要切实做到"有罪则判，无罪放人"。如果据以定罪的证据达到了确实充分的裁判标准，但涉及量刑的证据还存在疑问，也应当选择从轻量刑，留有余地。最后，要把好死刑核准程序关。死刑核准权由最高人民法院统一行使，有利于从程序上严格把关，有利于控制死刑适用。最高人民法院核准死刑，除对原判认定事实和适用法律正确、量刑适当的予以核准死刑以外，对原判事实不清、证据不足的；原判认定事实正确，但适用法律错误或者量刑不当，不应当判处死刑的；原审人民法院违反法律规定的诉讼程序，可能影响公正审判的，均不予核准，并撤销原判，发回原审人民法院重新审判。

总之，"慎用死刑"是中国法律文化传统，在当下也是契合新中国社会发展和法治进步的必然选择。它不仅强调死刑适用的合理性、节制性，还强调死刑适用的慎重性与不得已性，并侧重于对于死刑审判的质量要求。① 在今天贯彻落实宽严相济刑事政策时，要准确理解和严格执行"保留死刑，严格控制和慎重适用死刑"的政策。对于罪行极其严重的犯罪分子，论罪应当判处死刑的，要坚决依法判处死刑。要依法严格控制死刑的适用，统一死刑案件的裁判标准，确保死刑只适用于极少数罪行极其严重的犯罪分子。拟判处死刑的具体案件中定罪或者量刑的证据必须确实、充分，得出唯一结论。对于罪行极其严重，但只要是依法可不立即执行的，就不应当判处死刑立即执行。② 这是实现"司法公信力不断提高，人权得到切实尊重和保障"③ 目标而必须做到的。

《刑法修正案（九）》出台后一次性取消了部分罪名的死刑处罚，它们包括：走私武器、弹药罪，走私核材料罪，走私假币罪，伪造货币罪，集资诈骗罪组织卖淫罪，强迫卖淫罪，阻碍执行军事职务罪，战时造谣惑众罪。中国在废除死刑的道路上，逐渐在不给死刑附加过多社会功能方面迈进。这是一种进步。

---

① 参见赵秉志：《关于中国现阶段慎用死刑的思考》，《中国法学》，2011（6）。
② 参见最高人民法院《关于贯彻宽严相济刑事政策的若干意见》（法发〔2010〕9号，2012年2月8日发布）。
③ 《在中国共产党第十八次全国代表大会上的报告》。

第四节　针对特定人刑事政策思想的现代借鉴

老年人、年幼者因为身体、生理等原因，通常被认为是社会的弱势群体，所以国家和社会应该予以更多的关注和关照。亲属之间因为亲情的缘故，相互举报犯罪的行为让常人难以接受，而彼此原谅、国家法律从轻处罚被广为接受。这些都是人之常情。中国古代对老年人、年幼者、亲属等犯罪都有一定的宽宥政策，这对当下建设法治中国具借鉴意义。

一、矜老恤幼：刑罚人道主义的关怀

讲人道，就是讲人性的宽容，尊重一个人因生物属性所具有的自然权利。同样，刑罚人道主义作为一种人道理念，也应从宽容、尊重的角度出发，赋予应受刑罚者所固有的不可剥夺的权利，而不是仅仅在于刑罚方式的人道或者监狱条件的改善。刑罚的主要目的不仅在于惩罚犯罪，而且也在于改造犯罪者、保护犯罪者的权益。在我们现实的司法实践中，刑罚的人道性已经有了很大的进步，比如罪刑法定、禁止刑讯逼供、在人民法院依法判决以前不得认为有罪等等法律规定，在保护犯罪人权益方面已经起了很大的作用。现代法治所要求的自由与人权保障精神体现在刑罚方面，即为刑罚人道主义。刑罚人道主义原则对于指导我国刑罚权的行使，保障犯罪人的合法权益，促进我国刑罚制度的进步和人权事业的发展具有非常重要的意义。目前刑罚人道主义在具体的司法实践中仍存在一些问题：一方面刑罚人道主义尚未真正贯彻落实，另一方面又往往会出现对刑罚人道主义的滥用。针对司法实践中存在的问题，司法机关必须采取切实措施保障我国的制刑权、量刑权、行刑权得以人道地行使，使刑罚人道主义原则得以有效地贯彻和落实，使之真正成为一种法律信仰，从而更好地指导我们的司法实践并实现其存在的价值。[①] 对老年人和未成年人而言，我国现在的刑罚制度在人道主义方面已经有了较大进步，但仍有一些问题需要改进。

（一）老年人犯罪的刑罚适用问题

受儒家矜老恤幼思想的影响，我国传统中存在对老年人犯罪限制适用

---

① 参见黄立清、张德军：《理性视野中的刑罚人道主义》，《山东社会科学》，2007（10）。

死刑和减轻处罚的立法。这一传统自清末法制变革至中国共产党革命根据地时期都有体现。《大清新刑律》第 50 条规定，八十岁以上的老人犯罪，对其处罚可以减轻一等或二等。北洋政府的《暂行新刑律》第 50 条规定："满八十岁人犯罪者，得减本刑一等或二等。"1928 年《中华民国刑法》第 63 条规定："满八十岁人犯罪者，不得处死刑或无期徒刑。本刑为死刑或无期徒刑者，减轻其刑。"1935 年《中华民国刑法》第 18 条规定："满八十岁人之行为，得减轻其刑。"中国共产党革命根据地政府对于老年人犯罪也有从轻处罚的规定，1939 年《陕甘宁边区抗战时期惩治汉奸条例》第 19 条规定："犯第二条各款之罪，年龄在八十岁以上者得减其刑。"①

　　1997 年《刑法》颁布时只规定了犯罪时不满 18 周岁的人和审判时怀孕的妇女不适用死刑，对于适用死刑的年龄上限的规定付之阙如。这不能不说是 1997 年《刑法》的一个缺憾。因为，刑罚适用的目的之一在于报应已然之罪，以及预防犯罪分子本人再实施犯罪。死刑是一种彻底剥夺犯罪人再犯能力的特殊预防措施，相当高龄的老年人犯罪后，受其年龄及生理因素所限，即使不适用死刑，犯罪的老年人也往往不会再实施犯罪，刑罚适用的特殊预防目的即可实现。而对于社会上的其他人来说，对高龄犯罪人不适用死刑，并不会有碍于刑罚适用的报应目的的实现；相反，对高龄犯罪人仍然适用死刑，反而会使社会公众因认为刑法不人道而产生反感、抵触甚至对立情绪，最终可能因对这种不人道的刑法的敌视而实施新的犯罪。因此，中国古代刑法对待犯罪的老年人的刑事责任的传统态度，值得正在走向现代化的新中国刑法借鉴，使刑罚的适用能够真正体现正义的要求。借鉴历史，可以考虑对老年人犯罪从宽处罚，同时将禁止死刑适用的对象扩大到满一定年岁的老年人。《刑法修正案（八）》实现了这一愿望，在第 1 条（《刑法》第 17 条之一）增设："已满七十五周岁的人犯罪的，可以从轻或者减轻处罚；过失犯罪的，应当从轻或者减轻处罚。"在第 3 条（《刑法》第 49 条第 2 款）增设："审判的时候已满七十五周岁的人，不适用死刑，但以特别残忍手段致人死亡的除外。"对于老年人犯罪，要充分考虑其犯罪的动机、目的、情节、后果以及悔罪表现等，并结合其人身危险性和再犯可能性，酌情予以从宽处罚。这也是恤刑的体现。但是，现行立法对年满 75 周岁的老年人不适用死刑的规定并不彻底，建议

---

① 张振博：《老年人刑事责任的立法完善》，《信阳师范学院学报（哲学社会科学版）》，2008（1）。

废除"除外"规定。

（二）未成年人犯罪的刑罚适用问题

1. 新中国成立以来对未成年犯罪人刑罚适用的规定

新中国成立后，国家的劳动改造法规中，曾对刑事责任年龄、未成年人犯罪的处罚及其执行问题，作出过明确的规定和指导意见。例如，1951 年 12 月 5 日中央法制委员会在《关于未成年人被匪特利用放火投毒是否处罚的批复》中指示：未满 12 岁者的行为不予处罚；未满 14 岁者犯一般情节轻微的罪，可不予处罚，但应交其亲属、监护人或其所属机关团体，予以管理教育。但已满 12 岁者如犯杀人罪、重伤罪、惯窃罪以及其他公共危险性的犯罪，则可由法院认定。如法院认为有处罚之必要者，得酌情予以处罚，并得对其家长或监护人予以警告。14 岁以上未满 18 岁者的犯罪，一律予以处罚，但得比照 18 岁以上的成年人犯罪从轻或者减轻处罚。1954 年政务院通过并公布的《中华人民共和国劳动改造条例》第 21 条规定："少年犯管教所，管教十三周岁以上未满十八周岁的少年犯"。1955 年 5 月 10 日最高人民法院在《关于少年犯罪应如何处理的批复》中指出："屡犯放火烧山及盗窃的十四周岁以上而未满十八周岁的少年犯是应负刑事责任的，但可按其犯罪情节及其年龄从轻或减轻处罚，其中亦有很轻微的盗窃案件可不予处罚而交其家长或教育机构管教"。1955 年 12 月 3 日最高人民法院在一个复函里，对实践中负刑事责任的最低年龄总结说："以各地法院处理这类案件的习惯来看，少年罪犯负刑事责任的年龄，大都不在十二周岁以下"。1956 年 10 月 27 日最高人民法院在一个批复中指出："已满十六周岁的犯罪，应当负刑事责任；但是比照已满十八周岁的人犯罪，应当从轻或者减轻处罚"。1957 年 5 月 24 日最高人民法院、司法部在一个指示性文件中强调"对未成年犯，必须贯彻教育为主惩罚为辅的方针"，并且指示应当区别情况处理这类案件，如对罪行严重或屡教不改的未成年罪犯应予处罚，但应比照成年罪犯从轻或减轻处罚；对恶习不深、罪行较轻、应处短期徒刑的未成年犯，可以适用缓刑；对因年龄或犯罪程度尚不负刑事责任的，可交家庭管教或由政府部门收容教育。1960 年 4 月 21 日最高人民法院、最高人民检察院、公安部又发出《关于对少年儿童一般犯罪不予逮捕判刑的联合通知》，要求"今后少年儿童除犯罪情节严重的反革命犯、凶杀、放火犯和重大的惯窃犯以及有些年龄较大、犯有奸淫幼女罪、情节严重，民愤很大的应予判刑外，对一般少年儿童违法犯罪的人，不予逮捕判刑，采取收容教养的办法进行改造"①。

1979 年《刑法》，首次在新中国刑法立法史上创立了刑事责任年龄制度。该法典第 14 条以 4 款分别规定：

已满十六岁的人犯罪，应当负刑事责任。

已满十四岁不满十六岁的人，犯杀人、重伤、抢劫、放火、惯窃或者其他严重破坏社会秩序罪，应当负刑事责任。

已满十四岁不满十八岁的人犯罪，应当从轻或者减轻处罚。

因不满十六岁不处罚的，责令他的家长或者监护人加以管教；在必要的时候，也可以由政府收容教养。

1979 年《刑法》第 44 条规定："犯罪的时候不满十八岁的人和审判的时候怀孕的妇女，不适用死刑。已满十六岁不满十八岁的，如果所犯罪行特别严重，可以判处死刑缓期二年执行"。1991 年《未成年人保护法》第 38 条明确规定："对违法犯罪的未成年人，实行教育、感化、挽救的方针，坚持教育为主、惩罚为辅的原则"；2012 年该法修订时这一原则完整地规定在第 54 条。1991 年最高人民法院《关于办理少年刑事案件的若干规定（试行）》第 2 条亦规定："审判少年刑事案件，必须以事实为根据，以法律为准绳，坚持惩罚与教育相结合的政策，执行教育、感化、挽救的方针，落实社会治安综合治理的措施"。1997 年《刑法》第 17 条也规定了 4 款：

已满十六周岁的人犯罪，应当负刑事责任。

已满十四周岁不满十六周岁的人，犯故意杀人、故意伤害致人重伤或者死亡、强奸、抢劫、贩卖毒品、放火、爆炸、投毒罪的，应当负刑事责任。

已满十四周岁不满十八周岁的人犯罪，应当从轻或者减轻处罚。

因不满十六周岁不予刑事处罚的，责令他的家长或者监护人加以管教；在必要的时候，也可以由政府收容教养。

1997 年《刑法》第 49 条第 1 款规定："犯罪的时候不满十八周岁的人和审判的时候怀孕的妇女，不适用死刑。"根据《刑法修正案（八）》第 6 条，不满 18 周岁的人犯罪不构成累犯。

由此不难看出，我国对未成年人犯罪追究刑事责任，主要不是为了惩

---

① 转引自赵秉志：《未成年人犯罪的刑事责任问题研究（一）》，《山东公安专科学校学报》，2001（2）。

罚犯罪的未成年人，而是通过刑罚的适用来教育、感化、挽救犯罪的未成年人，使其最终能够复归社会，以达到既保护社会的安宁又保护未成年人健康成长的双重目的。这是我国对犯罪的未成年人追究刑事责任的指导思想。① 总体看来，新中国的刑事法律关于未成年人犯罪在刑事责任方面继承了从宽处罚、不适用死刑的传统。

2005 年 12 月 12 日最高人民法院《关于审理未成年人刑事案件具体应用法律若干问题的解释》（以下简称《未成年人刑案解释》）第 11 条第 1 款规定："对未成年罪犯适用刑罚，应当充分考虑是否有利于未成年罪犯的教育和矫正。"但在刑罚适用阶段，宽严相济的刑事政策不能超越罪刑法定的樊篱，所以，在司法中我们只能在现有的法定罪刑的框架下，贯彻宽严相济的刑事政策，以谋求犯罪的未成年人的最大利益。

在刑罚适用上，我们对未成年犯罪人得坚持刑法所明文规定的两条原则："不适用死刑"与"从轻或者减轻处罚"。对于"不适用死刑"，在法律已明确排除的情况下，法院不会冒法律之不韪而判处，所以最值得关注的应是如何"从轻或者减轻处罚"。《未成年人刑案解释》第 11 条第 2 款规定：对未成年罪犯量刑应当依照《刑法》第 61 条的规定，并充分考虑未成年人实施犯罪行为的动机和目的、犯罪时的年龄、是否初次犯罪、犯罪后的悔罪表现、个人成长经历和一贯表现等因素。对符合管制、缓刑、单处罚金或者免予刑事处罚适用条件的未成年罪犯，应当依法适用管制、缓刑、单处罚金或者免予刑事处罚。在司法实践中，对未成年犯罪人适用除死刑外的其他刑罚。为了贯彻"从轻或者减轻处罚"原则，体现宽严相济刑事政策，我们对未成年罪犯的刑罚之适用需特别审慎。

2. 严格控制无期徒刑的适用

笔者认为，目前对未成年人犯罪绝对不适用无期徒刑不符合现实。首先，我国刑法对未成年人犯罪不适用死刑和从轻或减轻处罚的原则，体现了宽的一面，但"宽"也应有底线。宽大无边会变成放纵，不利于预防和改造未成年犯罪人，也会消解社会对犯罪的道义谴责，从而导致社会正义的衰微。因此，不能一味宽之，宽中要严、宽严相济才是恰当的，不应以较高的社会风险成本为代价来保护陷入迷途的未成年犯罪人的利益。对人身危险性极大、罪行极其严重的未成年犯罪人适用无期徒刑并无不当。其次，在我国保留死刑、适用死刑并不鲜见的法律环境下，对极少数未成年

① 参见赵秉志：《未成年人犯罪的刑事责任问题研究（一）》，《山东公安专科学校学报》，2001（2）。

犯罪人适用无期徒刑，既符合对未成年犯罪人"从轻或者减轻处罚"的法律规定，又有利于社会心态的整体衡平，不至于让人们觉得死刑过重、生刑过轻，而渐渐汇聚成一股破坏社会稳定的潜在力量。当然，在未来废除死刑或司法实践中不适用死刑时，则应考虑对未成年犯罪人废除无期徒刑或在司法实践中不实际适用无期徒刑。

然而，我国长期以来对未成年犯实行"教育为主、惩罚为辅"的原则，无期徒刑毕竟是与社会永久隔离的重刑，一般说来，以未成年犯罪人幼弱的身躯、未成熟的心智难以承受如此之重罚，而且无期徒刑更多体现的是报应与惩罚，而不是"教育"，所以应严格限制适用。对未成年犯不适用或尽量不适用无期徒刑也是其他国家或地区之潮流。① 联合国《儿童权利公约》（1992年4月1日正式对中国生效）第37条规定："对未满十八岁的人所犯罪行不得判以死刑或无释放可能的无期徒刑"。《联合国少年司法最低限度标准》（北京规则）规定："把少年投入监禁机关始终应是万不得已的处理方法，其期限应是尽可能短的必要时间。"我国台湾地区"刑法"第63条规定：未满十八岁的人，不得处死刑，或者无期徒刑，本刑为死刑和无期徒刑者，减轻其刑。

目前，尽管我们做不到对未成年犯罪人不适用无期徒刑，但"慎刑"是可以做到的，即如《未成年人刑事解释》第13条所指出的："未成年人犯罪只有罪行极其严重的，才可以适用无期徒刑。对已满十四周岁不满十六周岁的人一般不判处无期徒刑。"这对未成年罪犯适用无期徒刑有严格的限制作用，即使适用也只能针对罪行极其严重的且年龄一般应是已满16周岁的未成年犯罪人。对此应严格把握。

3. 扩大非监禁刑的适用

尽管在目前对未成年犯不能绝对排除适用无期徒刑，有期徒刑又由于它的幅度大、刑等多而适用广，但我们不主张未成年罪犯与成年罪犯的刑罚体系皆以自由刑为中心，而主张对未成年罪犯建立一个以非监禁刑为中心的刑罚体系，强调社区矫正。对于犯了轻罪的未成年偶犯、初犯，在犯罪情况表明他不属于危险类型犯罪人的情况下，进行训诫、责令赔偿其犯罪造成的损失就足够成为一种防卫措施时，无须再对其判处监禁刑。19世纪意大利的刑法学家菲利说过，"对于偶犯，社会防卫必须具有预防而不是镇压性质，以免使其因错误的监狱体制变成累犯，并因此继续演变为

---

① 参见林亚刚：《论我国未成年人犯罪刑事立法的若干规定》，《吉林大学社会科学学报》，2005（3）。

不能改造的惯犯"。这对未成年犯特别重要。但是，从把对未成年罪犯的生理和心理治疗作为最有效的刑罚替代措施着手，到推进对未成年犯具有改造作用的限制性刑事判决，都在呼唤一套需要全面改革的完整制度。依照这种制度，最大可能地减少对未成年犯罪人实行监禁，因为狱中的交叉感染已被实践证明：未成年犯罪人成群地挤在一起，比在成年犯中更容易产生骚乱和腐蚀。鉴于我国劳动教养措施的实质严厉程度不亚于监禁刑，尚未触犯刑律的人却受实质监禁之苦是不公正的、不人道的，2013 年 12 月 28 日全国人大常委会通过了关于废止有关劳动教养法律规定的决定。这表明已实施五十多年的劳动教养制度被依法废止。在劳动教养制度废止前，依法作出的劳动教养决定有效；劳动教养制度废止后，对于正在被依法执行劳动教养的人员，解除劳动教养，剩余期限不再执行。据此，建议废除 1997 年《刑法》第 17 条第 4 款关于未成年犯罪人"由政府收容教养"的内容。

为此，应对未成年罪犯尽量适用缓刑。《未成年人刑案解释》第 16 条规定：对未成年罪犯符合《刑法》第 72 条第 1 款规定的，可以宣告缓刑。如果同时具有下列情形之一，对其适用缓刑确实不致再危害社会的，应当宣告缓刑：（1）初次犯罪；（2）积极退赃或赔偿被害人经济损失；（3）具备监护、帮教条件。对情节轻微的，尽量依法免予刑事处罚。《未成年人刑案解释》第 17 条规定，未成年罪犯根据其所犯罪行，可能被判处拘役、3 年以下有期徒刑，如果悔罪表现好，并且有下列情形之一的，应当依照《刑法》第 37 条的规定免予刑事处罚：（1）系又聋又哑的人或盲人；（2）防卫过当或者避险过当；（3）犯罪预备、中止或者未遂；（4）共同犯罪中从犯、胁从犯；（5）犯罪后自首或者有立功表现；（6）其他犯罪情节轻微不需要判处刑罚的。这些规定充分体现了对未成年人犯罪处罚的轻缓化思想。

4. 严格控制资格刑的适用

对未成年犯罪人，我国立法不禁止、司法实践不反对附加适用剥夺政治权利。《解释》第 14 条规定：

> 除刑法规定"应当"附加剥夺政治权利外，对未成年罪犯一般不判处附加剥夺政治权利。如果对未成年罪犯判处附加剥夺政治权利的，应当依法从轻判处。实施被指控犯罪时未成年、审判时已成年的罪犯判处附加剥夺政治权利，适用前款的规定。

在宽严相济的刑事政策下，对此的理解应是：因实施危害国家安全罪而被判处剥夺政治权利的期限为 1 至 5 年（如果主刑是管制的，期限与管制期限相等，同时执行），对未成年犯不能顶格判处，而要与其所犯罪行及减轻刑事责任相适应，考虑较短的期限；被判处无期徒刑依法减为有期徒刑，附加剥夺政治权利减为 3 至 10 年的，对未成年人要结合犯罪情节考虑在下限 3 年以上附近判处；即使对审判时已成年的犯罪人附加剥夺政治权利，也要依法从轻判处，不能与成年犯同等对待，因为其刑事责任是其在实施犯罪行为时——未成年时所具备的减轻刑事责任。在刑罚执行时如果已满 18 周岁者，在主刑执行期间不享有政治权利，主刑执行完毕后再受附加刑执行的惩罚。附加剥夺政治权利无论从罪质还是罪量上说都是针对重罪而设的，体现了惩罚性原则，而对未成年犯罪人的刑罚设置与适用应主要体现"以教育为主，以惩罚为辅"的原则。未成年罪犯几乎在他尚未明白政治权利为何物时其政治权利就被剥夺得一干二净了，这对未成年犯罪人来说太严厉，所以要慎之又慎！

　　但《未成年人刑案解释》没有指明对未成年犯是否可以独立适用剥夺政治权利。笔者认为，对未成年犯独立适用剥夺政治权利无现实性。由于政治权利在中国所具有的特殊地位与意义，剥夺政治权利具有最明显的政治上的否定评价作用，独立适用时即使意味着行为本身危害的轻微，也并不表明犯罪行为性质的轻微，因为单独适用剥夺政治权利的，主要集中于危害国家安全罪中，而未成年人犯罪主要集中于侵犯财产、危害公共安全与妨害社会管理秩序的犯罪中。而且，剥夺政治权利的单独适用，还应与行为人滥用政治权利实施犯罪行为相对应，而未成年犯罪人并不享有宪法上的政治权利。所以，对未成年犯罪人适用这一刑罚不存在现实性。此外，刑罚的适用也应贯彻行为时原则——对罪犯某种权利或权益的剥夺或限制应以其实施犯罪行为时所具有的权利或权益为限，未成年犯在实施犯罪行为时尚不享有政治权利，剥夺犯罪成立时尚不具备的权利缺乏法理根据和宪法依据。可见，《未成年人刑案解释》未虑及此点。

　　5. 严格控制财产刑的适用

　　财产刑是在不考虑罪行之获利、邪恶或者罪犯所得的情况下确定的。我国财产刑有罚金和没收财产，对未成年犯罪人是否适用财产刑要根据实际情况分析。首先，16 周岁至 18 周岁者以自己的劳动收入为主要生活来源的，依据刑法判处财产刑有执行的现实基础，又不与宪法相违背，并与劳动法、民法相衔接，还能起到惩罚与教育的作用。对不是通过自己劳动得来钱财的未成年犯罪人判处罚金、没收财产，因为他们不懂得劳动的艰辛、对钱财的珍惜，所以无法发挥财产刑应有的作用。其次，14 周岁至 16 周岁者，除极少数特殊行业（如杂技）、非法童工外，几乎没有劳动的机会，从而没有劳动收入。如果他们有继承或接受赠与的财产，但由于他们不懂得财产的意义，即使判处罚金、没收财产也不会发挥惩罚与教育的作用，所以是无效之刑。无效之刑是不应适用之刑。边沁曾说，没收是一种野蛮之刑，"它适用于许多犯罪，尤其国事罪。这样的刑罚是极其令人厌恶的，因为它只能在危险业已消失之后才适用；更大胆地说，因为它强化了理应尽可能消除的敌对情绪与复仇精神"①。这一"野蛮之刑"对未成年犯适用时同样需要十分慎重。

《未成年人刑案解释》第15条规定：对未成年罪犯实施刑法规定的"并处"没收财产或者罚金的犯罪，应当依法判处相应的财产刑；对未成年罪犯实施刑法规定的"可以并处"没收财产或罚金的犯罪，一般不判处财产刑（第1款）。对未成年罪犯判处罚金刑时，应当依法从轻或者减轻判处，并根据犯罪情节，综合考虑其缴纳罚金的能力，确定罚金数额。但罚金的最低数额不得少于500元人民币（第2款）。对被判处罚金刑的未成年罪犯，其监护人或者其他人自愿代为垫付罚金的，人民法院应当允许（第3款）。《未成年人刑案解释》不区分未成年犯罪人是否有劳动的权利和机会而笼统地规定依法判处财产刑是不科学的，理由已如前述，而且对未成年犯是否可以单处罚金未作规定。2000年11月15日最高人民法院《关于适用财产刑若干问题的规定》第4条规定，犯罪时不满18周岁的，犯罪情节较轻，适用单处罚金不致再危害社会的，可以依法单处罚金。笔者认为，对未成年犯单处罚金不是不可以，但应将年龄进一步限定为16周岁至18周岁且以自己的劳动收入为主要生活来源者。

6. 前科消灭制度的建立

前科，又称犯罪前科，是指存在曾经被宣告有罪或者被判处刑罚的事实。1997年《刑法》第100条规定："依法受过刑事处罚的人，在入伍、就业的时候，应当如实向有关单位报告自己曾受过刑事处罚，不得隐瞒。"在国内改革呼声日益高涨的新形势下，我国立法开始顺应世界立法趋势，2011年《刑法修正案（八）》对此作了一些调整和修改，取消了轻罪未成年犯的前科报告义务。2012年修正的《刑事诉讼法》对前科制度作了更大的调整，规定了未成年人犯罪记录封存制度和针对未成年人犯罪的特殊诉讼程序。虽然对未成年人犯罪实行了犯罪前科封存制度，但并没有真正消灭前科，更不是世界法治意义上的前科消灭制度。而且在每年的公务员

① 〔英〕吉米·边沁：《立法理论》，李贵方等译，北京，中国人民公安大学出版社，2004，第383页。

录取政审时，还是要当地派出所出具无犯罪记录的证明。建议建立针对未成年人的前科消灭制度（符合法定条件地对其先前的犯罪记录予以销毁的制度），废除公务员录取政审时由当地派出所出具无犯罪记录证明的规定。前科消灭制度有利于帮助未成年人摆脱犯罪标签，顺利融入社会，不给其未来发展增加羁绊，符合少年司法"维护儿童最大利益"宗旨，更符合法的正义价值和刑法谦抑的精神。

（三）未成年犯的刑罚执行问题

刑罚的执行，是与其他社会功能协调而实现社会防卫功能中的一个次要组成部分，但却总是最后的、不可避免的辅助手段。[①] 宽严相济的刑事政策对未成年犯的刑罚执行依然起指导作用。

1. 未成年犯服刑期间的劳动强度应低于成年犯

《刑法》第 46 条规定：被判处有期徒刑、无期徒刑的犯罪分子，在监狱或其他执行场所执行；凡有劳动能力的，都应当参加劳动，接受教育和改造。虽然刑法没有区分服刑人的劳动强度与等级，但对未成年罪犯的劳动改造应遵守劳动法律法规。《劳动法》对未成年工实行特殊劳动保护，于第 64 条规定："不得安排未成年工从事矿山井下、有毒有害、国家规定的第四级体力劳动强度的劳动和其他禁忌从事的劳动。"在对未成年犯进行劳动改造时应遵守此规定。

2. 以未成年犯为本位，适度放宽减刑、假释的条件

《未成年人刑事解释》第 18 条规定：

> 对未成年罪犯的减刑、假释，在掌握标准上可以比照成年罪犯依法适度放宽。

> 未成年罪犯能认罪服法，遵守监规，积极参加学习、劳动的，即可视为"确有悔改表现"予以减刑，其减刑的幅度可以适当放宽，间隔的时间可以相应缩短。符合刑法第 81 条第 1 款规定的，可以假释。

这与 1997 年 11 月 8 日最高人民法院《关于办理减刑、假释案件具体应用法律若干问题的规定》第 13 条的内容一致。此外，《未成年人刑事解释》第 18 条第 3 款又增加了"未成年罪犯在服刑期间已经成年的，对其减刑、假释可以适用上述规定"之内容，明确了行为时原则。此适度放宽乃以成年人为基准，我们希望对未成年犯的矫治应以未成年犯为本位，制定

---

① 参见〔意〕恩里科·菲利：《犯罪社会学》，郭建安译，北京，中国人民公安大学出版社，2004，2 版，第 216 页。

未成年犯减刑、假释的标准，如此方更符合保障未成年罪犯权利的实际。

刑罚不是犯罪的万灵药，它对犯罪的威慑作用是有限的。"用适时的消遣来调整少年的滋扰行为比极力用不利于其深心健康的方式来镇压他们更好。因此，在精神病院和监狱里，劳动是比镣铐、束缚和鞭打、申斥能更好地维持秩序和纪律的手段。简言之，我们通过树立人们的自尊和培养兴趣比威慑和限制所取得的收效还要大。"① 对未成年犯罪人在整体上要处于一种保护的姿态，避免给违法犯罪的未成年人贴上犯罪标签，有利于对未成年罪犯的矫治和预防其重新犯罪，以顺应当今对未成年罪犯处罚的大趋势；要正确执行宽严相济的刑事司法政策，实现法律效果和社会效果的统一。对失足未成年犯罪人，要继续坚持教育、感化、挽救的方针，积极稳妥地推进社区矫正工作，充分利用家庭和社会的力量与条件，进一步加强教育和改造，有效促使未成年罪犯回归社会，减少社会对立面，保持社会和谐稳定。②

在今后的审判实践中，各级审判机关要认真领会最高人民法院《关于贯彻宽严相济刑事政策的若干意见》，对老年罪犯和未成年罪犯要从宽处罚。主要做法是：第一，对于老年人犯罪，要充分考虑其犯罪的动机、目的、情节、后果以及悔罪表现等，并结合其人身危险性和再犯可能性，酌情予以从宽处罚。第二，对于未成年人犯罪，在具体考虑实施犯罪的动机和目的、犯罪性质、情节和社会危害程度的同时，还要充分考虑其是否属于初犯、归案后是否悔罪以及个人成长经历和一贯表现等因素，坚持"教育为主、惩罚为辅"的原则和"教育、感化、挽救"的方针进行处理。对于偶尔盗窃、抢夺、诈骗，数额刚达到较大的标准，案发后能如实交代并积极退赃的，可以认定为情节显著轻微，不作为犯罪处理。对于罪行较轻的，可以依法适当多适用缓刑或者判处管制、单处罚金等非监禁刑；依法可免予刑事处罚的，应当免予刑事处罚。对于犯罪情节严重的未成年罪犯，也应当依照《刑法》第 17 条第 3 款的规定予以从轻或者减轻处罚。对于已满 14 周岁不满 16 周岁的未成年犯罪人，一般不判处无期徒刑。第三，要建立健全符合未成年人特点的刑事案件审理机制，寓教于审，惩教结合，通过科学、人性化的审理方式，更好地实现"教育、感化、挽救"

---

① 〔意〕恩里科·菲利：《犯罪社会学》，郭建安译，北京，中国人民公安大学出版社，2004，2 版，第 216 页。

② 参见高铭暄、彭凤莲：《宽严相济的刑事政策与刑罚的完善——从未成年犯罪人的视角》，载《中国刑法学年会论文集》（上卷），北京，中国人民公安大学出版社，2006，第 673 页。

的目的，促进利于未成年犯罪人改造和管理的各项制度建设。对于公安部门针对未成年罪犯在缓刑、假释期间违法犯罪情况报送的拟撤销未成年罪犯的缓刑或假释的报告，要及时审查，并在法定期限内及时作出决定，以真正形成合力，共同做好未成年犯罪人的惩戒和预防工作。

我国法制史学者范忠信教授说，与"仁教"是"礼治秩序"之本相类似，"法治秩序"也当有其"本"。法治之本是什么？是"人道主义"。"人道"的根本灵魂与"仁道"相类似，也是"爱人"。但是，"人道之爱"强调的是无等级差别的双向的爱，这是与"仁道之爱"有差异的。我们要建设法治秩序，必须格外重视这种"本教"即"人道之爱"的教育。我们也必须找到"人道之爱"教育的切入点。这个切入点，就是爱弱者，把弱者当人，使其与强者一样享有人应有的尊严、自由、权利，使其不被强食。因此，"人道之爱"强调的不是片面地发出"爱"的义务，而是适当约束自己的恶性、害性而已。"正直地生活，勿害他人，各得其所"，就是这种"爱"的定义。这种以"约束恶性""尊重弱者"为核心的爱的教育，对于"人生而自由""权利天赋""人生而平等""主权在民""法治法律至上"的"法治秩序"而言，正是一种"文明之本"的教育。这是我们从对中国古代精神文明建设的法制及惯例的省思中总结出的经验。不重视这种本的教育，仅仅忙碌于各种外表或形式的建设或教育，恐怕是难以实现法治的。① 所以，重视对老年犯罪人和未成年犯罪人的刑法（罚）人道性建设是实现法治的必由之路。

二、亲亲相隐：法治社会的人道根基

某人有违法行为，从国家及法律的立场来讲，自应鼓励其他人告发，但就伦理的立场来讲则不然。儒家自来不主张其父攘羊而子证之的办法。"中国的立法既大受儒家的影响，政治上又标榜以孝治天下，宁可为孝而屈法，所以历代的法律都承认亲属相容隐的原则。"② 作为一项法律制度，亲亲相隐伴随了中国整个封建社会，虽然在我国现行的法律制度中已难觅其踪迹。但它为什么能在两千多年的封建社会中渐行渐宽？这项制度包含了法律对人伦的多少关怀？这些问题依然值得我们深思。

新中国成立以后，认为亲亲相隐制度是封建糟粕，不仅将其扫进了历史的垃圾堆，而且还建立了与其完全相反的替代制度，即由历史上的亲亲必须（或可以）相隐到了现在的亲亲不能相隐："明知是犯罪的人而为其提

---

① 参见范忠信：《中国法律传统的基本精神》，济南，山东人民出版社，2001，第335页。
② 瞿同祖：《中国法律与中国社会》，北京，中华书局，1981，第56页。

供隐藏处所、财物，帮助其逃匿或者做假证明包庇的，处三年以下有期徒刑、拘役或者管制；情节严重的，处三年以上十年以下有期徒刑。"此是现行《刑法》第 310 条第 1 款规定的窝藏、包庇罪，其中已看不到一点人伦亲情的影子。此外，伪证、毁证、妨害作证罪等诸规定也均不问行为人与被追诉人之间是什么身份关系，均同样追究刑事责任。2012 年《刑事诉讼法》对亲属作证义务也没有一般性地被排除，只是排除了亲属强制出庭作证义务。

（一）理论评说

"亲属相容隐"由儒家学说成为刑事政策再上升为法律，实有两千余年的历史，但后世对其进行深入研究的不多。自清末始，才有人对其进行质疑式的评说。袁枚的《读孟子》一文，首开一炮，如云："柴守礼杀人，世宗知而不问，欧公以为孝。袁子曰：'世宗何孝之有？此孟子误之也。'孟子之答桃应曰：'瞽瞍杀人，皋陶执之，舜负而逃'，此非至当之言也，好辩之过也。""荆昭王之时，石渚为政，廷有杀人者，追之，则其父也；还伏斧锧，死于王廷。渚尚知废法不可，而舜乃逃而欣然，是不如渚也。""三代而后，皋陶少矣，凡纵其父以杀人者皆孝子耶？彼被杀者独无子耶？世宗不宜以'不问'二字博孝名而轻民命也。"①

民国时期的杨鸿烈认为，袁枚对"亲亲相隐"之批评"很为有理，儒家过重家族'亲亲'主义，不顾整个社会的福利，确是一大缺憾。"② 民国时期的吴经熊对《论语·子路》"攘羊"一事"父子相隐"说点评道："老实说孔子这段话是个遁辞（词）！其实这并不是直不直的问题；不过这样的'直'和孔子底（的）礼教冲突罢了。"③

新中国成立后，由于意识形态的因素，亲亲相隐被视为封建糟粕而遭到全盘否定。学者们对之评价均离不开封建的宗法制，如"亲亲相隐"原则的确立标志着儒家伦理与法律的结合，以维护封建三纲五常之统治秩序，以巩固封建的父权、族权、夫权④；清末民国法制变革中保留亲亲相隐制度，即保留封建宗法残余，是向封建主义妥协。⑤ 此类评价有其符合客观事实的一面，但只看到了亲亲相隐政策思想的旨趣和作用的一个方面。从亲亲相隐法律化的演变历程看，相隐范围的适度扩大、相隐之罪的有限限定、双向隐匿的逐步确立、从义务到权利的转化等，无一不证明了

---

① 转引自杨鸿烈：《中国法律思想史》（下册），北京，商务印书馆，1998，第 159 页。
② 同上书，第 154～159 页。
③ 吴经熊：《法律哲学研究》，北京，清华大学出版社，2005，第 74 页。
④ 参见张晋藩：《中国法律史论》，北京，法律出版社，1982，第 46～47 页。
⑤ 参见《中国法制史》（司法部统编教材），北京，群众出版社，1982，第 348 页。

亲亲相隐符合人间亲情，符合人格发展及权利发展之大势，在不违背国家根本利益前提下其存在具有合理性的一面。

进入 21 世纪之后，学界就"亲亲相隐"问题发起了论战。法学界对此问题的反思虽早于哲学界，但争论最为激烈的还是哲学界。哲学界大体上可以分为两派观点：一派以刘清平、邓晓芒为代表，认为亲亲相隐本质上是一种不正当的观念①，会成为腐败的根源、实现法治的障碍②；另一派以郭齐勇为代表，强调儒家伦理的普遍性、超越性，认为允许亲属容隐拒证，可能增加司法成本，但从长治久安的角度出发，从中国特色社会主义文化的合理建构出发，仍是很有必要。③ 法学界更多地注意到了亲亲相隐的现代意蕴，尤其是与"和谐社会"理念之契合性、与社会主义核心价值体系之契合性。如刘星教授指出，亲亲相隐是想扯平两个东西：亲情的伦理道德和国家的政治安全。在"忠"（国家安全）不是那么紧要的时候，让"孝"（亲情伦理）占个上风；但在"忠"（国家安全）十分紧要的时候，"孝"（亲情伦理）又必须让步。古人用心复杂，以致让人不仅在法律之外遇个"忠孝两难全"，而且在法律之内也碰个"忠孝两对立"。这和洋人形成了一个有趣的对比。洋人也要扯平私家权利和社会安全的关系，而在更多的时候却让私家权利占个上风。除非对国家太危险了，否则绝不把私家权利或曰个人权利一扫而空。因此，古人和洋人都有一个提示：在国家安全、社会安全之外还有其他的价值需要考虑，哪怕那些价值和这个"安全"相互对立，也是如此。④ 谢佑平等认为，应在立法中对古代"亲亲相隐"制度进行改造，构建出现代"亲亲相隐"制度，从而达到法律和亲情的平衡，避免国家刑罚权与人类亲情的直接、正面冲突。⑤ 俞荣根等认为，法律确认亲属权利具有必然性和迫切性，古老的"亲亲相隐"对于确立我国亲属权利制度具有正面价值，应对其在现代人权理念下进行创新转化。⑥ 我国台湾地区学者刁荣华视匿亲行为为紧急避险，大陆学者范忠

---

① 参见刘清平：《父子相隐、君臣相讳与即行报官——儒家"亲亲相隐"观念争议》，《人文杂志》，2009（5）。

② 参见刘清平：《美德还是腐败》，《哲学研究》，2002（2）。

③ 参见郭齐勇：《"亲亲相隐""容隐制"及其对当今法治的启迪——在北京大学的演讲》，《社会科学论坛》，2007（8）。

④ 参见刘星：《父子相隐》，载刘星：《法学作业——寻找与回忆》，北京，法律出版社，2005，第251页。

⑤ 参见谢佑平、陈莹：《"亲亲相隐"与亲属间窝藏、包庇类犯罪的豁免》，《河北法学》，2011（12）。

⑥ 参见俞荣根、蒋海松：《亲属权利的法律之痛——简论"亲亲相隐"的现代转化》，《现代法学》，2009（3）。

信认为一般隐匿亲属犯罪之行为不具有应受惩罚性。家与国之间自有其分界，如果法律责令人们拒匿亲属或者告发亲属，则模糊了这一分界，其结果可能是人人没有自由、安宁的空间。①

　　费孝通在《乡土中国》一书中指出："我们儒家最考究的是人伦，伦是什么呢？我的理解就是从自己推出去的和自己发生社会关系的那群人里所发生的一轮轮波纹的差序。"父子相隐的深层机理似乎可以据此理解。在情的关系上结结实实"捆绑"父子关系，自会令人逐步地推演、修好直至珍惜轮轮波纹式的其他人际关系。如此，社会关系才会稳健、踏实。所以，不仅要究个父子相爱，而且要提防父子反目，即便这兴许会带来罪案侦破的麻烦。这个思路是极妙的。如果层层人际关系因为父子初始关系的牢固而变得特别扎实，那么社会本身也会祥和安稳。这也暗示了：为了国家、社会的政治安全，不一定非要让父子为是否揭发犯罪一事而来个窝里斗。在父子关系上，罪案侦破的麻烦，可能恰是未来罪案减少的前提。芝麻和西瓜的关系，很复杂。复杂的缘由恰在于，什么是芝麻，什么是西瓜，有时本身便不是清晰可辨的。让父子相互揭发，不一定就是"西瓜"②。

　　为亲属有罪作证，为一般人情所不愿；隐匿亲属犯行或藏匿犯罪亲属等，为一般人所情不自禁。而我国 1996 年《刑事诉讼法》第 45 条规定："人民法院、人民检察院和公安机关有权向有关单位和个人收集、调取证据。有关单位和个人应当如实提供证据。"2012 年修订的《刑事诉讼法》第 52 条保留了这一规定。1996 年《刑事诉讼法》第 48 条规定："凡是知道案件情况的人，都有作证的义务。"也就是说，除了法定的"生理上、精神上有缺陷或者年幼、不能辨别是非、不能正确表达的人，不能作证人"以外，其他人包括近亲属都有责任和义务如实作证，否则就有可能受到法律的追究，没有任何可以免除作证的例外规定。2012 年修订的《刑事诉讼法》第 60 条也保留了这一规定。法律不对亲属相隐宽容，却反其道强之、责之、罚之，是违背人类亲属之爱的天性的。自国家或公共利益角度言之，亲属相隐确有舍弃国之利益保全家之利益的嫌疑，但亲亲相隐的立法几乎贯穿了人类文明史。究其原因，是如此选择归根结底有利于国家长久利益。国家的长久利益在于民众淳厚、百姓亲法、社会和谐，如此

---

① 参见范忠信：《中西法文化的暗合与差异》，北京，中国政法大学出版社，2001，第 111、123 页。
② 刘星：《情的"差序"》，载刘星：《法学作业——寻找与回忆》，北京，法律出版社，2005，第 253 页。

才能长治久安。要实现长治久安，法律就必须立于人情而不能悖逆众心，必须予以人性关怀而不能强人所难。自个人、家庭或亲属圈的利益来看，容隐制不强人所难，有利于保护亲属关系的和谐，使人们有安全感。当然，容隐制也确有以亲情取代是非、淡化公道和原则之弊。但比起其具有的许多种大利来，宁愿"忍小害求大利"。容隐制可以保护和强化人道亲情，而人道亲情正是和谐社会的根基、法治社会的根基。如果法律责令人们拒匿亲属或告发亲属，则是责令人们在家里充当公、检、法等部门的工作人员，执行侦查犯罪、控告犯罪、打击犯罪的国家公务。而如此竭力使国家的政治、法律触角时刻伸到每个家庭，督责家庭成员时刻出于公心、以国家社稷为重，也未必是刑法能担得起的责任。

亲亲相隐是中国传统文化重伦理、重亲情、重和谐、重仁爱、重道义的民族精神的基础，是人类文明的共性，是普遍的人性，或许可称之为"自然法"。这样一种人类本性和天然情感中的客观存在，决定着人们的情感、道德观念、伦理，决定着社会生活的潜在法则。违背这些潜在法则的法律是没有生命力的。所以，从历史的经验出发，在今天我们有必要完善相关立法，如实体法上的窝藏、包庇罪与包庇毒品犯罪分子罪的主体范围，程序法上的有关作证义务等。司法实践中，若有人因实践道德而受到法律的制裁则会得到广泛的同情①，而绝大多数包庇者与被包庇者的关系不是朋友，就是亲属，所以包庇犯罪的处理往往让人掬起一把同情泪。如何在"家"与"国"之利益之间寻求一个衡平点，不仅是完善窝藏、包庇犯罪，作证义务应该考虑的问题，更是构建和谐社会、建设法治中国要考虑的重大课题。

（二）实践求证

在现行立法上，1997 年《刑法》第 310 条规定了窝藏、包庇罪，第 349 条规定了包庇毒品犯罪分子罪。2012 年修订的《刑事诉讼法》第 60 条规定："凡是知道案件情况的人，都有作证的义务。生理上、精神上有缺陷或者年幼，不能辨别是非、不能正确表达的人，不能作证人。"第 135 条规定："任何单位和个人，有义务按照人民检察院和公安机关的要求，交出可以证明犯罪嫌疑人有罪或者无罪的物证、书证、视听资料等证据。"上述规定，都没有将一定范围内的亲属排除在外。的确，亲亲相隐制度淡出了新中国立法的视野，只是 2012 年修订的《刑事诉讼法》第 188 条规定："经人民法院通知，证人没有正当理由不出庭作证的，人民法院可以强制其到庭，但是被告人的配偶、父母、子女除外。"这一立法

---

① 参见马小红：《礼与法》，北京，经济管理出版社，1997，第 220 页。

在某种意义上说免除了亲属被强制到庭作证的义务，但依然没有免除亲属一般意义上的作证义务。这一立法相较于 1996 年《刑事诉讼法》的相关规定虽有进步，但是还是难以应对人类亲情的挑战。在文学影视作品中、在司法实践中亲亲相隐的旨趣也时而显现。例如，我国电视连续剧《上海沧桑》里有亲属相盗不向官府告发的片断；电视连续剧《女人为何为难女人》的结尾以社会认同的手法讲述了妹妹包庇兄长涉嫌故意杀人罪以及母亲为儿子顶罪的亲情故事；有浓浓儒家文化情节的韩剧《豪杰春香》里讲述了一位法律长官宁愿自己丢失官位甚至工作也要让涉嫌犯罪的儿子（后被证明是被陷害的）逃离司法机关的追捕与制裁的故事。可见，亲亲相隐实乃一种流传盛广、被广泛认同的文化现象。

中国特色社会主义司法强调司法为民、司法的监督性与司法的效果性[①]，因此在司法实践中也或多或少地渗透了亲亲相隐的意蕴。下面以相关司法解释例证之：

1992 年 12 月 11 日最高人民法院、最高人民检察院《关于办理盗窃案件具体应用法律的若干问题的解释》第 1 条第 5 项规定："盗窃自己家里的财物或者近亲属的财物，一般可不按犯罪处理；对确有追究刑事责任必要的，在处理时也应同在社会上作案有区别。"1997 年 11 月 4 日最高人民法院出台《关于审理盗窃案件具体应用法律若干问题的解释》（法释〔1998〕4 号）第 1 条第 4 项规定："偷拿自己家的财物或者近亲属的财物，一般可不按犯罪处理；对确有追究刑事责任必要的，处罚时也应与在社会上作案的有所区别。"2013 年 4 月 2 日"两高"联合发布的《关于办理盗窃刑事案件适用法律若干问题的解释》（法释〔2013〕8 号）第 8 条规定："偷拿家庭成员或者近亲属的财物，获得谅解的，一般可不认为是犯罪；追究刑事责任的，应当酌情从宽。"上述关于盗窃罪前后相继的三个司法解释，在对待"亲属相盗"的问题上，精神一脉相承，只是文字表述有所不同。

《未成年人刑案解释》第 9 条第 3 款规定："已满十六周岁不满十八周岁的人盗窃自己家庭或者近亲属财物，或者盗窃其他亲属财物但其他亲属要求不予追究的，可不按犯罪处理。"该解释是针对未成年人刑事案件规定的，但对于"亲属相盗"的处理精神仍是一致的。

在"亲属相盗"问题上，中国古代法的原则是：本着"同居共财""亲属不分财"之伦理，规定亲属间财产侵害之罪责轻于常人间的财产侵犯，通常是减免刑罚。自唐到明清，"亲属相盗"专条成为封建伦理法制

---

① 参见张笑笑、杨雄：《司法规律之诠释》，《法学杂志》，2010（2）。

化的典型体现之一。中国古代法为"家族本位法"，故这种亲属间权利、义务、责任连带或一体化的倾向强烈。家庭财产一体由家长拥有支配权，一般情况是妻妾子孙无私财，故对"亲属相盗"减免处罚是和当时家庭财产的占有与支配状况相适应的。近代中国法制变革以后，这种家庭"法人化"或一体化假定仍潜流于刑事法律中。例如，1935 年《中华民国刑法》第 324 条、第 338 条规定亲属间相盗、相侵占等不告不理且减免刑罚；亲属间藏匿人犯、湮灭证据、伪证均减免刑罚。《中华民国刑事诉讼法》第 321 条规定对直系血亲直系姻亲尊亲属不得提起自诉，第 180 条规定亲属有拒绝作证权，第 345 条规定亲属有独立上诉权。显然该法仍具有将亲属团体人格化、权利连带或一体化之倾向，至少认为此类规定合乎亲情之自然。①

最高人民法院刑庭主办的《刑事审判参考》总第 13 辑刊发的〔第 87 号〕"文某被控盗窃案"的处理，反映了司法实务中对"亲亲相隐"的变通处理。被告人文某，男，1982 年 5 月 15 日生，汉族，无业。法定代理人、唯一法定监护人（本案失主）王某，系被告人文某之母。1999 年 7 月间，文某因谈恋爱遭其母反对，被赶出家门。王某换了家里的门锁。数日后，文某得知其母回娘家，便带着女友撬锁入住。几天后，因没钱吃饭，文某同女友先后三次将家中彩电、洗衣机、冰箱、空调变卖，得款 31 500 元。案发后，公安机关将空调一台和洗衣机一台追回发还王某，其余物品获赔 14 500 元。审理法院认为：法定代理人王某是被告人文某的唯一法定监护人，在文某成年以前有抚育义务。文某过早谈恋爱，固有不对，但王某把他赶出家门，不给生活费，管教方法不当，有悖我国《婚姻法》和《未成年人保护法》的规定，没有正确履行监护人的职责。被告人文某尚未成年，是家庭财产的共有人，偷拿自己家中物品变卖，不属于非法占有。于是最后判决：被告人文某无罪。

"文某盗窃案"的判决理由中认定，未成年的文某是家庭财产的共有人，这与我国古代家庭中未成年的孩子无私财不同，承认作为家庭成员的未成年人对家庭财产也有其部分所有权。然而在实际生活中，未成年人并不实际控制家庭财产。因此，综合以上两个方面的因素，司法机关对此案的处理切实遵循了司法解释的原则，既符合我国刑罚双重目的相统一的原理，也较好地贯彻了我国的刑事政策。②

---

① 参见范忠信：《中西法文化的暗合与差异》，北京，中国政法大学出版社，2001，第 107 页。
② 参见刘树德：《宪政维度的刑法新思考》，北京，北京大学出版社，2005，第 230～231 页。

2015 年 5 月 11 日最高人民法院通过《关于审理掩饰、隐瞒犯罪所得、犯罪所得收益刑事案件适用法律若干问题的解释》（法释［2015］11号），其第 2 条规定，为近亲属掩饰、隐瞒犯罪所得及其产生的收益，如果认罪、悔罪并退赃、退赔，且系初犯、偶犯的，则可以认定为犯罪情节轻微，免予刑事处罚。这一最新解释，照顾到了亲情伦理的需求，在一定程度上弥补了立法的不足。

（三）未来法律中的合理再现

人道亲情是和谐社会的根基，亲亲相隐的政策思想与法律制度体现的正是人道亲情。社会主义和谐社会应是家庭和谐，整个社会才能和谐的社会。自此言之，我们的立法和司法应该尤其要注重爱的教育。亲属之爱是一切爱的启端，法律应特别加以维护。那"亲亲相隐"在当下的命运如何？能否在中国特色社会主义刑法中占有一席之地？对此，学者们已有探讨，对亲亲相隐再现于法律中的态度不尽一致。

法史学者范忠信通过比较考察发现，亲亲相为隐，不仅是中国法律传统中的特有现象，实为中西法文化的共同特征之一。他在《中西法文化的暗合与差异》一书中指出："这是一个看起来很小但实际上涉及人类文明制度的根本机制和根本选择的重大而深刻的课题。"[1] 但对于亲亲相隐在现在的命运，范忠信在书中并没有指明，只是指出："我们应否恢复容隐制，这是另一个问题。"[2] 他进一步分析了容隐制与法治理想之间的关系：第一，容隐是否一定有害法治。他认为：对隐匿罪处罚与否和被隐之罪是否受制裁并无直接关系。容隐制与法治的平等要求最接近，立法本身并没有规定哪类人可以隐亲、哪类人不可以隐亲，就是奴婢也可以隐亲；现代西方法治国家仍保留容隐制，说明其对法治无根本伤害；容隐制可以保护和强化人们的人道亲情，而人道亲情正是法治的基础。第二，完全禁止容隐是否可能。范忠信对此借用一刑法学用语"无期待可能性"一言以蔽之：不能指望所有人都在公益与私益矛盾中舍私全公，连孔孟圣人都做不到呀，何况一般百姓！第三，从有无应受惩罚性看我们今天对容隐制应有的态度。他指出，把一种纯粹出于自然的爱亲护亲动机的直接帮助行为定为犯罪，刑法上再无第二例。匿亲行为，一般人认为是人之常情，不会引起民愤。基于主观动机的自然性和社会评价的宽容性，一般匿亲行为不具有应受惩罚性。至于情节相当严重的匿亲行为（如暴力劫囚、杀伤证人、妨害公务

---

① 范忠信：《中西法文化的暗合与差异》，北京，中国政法大学出版社，2001，第 68 页。
② 同上书，第 124 页。

等），因在保护犯罪亲属的同时已触犯其他罪名，自另当别论。第四，从国与家的应有分界看容隐制的意义。他认为，责令人们拒匿亲属或告发亲属，就是模糊或毁掉了家与国的分界。容隐之事，多发生于父子兄弟之间、夫妇之间非常私人化的场合；很多私语私行，是国家应该主动回避的。①

刑法学者刘树德以"亲亲相隐"为刑法、伦理关系的范例，从价值层面、规范层面、实践层面进行了多角度的分析：从价值层面言之，亲亲相隐不违背罪刑平等原则，不背离罪刑均衡原则，符合罪刑谦抑原则；从规范层面言之，亲亲相隐契合刑法总则"但书"规定，匹配分则"定量"模式；从实践层面言之，亲亲相隐体现于抽象的司法解释与具体的个案解释中。最后，他指出：亲亲相隐同任何事物一样，都具有两面性。在他看来，亲亲相隐的合理成分应予以批判性地吸收。"亲亲相隐"合理成分的法典化，为寻求刑法的伦理底线提供了可行性的注脚。②

法理学者刘星指出，"今天，我们自然不会再去主张'父子相隐'"③。但笔者的主张是，在和谐社会语境下，在法治中国语境下，在我国现行刑事法律中引入"亲亲相隐"制度的合理内容，是必要且重要的。因为，亲亲相隐制度的内核符合刑法保障人权的基本原则，有利于刑事政策价值目标的实现，符合"非犯罪化"的世界潮流。亲亲相隐体现的人道亲情是构建和谐社会的根基，是法治社会建设的根基，因此，在某种程度上，亲亲相隐制度与当代构建和谐社会，建设法治国家、法治政府、法治社会，提倡以人为本，促进人与人之间、人与社会之间和谐发展的时代命题相合，与社会主义核心价值体系相合。

那么，"亲亲相隐"如何在法律中重现？

一是要变容隐义务为容隐权利。在和谐社会的建设过程中，在全面依法治国进程中，必须确立法律发展的权利本位观，实现法律发展的工具主义理念向权利本位理念的创造性转换，以权利推动义务，以权利限制权力，在权利与义务相对等、权利与权力相均衡的条件下推动发展。④ 我国传统的亲亲相隐是不告不为罪，告了反而是罪，实质是强调容隐的义务

---

① 参见范忠信：《中西法文化的暗合与差异》，北京，中国政法大学出版社，2001，第119~124页。

② 参见刘树德：《宪政维度的刑法新思考》，北京，北京大学出版社，2005，第219~232页。

③ 刘星：《父子相隐》，载刘星：《法学作业——寻找与回忆》，北京，法律出版社，2005，第251页。

④ 参见刘同君：《当代中国法律发展的困境与超越——基于路径依赖视角的考查》，《法学杂志》，2010（1）。

性。这与现代的法治精神不符。因此，我们要改变传统的做法，如果亲属主动告发，应视为放弃容隐权，而不能认为其违反容隐义务而予以惩罚。①

二是规定亲属享有证言特免权。在任何国家（地区），法律与占统治地位的道德原则在本质上都是一致的，并且是相互渗透的。美国诉讼法明确规定，夫妻间可以享有证言特免权。也就是允许夫妻在诉讼程序中拒绝透露和制止他人透露只有夫妻之间知道的情报和信息。也就是说，不能强迫夫或妻对其配偶作不利于被告的证言陈述，只要当事人婚姻关系存续，该特免权就有效。该项立法的指导思想是，国家、社会期望通过保守秘密来促进某种关系。国家、社会极端重视某些关系，宁愿为捍卫保守秘密的权利，不惜失去与案件结局关系重大的情报。英美法系确认，婚姻关系是值得促进和保护的关系，不强迫夫妻中的一方提供在婚姻关系存续期间从对方获知的情报。其目的就是保护和促进夫妻关系、家庭关系的稳定。属于大陆法系的《德国刑事诉讼法》第 52 条第 1 款规定："以下人员，有权拒绝作证：（1）被指控人的订婚人；（2）被指控人的配偶，即使婚姻关系已不再存在；（3）与被指控人现在或者在旁系三亲等内有血缘关系或者在二亲等内有姻亲关系的人员。"日本、法国、意大利、韩国和我国台湾地区也有类似法令。世界各国（地区）此类亲属相隐的条款无疑是在通过价值比较以后，认为维护亲属间的关系的重要性胜过追究某些违法行为的重要性，换言之，这种以血缘、亲情为基础的亲属、家庭关系是一种社会极度重视并刻意加以保护的关系。② 我国 2012 年《刑事诉讼法》第 188 条免除了亲属强制到庭作证的义务，但依然没有免除亲属一般意义上的作证义务，而免除亲属一般意义上的作证义务是人类亲情对立法的要求，因此，这仍是未来立法需要努力的一个方面。

三是限定相容隐的亲属的范围。我国古代相容隐的亲属范围不断扩大，自秦律中的子女对父母、臣妾对主人，到汉朝的父子、祖孙、夫妻，唐朝时扩大至同居的无服亲属及非同居的大功以上亲属，以及夫之兄弟、兄弟妻、外祖父母、外孙、孙之妇。到明清律，又增加了岳父母和女婿。1928 年《中华民国刑法》容隐亲属的范围为夫妻、四亲等以内宗亲、三

---

① 参见王剑波：《"亲亲相隐"制度的价值探寻与重构——以和谐社会中的刑事政策为视角》，载谢望原、张小虎主编：《中国刑事政策报告》（第一辑），北京，中国法制出版社，2007，第 392 页。

② 参见干朝端：《"亲亲相隐"与现代免证权》，《江苏公安专科学校学报》，2001（2）。

亲等以内外亲、二亲等以内妻亲。1935 年《中华民国刑法》和《中华民国刑事诉讼法》，将容隐亲属范围进一步扩大至五亲等内之血亲、三亲等内之姻亲。① 现今学者们都以现行法律的规定为依据，认为"亲亲"的范围应指"近亲属"，即我国《刑事诉讼法》所界定的"夫、妻、父、母、子、女、同胞兄弟姐妹"。私见以为，根据现行计划生育政策与男女平等的观念，借鉴传统容隐制的主体范围，在现行法律所界定的"夫、妻、父、母、子、女、同胞兄弟姐妹"之外，将祖父母、外祖父母、孙子女、外孙子女囊括进去作为"亲亲"的范围，有利于基于亲情基础的家庭关系的稳定：首先，可以考虑将我国现行《刑法》中与包庇有关的下列 5 个罪的犯罪主体排除上述范围内的亲属：第 310 条的窝藏、包庇罪，第 307 条第 2 款的帮助毁灭、伪造证据罪，第 311 条的拒绝提供间谍犯罪证据罪，第 312 条的掩饰、隐瞒犯罪所得、犯罪所得收益罪，第 349 条的包庇毒品犯罪分子罪。其次，免除刑事诉讼中亲属作证的义务。我国《刑事诉讼法》应当借鉴亲亲相隐思想，可以考虑排除上述范围内的亲属作为证人，而不只是免除强制其到庭。最后，《刑法》第 305 条中的"证人"也应将上述范围内的"亲属"排除在外。

四是限定相容隐的罪行范围，即哪些罪能隐、哪些罪不能隐。最初谋叛重罪也可以相隐（如衡山王太子案），但至唐律则明确规定谋叛以上国事重罪不得相隐，必须告发。直至清末变法以前，皆大致如此。但元时翰鲁思、速怯等告发父亲谋反及母"私从人"，元英宗大怒："讦父母于官，岂人子所为？"诏斩之。② 自 1910 年《大清新刑律》至 1935 年《中华民国刑法》均无国事重罪不得隐匿的规定。现今有人认为，对一些诸如杀人、投放危险物质、放火和危害国家安全等具有特别严重的社会危害性的犯罪行为，不能容隐。③ 由于亲亲相隐想扯平并保持家、国之间的和谐，所以容隐罪行的范围在特定时期受一定限制或许是必要的。如我国 1951 年《惩治反革命条例》第 19 条规定："对反革命罪犯，任何人均有向人民政府揭发、密告之权，但不得挟嫌诬告。"此"任何人"当包括近亲属在内。笔者以为，在当代中国，由于党的执政能力的提高，由于尊重和保障

---

① 参见范忠信：《中西法文化的暗合与差异》，北京，中国政法大学出版社，2001，第 78 页。

② 参见《新元史·刑法志》。

③ 参见王剑波：《"亲亲相隐"制度的价值探寻与重构——以和谐社会中的刑事政策为视角》，载谢望原、张小虎主编：《中国刑事政策报告》（第一辑），北京，中国法制出版社，2007，第 393 页。

人权意识的整体觉醒，由于司法效能的提升，要对亲属相隐的传统政策进行合理改造，没有必要再规定国事重罪不得相隐的例外，因为亲属相隐并不必然导致案件的不能侦破，并不必然导致司法秩序被实际地破坏，案件能否侦破主要取决于侦查能力与水平。

五是限制容隐的行为方式。有人认为，由于主观动机的自然性和社会评价的宽容性，一般隐匿亲属犯罪的行为不具有应受惩罚性。至于情节相当严重的匿亲行为，如暴力劫囚、毁证同时毁灭公私财物或威胁公共安全、杀伤证人、泄露国家机密、伪造公文证件印章、妨害公务等，因在保护犯罪亲属的同时已触犯其他罪名，罪不可恕。① 另有人认为，容隐行为方式仅限于一般的隐匿、包庇、窝藏等行为，且行为必须是直接指向罪犯、证据或赃物；直接指向他人的行为不能免罪，以暴力、胁迫、贿买等手段的隐匿、包庇行为应当处罚。② 这两种观点我都赞同，因为其匿亲的手段行为都已经触犯了其他罪名，超越了亲亲相隐的伦理许可范围。亲亲相隐，其行为方式通常是不告发、不扭送、不作证，而不是杀人越货。

既然人类的血亲之爱是一种无可摆脱的生物本能，是一种难以克服的心理动力、习惯，那么，人类在制定法律时是无法逃避这些潜在的自然法则的，违背这些自然法则的法律必然没有生命力。因此，私见以为，在我国的现代法制中，特别是在诉讼证据立法时，为"亲亲相隐"观念留一席之地，并不必然与现代法治相矛盾。而且，将传统法文化中"亲亲相隐"的有关理念引进现代法制体系中，建立符合我国国情的现代拒证制度很有益处：其一，传统得以关照，亲情得以维护。我国传统上更为重视家庭、家族的社会功能，"孝""慈"等伦理概念深入人心。这体现在法律上，应该有维护"亲亲"观念、尊重家庭、维护亲情的法律条款，家庭和亲情应作为法律刻意保护的领域之一。其二，有利于社会的和谐及稳定。保护亲情和家庭，也就是保护社会的最基本的单元和细胞。如果家庭得到了最精心的呵护，社会就有了和谐及稳定的基础。其三，允许"亲亲相隐"的免证权，可能在同犯罪作斗争时，控方会失去一些机会，可是比较起来，所失较小，所得较大。那就是在社会面前，重新高度肯定了家庭、亲情的价值，这对整个社会的道德面貌、精神文明建设都将产生深远影响。其四，

① 参见范忠信：《中西法文化的暗合与差异》，北京，中国政法大学出版社，2001，第123页。

② 参见王剑波：《"亲亲相隐"制度的价值探寻与重构——以和谐社会中的刑事政策为视角》，谢望原、张小虎主编：《中国刑事政策报告》（第一辑），北京，中国法制出版社，2007，第393页。

我国关于证人作证的法律规定制定过严、要求过高，难以实施。过于超前的法律规定必流于形式。法条虚置，一定会降低法律的威信，降低人们对法律的信仰。[①]

亲亲相隐不是中国独有的原则，西方古今也如此。[②] 北京大学梁根林教授指出：

> 随着儒家思想对中国传统法律文化的渗透而成为中国古代刑律一项重要的刑法制度，也成为今人批判中国传统法律文化"人情大于王法"的主要标靶。其实，如果我们抬头顾四周、放眼望世界，就会发现，"亲亲相隐"其实并非中国传统刑律所独创，而是各国立法本于人情、尊重人性的规律所使然。从东方的素以讲究人情和人伦著称的韩国、日本，到西方的具有深厚法制传统的德国、意大利、法国、英国、美国，以及横跨欧亚大陆、界于东西方之间、正在经历痛苦的社会转型的俄罗斯，我们发现，所有这些国家的刑法典都有亲亲相隐不为罪或得免刑以及拒绝作证证明自己亲属有罪的明文规定，从而充分显示了立法者对人伦亲情的尊重和对人性弱点的体恤。[③]

申言之，我们提倡的是能够为社会主义政治、经济诸方面所包容，代表先进文化发展方向，以人道主义和人文关怀为底蕴，体现社会主义核心价值体系的新型的亲属相隐。历史与未来是割不断的，因此吸收亲亲相隐传统刑事政策思想的亲情人文底蕴并进行改造创新是必要的。2012 年《刑事诉讼法》不允许强迫被告人配偶、父母、子女出庭作证，正是对"亲亲相隐"传统的吸收。但这一吸收还有些保守，未来的法律中应当合理地再现亲亲相隐的内容。人性作为人的基本规定性，是人之为人的基本品性，情感、欲望等非理性因素日益成为人性领域的组成要素。中国古代社会对于犯罪与刑罚的解答，已经透露出国人人性假设上的哲理依据，从而为中国古代刑法的存在与适用提供了终极意义上的判断准则。[④] 有学者

---

① 参见干朝端：《"亲亲相隐"与现代免证权》，《长江日报》，2002-06-13。

② 参见范忠信：《中西法文化的暗合与差异》，北京，中国政法大学出版社，2001，第 132 页。

③ 梁根林：《刑事政策解读》，载陈兴良主编：《中国刑事政策检讨》，北京，中国检察出版社，2004，第 39 页。

④ 参见赵晓耕：《罪与罚：中国传统刑事法律形态》，北京，中国人民大学出版社，2012，第 24 页。

提出复兴"中华法系"①，笔者以为，中华法系的复兴不在于"混合法"样式，而主要在于复兴包括亲亲相隐在内的表现在中国传统法律各个层面的人本主义思想。在全球化的法律文化交融中，首要的问题就是不要忘记本国法律文化的优势。② 实现法治中国建成的目标、实现中华民族的伟大复兴必须充分考虑本国法律文化的优势所在。

---

① 黄震：《中华法系与世界主要法律体系》，《法学杂志》，2012（9）。
② 参见李力：《从另一角度审视中华法系：法家法律文化的传承及其批判》，《法学杂志》，2012（6）。

结　语

人类社会在寻求共性标准的同时，也越来越多地提倡个性文化——民族文化或本土文化。而近百余年来，中国在对传统的不断批判中失去了"自我"。在我们现代的学术研究中，我们找不到震撼的传统，找不到可以给我们自信的传统。因此，走出文化自卑，重新解读中国传统法律文化不仅是学术的需要，也是时代的需要，更是实现中华民族伟大复兴的需要。中国传统刑事政策思想历经千年，给予我们丰富启迪，但其亦有侧重立法技术与司法策略而忽视犯罪预防之弊端，现代意义上的刑事政策应主要着眼于科学预防而不惟刑罚。①

一、文化传统

先秦诸子主要代表及其继承者对中国传统刑事政策思想的形成有重大影响：

儒家：孔子为其宗师。孔子身后，儒家一分为八，其中子思、孟子、荀子之学问成就最著，影响亦大。儒家在先秦即为显学，汉以后便称为学术宗主。儒家对天人合一、德主刑辅基本刑事政策思想影响最大，同时对矜老恤幼、慎刑恤罚思想的形成有重大影响力。

法家：直承道家之学与刑名之学，韩非集其大成，李斯行其法于秦。秦亡后，因其法过于阴毒峻刻而为正统儒学排斥，但所倡治国、御臣、使民之术为历代统治者所奉行，其"变法"思想则被后世改革家一再借鉴。刑罚世轻世重政策思想、重刑政策思想受法家影响最大。

道家：老子为其祖师。道家在形成之初就多途发展：庄周、列子以哲理见长，杨朱主张为我、纵乐，管子以"经济"立足，大批隐者以"厌世"为务，彭蒙、田骈、慎到以"权谋"为事，而承袭老子的申不害、商

---

① 参见王牧、赵宝成：《"刑事政策"应当是什么？——刑事政策概念解析》，《中国刑事法杂志》，2006（2）。

鞅、韩非与权谋派有亲缘关系，以法家现世。老庄思想对汉初新道家、魏晋玄学、宋明理学及道教基本理论有重大影响。道家对天人合一、立法宽简的刑事政策思想有重要影响。

墨家：以墨翟为巨子。墨子而后，韩非子称墨学有相里、相夫、邓陵三派，今人则分墨学为实践派与墨辩派（墨学理论派）。秦汉以后几无传人，但其思想多为其他学派吸纳。晚清墨学有复兴之势。墨家思想对天人合一、顺天行刑事政策思想的形成有一定影响。①

余秋雨在《千年文化》中把先秦诸子的学说首先看成是社会管理学。儒家的管理学强调的是建立精神秩序，法家的管理学强调的是建立权力秩序，而中国汉代以后的统治者几乎都是儒、法并用，左右逢源，这就比其他古文明的统治者厉害了。② 两千年的封建"大一统"局面正是诸子所创立并不断发展的社会管理学的实践成果。诸子百家的了不起，就在于它们被选择成了中国人的心理色调：孔子是堂皇的棕黄色，近似于我们的皮肤和大地。而老子则是缥缈的灰白色，近似于天际的雪峰和老者的须发。庄子是飘逸的湛蓝色。法家是沉郁的金铜色。③ 墨家是幽深的黑色，一如华夏儿女明亮的眸子。多种色调共同谱写了中华文明，都是传统刑事政策的思想渊源。

二、继承传统

继承传统，主要是继承传统文化中的精神与思想。对于传统文化中的思想的继承，是我们今天尤其要注重研究的。其作用主要体现在精神力量上，是民族生存和发展的精神纽带。这一特点对于在今天各民族坚持自己的民族独立性至关重要。例如，古时的顺天行刑制度在今天是不可能继承与恢复的，但是顺天行刑中所包含的追求人与自然秩序相和谐的思想，尊重规律、尊重人性的思想，在今天是可以继承的，也是应该继承的。亲亲相隐制度在今天的法律中是否恢复也是一件需要慎重研究的事情，但是该制度中所包含的重亲情、重人伦的思想与精神在 21 世纪法律制度的设计中无疑是应该继承的。当然，在对传统继承的这条道上，我们同样要避免犯矫枉过正的错误，以前一股脑地将传统批得体无完肤是错误的，现在若

---

① 参见冯天瑜等编著：《中国学术流变》（上），上海，华东师范大学出版社，2003，第110页。

② 参见余秋雨：《千年文化》，北京，中国盲文出版社，2007，第80～81页。

③ 参见上书，第29页。

一股脑地认为只要是历史的就是优秀的，那也是不对的。在对传统法律文化的继承方面，我们必须坚持"取其精华，去其糟粕"的原则。

德国诗人、思想家歌德曾经说过："在这个世界上，有两种和平的力量，即义和礼。""清末怪杰"辜鸿铭对此解读道：这里所说的义与礼，实际上就是孔子赋予我们中国人良民宗教的精华。特别是礼，更为中国文明的精髓。希伯来文明曾给过欧洲人以"礼"的知识，但没有授予"礼"；希腊文明曾给过欧洲人以"礼"的知识，但未兼及"义"；而中国文明，其教化是"义""礼"并重的。欧洲人以犹太教的《圣经》为蓝本，建立了他们现代的欧洲文明。这部《圣经》教导欧洲人要热爱正义，要做一个真正的人，要行得正。而中国的四书五经——孔子为拯救中华民族而设计的文明蓝图，虽然也这样教导我们中国人，但它还补充了一句："要识礼"。简而言之，欧洲宗教要人们"做一个好人"，而中国的宗教要人们"做一个识礼的好人"；基督叫人"爱人"，而孔子则叫人"爱之以礼"。这种"义""礼"并重的宗教，辜鸿铭称之为"良民宗教"①。

儒家本身就是在推崇传统的基础上建立起来的。对已消逝历史的挖掘组成伦理政治的原型，是早期儒家代表推崇传统的方式。从孔子以仁论礼去理解历史与社会开始，到董仲舒以介入汉代政治史谋求伦理政治的实践可能，孔、孟、荀、董都是站在轴心时代历史的需要上面，去反观理想政治的历史形态，并从中获得理想政治建构的精神资源的。对于他们来说，尧舜禹传说时代的历史重组，与夏商周三代历史的再次挖掘，是一种以历史思伦理、以历史思政治的必需。在此种情形中，伦理政治必须以历史提供的原型，去证明它的合理性与合法性。传统，成为最丰厚的合法性凭据。② 早期儒家的传统主义立场，一方面，是他们的眼光投向现世之外，确认了比现下政治更为值得期望的伦理政治；另一方面，又以对历史资源的借取，建立"经验"实在确证的伦理政治的确当性。在春秋至西汉这一段时期，政治构思的当下资源匮乏而历史资源丰厚，以致面对传统即可获得无尽灵感等理由，获得了它合乎历史进程的肯定性。也正是这种传统提供了最丰厚的精神资源，而活的思想又支持了传统向现实穿透的双向作用机制，使早期儒家预制的社会模式，表现出鲜明的传统主义特质，推动社

---

① 辜鸿铭：《中国人的精神》，黄兴涛、宋小庆译，海口，海南出版社，2007，第21～22页。

② 参见任剑涛：《伦理政治研究——从早期儒学视角的理论透视》，长春，吉林出版集团有限责任公司，2007，第193页。

会成为一个崇尚实质性传统的社会。在这一社会中，崇尚过去的成就和智慧，崇尚蕴含传统的制度，并把过去继承下来的行为模式视为有效指南。①

今天，我们构建和谐社会，全面依法治国，实现中国梦，也必须让传统成为我们最丰厚的合法性凭据。

三、超越传统

早期儒家建构伦理政治所蕴含的传统导向，有其积极意义。在搜索传统、思量传统中，看到了传统作为行动范型的出发点，智慧的获得和沿袭过程中众多的历史因素、传统为人们言行提供的便捷，以及传统作为合理反思的经验之积累，以及人们心理上对过去的依恋。② 早期儒家对传统的崇尚，包含了对社会持续稳定性的"秘密"有根本性觉悟的正面价值。但是，传统始终处于变迁之中，当变迁的力度不足以与传统的力度形成一种推动社会向前运行的张力时，当对传统的强调与崇尚达到成为人的思想与行动的标准而不能作根本性改变的强度时（如天不变道亦不变），那么，崇尚传统便成为滞于现实的可怕力量。古典社会无法自我创造出公正，始终挣扎于宗法制的差序格局、礼治秩序、长老统治的泥潭之中而无以自我超越，足证早期儒家的传统主义社会政治思维是有相当负面影响的。③ 所以，在继承传统的同时，更要超越传统。例如，当一个社会以发展为基本标志时，取法血缘关系之自然的政治体制便显出它的极大缺憾：第一，以血缘关系建构政治关系，保证不了社会的普遍公正和机会平等。第二，它也无法为社会富有张力的冲突与一致的功能发挥提供场所，社会因此易于在保守既有秩序的情况下丧失活力，逐渐陷入停滞状态。第三，它无力提供刺激、开发人类潜力的富有竞争性的开放社会条件。生死由命，富贵在天，保守的封闭性由此会有一种恶性的发展可能。④ 再如，中国古代以人治为主，中国文化没有对"人"这个概念的普遍意义进行过太多的独立思考。中华文明为了社会管理思考过王道和霸道，为了家庭伦理思考过妇道和孝道，甚至为了文化传承还思考过师道。在这么多道之间，唯独少了一个人道。一个整体意义上的人，被种种的社会职能分割了。如果硬要说整

---

① ②　参见〔美〕E. 希尔斯：《论传统》，傅铿、吕乐译，上海，上海人民出版社，1991，译序、导论。

③　参见任剑涛：《伦理政治研究——从早期儒学视角的理论透视》，长春，吉林出版集团有限责任公司，2007，第 197 页。

④　参见上书，第 201 页。

体，中国文化又一下子跳到更大的天道，动不动就是天下苍生，但这其实也是越过了"人"，是政治话语而不是人道话语了。中国文化关注的是"天地君亲师"，中间就没有这个非常重要的"人"字。① 今天，我们在制定刑事政策时，在完善刑事立法和刑事司法时，必须考虑人本身，人权保障是法治社会的重要命题，是法治中国建设的鲜明主题。

如此，只有超越传统才能推动社会的进步。对天人合一、德主刑辅、严治贪腐、顺天行刑、矜老恤幼、慎刑恤罚、慎用死刑、亲亲相隐等传统法律文化的合理内核要加以吸收并弘扬，而且还要跳出历史的圈圈让优秀的传统在流淌中能够不断创新，激发活力，避免出现历史上中华法系因创新不足而历经两千余年基本上还在原地转圈，最终导致解体的局面。如今，古法统虽早已不存，但可以肯定的是，中国自古以来形成的文明延绵、国家一统、浓浓的和谐情节等传统特点在今天依然存在，并会随着中国的强盛而日益加强，而不会衰败。但由于人治历史的"厚重"，中国人法治意识向来淡薄。一切法治意识淡薄的现象，根源还在于文化。要贯彻依法治国基本方略，实现法治中国的目标，必须从文化上提高法治意识，养成法治思维和法治方式，让刻着天平图案的法律标志真正引领 21 世纪的中华文明。②

和谐是古今中国一以贯之的理念，追求和谐是古今中国人奋斗不息的表征。社会主义和谐社会，应该是民主法治、公平正义、诚信友爱、充满活力、安定有序、人与自然和谐相处的社会。法治梦，也是自清末变法以来中国人一直没有停歇的追求。和谐与法治是不但要继承传统而且还要超越传统才能实现的宏伟蓝图。著名的社会学家、人类学家费孝通先生曾提出了一著名理论——"文化自觉"理论。文化自觉，意思是生活在既定文化中的人对其文化有"自知之明"，明白它的来历、形成的过程、所具有的特色和它的发展趋向。自知之明是为了加强对文化转型的自主能力，取得决定适应新环境、新时代文化选择的自主地位；其主要内容是"各美其美，美人之美，美美与共，天下大同"③。这的确是时代的要求，不仅对于中华文化大发展大繁荣、中华民族实现伟大复兴和建立社会主义和谐社会、建设法治中国具有重要意义，而且对于世界各种文化多元共存、取长补短、联手发展，形成和谐世界、法治世界也具有重要意义。

---

① 参见余秋雨：《千年文化》，北京，中国盲文出版社，2007，第 101～102 页。
② 参见上书，第 114 页。
③ 费孝通：《费孝通论文化与文化自觉》，北京，群言出版社，2007，第 86～87 页、第 104～107 页。

参考文献

一、古籍

1. 春秋繁露.
2. 春秋公羊传.
3. 大明会典.
4. 大清律例.
5. 大学衍义补.
6. 邓子.
7. 二程全书.
8. 古今图书集成.
9. 管子.
10. 韩非子.
11. 汉书·刑法志.
12. 淮南子.
13. 寄簃文存.
14. 晋书·刑法志.
15. 旧唐书·刑法志.
16. 老子.
17. 礼记.
18. 论衡.
19. 论语.
20. 孟子.
21. 明史·刑法志.
22. 墨子.
23. 潜夫论.
24. 群书治要.
25. 尚书.

26. 清史稿·刑法志.

27. 三国志.

28. 商君书.

29. 慎子.

30. 史记.

31. 十三经注疏.

32. 宋史·刑法志.

33. 宋刑统.

34. 隋书·刑法志.

35. 太平御览.

36. 唐律疏议.

37. 王阳明全集.

38. 魏书·刑法志.

39. 新唐书·刑法志.

40. 刑案汇览.

41. 荀子.

42. 盐铁论.

43. 元典章.

44. 元史·刑法志.

45. 战国策.

46. 贞观政要.

47. 中庸.

48. 资治通鉴.

49. 朱子全书.

50. 朱子文集.

51. 朱子语类.

52. 左传.

二、现代著作

1. 蔡枢衡. 中国刑法史. 北京：中国法制出版社，2005.

2. 陈鼓应主编. 道家文化研究. 北京：三联书店，1999.

3. 陈兴良，梁根林主编. 刑事一体化与刑事政策. 北京：法律出版社，2005.

4. 陈兴良主编. 中国刑事政策检讨. 北京：中国检察出版社，2004.

5. 程树德. 九朝律考. 北京：中华书局，1963.

6. 储槐植. 刑事一体化论要. 北京：北京大学出版社，2007.

7. 董治良. 中国政治伦理研究. 昆明：云南民族出版社，2006.

8. 杜维明. 儒教. 陈静，译. 上海：上海古籍出版社，2008.

9. 范忠信. 中国法律传统的基本精神. 济南：山东人民出版社，2001.

10. 范忠信. 中西法文化的暗合与差异. 北京：中国政法大学出版社，2001.

11. 范忠信，郑定，詹学农. 情理法与中国人——中国传统法律文化探微. 北京：中国人民大学出版社，1992.

12. 范忠信等编校. 中国文化与中国法系——陈顾远法律史论集. 北京：中国政法大学出版社，2006.

13. 费孝通. 费孝通论文化与文化自觉. 北京：群言出版社，2007.

14. 冯天瑜等编著. 中国学术流变：上. 上海：华东师范大学出版社，2003.

15. 高铭暄. 新中国刑法科学简史. 北京：中国人民公安大学出版社，1993.

16. 高铭暄，赵秉志. 中国刑法立法之演进. 北京：法律出版社，2007.

17. 高绍先. 中国刑法史精要. 北京：法律出版社，2001.

18. 辜鸿铭. 中国人的精神. 黄兴涛，宋小庆，译. 海口：海南出版社，2007.

19. 郝铁川. 中华法系研究. 上海：复旦大学出版社，1997.

20. 何勤华. 中国法学史：第1卷. 北京：法律出版社，2006.

21. 侯宏林. 刑事政策的价值分析. 北京：中国政法大学出版社，2005.

22. 胡水君. 法律的政治分析. 北京：北京大学出版社，2005.

23. 胡云腾. 死刑通论. 北京：中国政法大学出版社，1995.

24. 黄立. 刑罚的伦理审视. 北京：人民出版社，2006.

25. 黄静嘉. 中国法制史论述丛稿. 北京：清华大学出版社，2006.

26. 贾丽英. 秦汉家族犯罪研究. 北京：人民出版社，2010.

27. 焦国成. 传统伦理及其现代价值. 北京：教育科学出版社，2000.

28. 孔庆明. 秦汉法律史. 西安：陕西人民出版社，1992.

29.（明）雷梦麟撰. 读律琐言. 怀校锋，李俊，点校. 北京：法律出版社，2000.

30. 李学勤. 春秋谷梁传注疏. 北京：北京大学出版社，1999.

31. 李学勤. 尚书正义. 北京：北京大学出版社，1999.

32. 李扬帆. 走出晚清——涉外人物及中国的世界观念之研究. 北京：北京大学出版社，2005.

33. 李瑜青等. 人文精神与法治文明关系研究. 北京：法律出版社，2007.

34. 李泽厚. 中国古代思想史论. 天津：天津社会科学院出版社，2003.

35. 梁根林. 刑事政策：立场与范畴. 北京：法律出版社，2005.

36. 梁治平. 法意与人情. 北京：中国法制出版社，2004.

37. 刘树德. 宪政维度的刑法新思考. 北京：北京大学出版社，2005.

38. 刘星. 法学作业——寻找与回忆. 北京：法律出版社，2005.

39. 刘远. 刑事政策哲学解读. 北京：中国人民公安大学出版社，2005.

40. 龙大轩. 道与中国法律传统. 济南：山东人民出版社，2004.

41. 卢建平. 刑事政策与刑法. 北京：中国人民公安大学出版社，2004.

42. 卢建平主编. 刑事政策评论：2006 年第 1 卷. 北京：中国方正出版社，2007.

43. 卢建平主编. 刑事政策学. 北京：中国人民大学出版社，2007.

44. 吕世伦主编. 法的真善美：法美学初探. 北京：法律出版社，2004.

45.（宋）马端临. 文献通考. 杭州：浙江古籍出版社，1988.

46. 马克昌主编. 中国刑事政策学. 武汉：武汉大学出版社，1992.

47. 马小红. 礼与法. 北京：经济管理出版社，1997.

48. 马小红. 礼与法：法的历史连接. 北京：北京大学出版社，2004.

49. 孟祥沛. 中国传统行刑文化研究. 北京：法律出版社，2009.

50. 米也天. 出法入道. 北京：法律出版社，2005.

51. 牟宗三. 政道与治道. 桂林：广西师范大学出版社，2006.

52.（唐）欧阳询. 艺文类聚. 江绍楹，校. 上海：上海古籍出版社，1985.

53. 潘丽萍. 中华法系的和谐理念. 北京：法律出版社，2006.

54. 钱大群. 唐律疏义新注. 南京：南京师范大学出版社，2007.

55. 钱大群. 唐律研究. 北京：法律出版社，2000.

56. 瞿同祖. 中国法律与中国社会. 北京：中华书局，2003.

57. 曲新久. 刑事政策的权力分析. 北京：中国政法大学出版社，2002.

58. 任剑涛. 伦理政治研究——从早期儒学视角的理论透视. 长春：吉林出版集团有限责任公司，2007.

59. 任强. 知识、信仰与超越：儒家礼法思想解读：增订版. 北京：北京大学出版社，2009.

60. 任喜荣. 伦理刑法及其终结. 长春：吉林人民出版社，2005.

61. （清）沈家本. 历代刑法考：上，下册. 北京：商务印书馆，2011.

62. （清）沈之奇撰. 大清律辑注. 李俊，怀校锋，点校. 北京：北京出版社，2000.

63. 时延安，薛双喜编著. 中国刑事政策专题整理. 北京：中国人民公安大学出版社，2010.

64. 睡虎地秦墓竹简整理小组. 睡虎地秦墓竹简. 北京：文物出版社，2001.

65. 孙万怀. 刑事法治的人道主义路径. 北京：北京大学出版社，2006.

66. 王伯琦. 近代法律思想与中国固有文化. 北京：清华大学出版社，2005.

67. 王立民. 古代东方法研究. 北京：北京大学出版社，2006.

68. 王雅梅编著. 礼法中国：中国古代的法律. 太原：希望出版社，2012.

69. 吴经熊. 法律哲学研究. 北京：清华大学出版社，2005.

70. 武树臣. 儒家法律传统. 北京：法律出版社，2003.

71. 谢望原，卢建平，等. 中国刑事政策研究. 北京：中国人民大学出版社，2006.

72. 谢望原，张小虎主编. 中国刑事政策报告：第一辑. 北京：中国法制出版社，2007.

73. 许道敏. 民权刑法. 北京：中国法制出版社，2003.

74. 徐复观. 中国思想史论集续编. 上海：上海书店出版社，2004.

75. 徐忠明. 法学与文学之间. 北京：中国政法大学出版社，2000.

76. 徐忠明. 情感、循吏与明清时期司法实践. 上海：上海三联书店，2009.

77. 徐忠明，杜金. 传播与阅读：明清法律知识史. 北京：北京大学出版社，2012.

78. 严励. 中国刑事政策原理. 北京：法律出版社，2011.

79. 杨春洗. 刑事政策论. 北京：北京大学出版社，1994.

80. 杨鸿烈. 中国法律思想史. 北京：商务印书馆，1998.

81. 余秋雨. 千年文化. 北京：中国盲文出版社，2007.

82. 俞荣根，龙大轩，吕志兴编著. 中国传统法学述论——基于国学视角. 北京：北京大学出版社，2005.

83. 张甘妹. 刑事政策. 台北：三民书局，1997.

84. 张国华. 中国法律思想史新编. 北京：北京大学出版社，1998.

85. 张晋藩. 中国法律的传统与近代转型. 北京：法律出版社，1997.

86. 张晋藩. 中国法律史论. 北京：法律出版社，1982.

87. 赵秉志主编. 和谐社会的刑事法治：上卷·刑事政策与刑罚改革研究. 北京：中国人民公安大学出版社，2006.

88. 赵明. 反思与超越. 北京：中国法制出版社，2007.

89. 赵晓耕. 罪与罚：中国传统刑事法律形态. 北京：中国人民大学出版社，2012.

90. 周建军. 刑事司法政策原理. 北京：清华大学出版社，2011.

91. 周密. 中国刑法史纲. 北京：北京大学出版社，1998.

92. 朱勇. 中国法制史. 北京：法律出版社，1999.

93. 〔法〕米海依尔·戴尔玛斯－马蒂. 世界法的三个挑战. 罗结珍，等，译. 北京：法律出版社，2003.

94. 〔法〕让-马克·夸克. 合法性与政治. 佟心平，王远飞，译. 北京：中央编译出版社，2002.

95. 〔美〕D. 布迪，C. 莫里斯. 中华帝国的法律. 朱勇，译. 南京：江苏人民出版社，1995.

96. 〔美〕费正清，赖肖尔. 中国：传统与变革. 陈仲丹，等，译. 南京：江苏人民出版社，1992.

97. 〔美〕富勒. 法律的道德性. 郑戈，译. 北京：商务印书馆，2005.

98. 〔美〕希尔斯. 论传统. 傅铿，吕乐，译. 上海：上海人民出版社，1991.

99. 〔意〕贝卡里亚. 论犯罪与刑罚. 黄风，译. 北京：中国法制出版社，2002.

100. 〔意〕恩里科·菲利. 犯罪社会学. 郭建安，译，2 版. 北京：中国人民公安大学出版社，2004.

101. 〔日〕大谷实. 刑事政策学. 黎宏，译. 北京：法律出版社，2000.

102. 〔日〕西原春夫. 刑法·儒学与亚洲和平：西原春夫教授在华演讲集. 济南：山东大学出版社，2008.

103. 〔英〕休谟. 道德原则研究. 曾晓平，译. 北京：商务印书馆，2001.

104. 〔英〕吉米·边沁. 道德与立法原理导论. 时殷弘，译. 北京：商务印书馆，2006.

105. Richard A. Epstein. Simple Rules for a Complex World. Cambridge，MA：Harvard University Press，1995.

106. R. Jago, J. Fionda. Comparative Criminal Justice Policy. London：University of London Press，2005.

三、论文

1. 陈力祥，余佳润. 王船山天人合一思想何以规约为人与自然之间的和谐. 船山学刊，2012（2）.

2. 陈兴良. "刑罚世轻世重"是符合司法规律的用刑之道. 检察日报，2008-05-15.

3. 陈兴良. 刑法教义学与刑事政策的关系：从李斯特鸿沟到罗克辛贯通——中国语境下的展开. 中外法学，2013（5）.

4. 陈忠林. "德主刑辅"构建和谐社会. 法学杂志，2007（1）.

5. 储槐植. 刑事政策：犯罪学的重点研究对象和司法实践的基本指导思想. 福建公安高等专科学校学报，1999（5）.

6. 储槐植. 严而不厉：为刑法修订设计政策思想. 北京大学学报，1989（6）.

7. 储槐植，赵合理. 构建和谐社会与宽严相济刑事政策之实现. 法学杂志，2007（1）.

8. 范忠信. 中西法律传统中的亲亲相隐. 中国社会科学，1997（1）.

9. 封晓蓓. 进一步完善我国青少年犯罪的刑事政策与刑事立法. 青少年犯罪研究, 2006 (3).

10. 付子堂. 马克思主义法律思想中国化的三条经验. 人民日报, 2008-07-23 (15 版).

11. 高畅. "大数据"对刑事政策带来的变革与挑战. 法制博览, 2015 (1) (上).

12. 高铭暄. 依法治国, 建设社会主义法制国家是我们的治国之策. 法学, 1996 (11).

13. 郭齐勇. "亲亲相隐""容隐制"及其对当今法治的启迪——在北京大学的演讲. 社会科学论坛, 2007 (8).

14. 何秉松. 对我国刑事政策的再认识——兼论刑法修改的刑事政策问题. 中国法学, 1989 (6).

15. 何荣功. 刑法如何回应刑事政策. 人民法院报, 2014-01-03 (7).

16. 黄静嘉, 胡学丞, 林亮军. 从身份等差主义到平等主义——百年后检视沈家本修律与中华传统法制之现代化问题. //张中秋编. 中华法系国际学术研讨会文集, 北京: 中国政法大学出版社, 2007.

17. 黄立清, 张德军. 理性视野中的刑罚人道主义. 山东社会科学, 2007 (10).

18. 黄晓明. 中国古代刑事政策论纲. 政法论坛, 1996 (6).

19. 黄震. 中华法系与世界主要法律体系. 法学杂志, 2012 (9).

20. 贾健. 刑事政策的沟通之维. 法制日报, 2014-03-19 (10).

21. 金卫东. 应立设"性贿赂罪". 江苏公安专科学校学报, 2000 (6).

22. 雷海峰. 我国古代未成年人犯罪刑事政策初探. 青少年犯罪问题, 2005 (4).

23. 冷必元. 西周"慎罚"思想疑思与解惑. 政治与法律, 2011 (10).

24. 李力. 从另一角度审视中华法系: 法家法律文化的传承及其批判. 法学杂志, 2012 (6).

25. 李麒. 中国传统刑事诉讼文化的双重性格. 比较法研究, 2013 (2).

26. 李卫红. 刑事政策概念误区种种及矫正. //王牧主编: 犯罪学论丛: 第 6 卷. 北京: 中国检察出版社, 2008.

27. 李希慧. 我国现行刑事政策反思及完善——以维护社会稳定为切点. 法学论坛, 2003 (4).

28. 梁根林. 现代法治语境中的刑事政策. 国家检察官学院学报，2008（4）.

29. 梁根林. 刑事一体化视野中的刑事政策. 法学，2004（2）.

30. 林亚刚. 论我国未成年人犯罪刑事立法的若干规定. 吉林大学社会科学学报，2005（3）.

31. 刘斌. 浅议唐律中的刑事责任年龄. 湖北师范学院学报，2004（1）.

32. 刘清平. 父子相隐、君臣相讳与即行报官——儒家"亲亲相隐"观念争议. 人文杂志，2009（5）.

33. 刘清平. 美德还是腐败. 哲学研究，2002（2）.

34. 刘守芬等. 对中国古代廉政法律制度的历史考察. 北京大学学报，2003（3）.

35. 刘同君. 当代中国法律发展的困境与超越——基于路径依赖视角的考查. 法学杂志，2010（1）.

36. 刘笑敢. 天人合一：学术、学说和信仰——再论中国哲学之身份及研究取向的不同. 南京大学学报（哲学·人文科学·社会科学），2011（6）.

37. 柳忠卫. 域外刑事政策与刑法关系的历史考察. 河南省政法管理干部学院学报，2010（4）.

38. 柳忠卫. 关于刑事政策若干基本问题的思考//赵秉志主编. 刑法论丛. 2010 年第 1 卷. 北京：法律出版社，2010.

39. 柳忠卫. 刑事政策与刑法关系模式探析//赵秉志主编. 刑法论丛. 2012 年第 2 卷. 北京：法律出版社，2012.

40. 卢建平. 从政策上控制死刑. 人民检察，2006（17）.

41. 卢建平. 刑事政策体系中的民间社会与官方（国家）——一种基于治理理论的场域界分考察. 法律科学，2006（5）.

42. 卢建平. 刑事政策学的基本问题. 法学，2004（2）.

43. 卢建平. 作为"治道"的刑事政策. 华东政法大学学报，2005（4）.

44. 穆中杰. 矜老恤幼：唐律认定刑事责任你能力的基点. 理论月刊，2012（5）.

45. 聂惠苹. 刑事政策的刑法转化与限制——以我国刑事政策研究现状为视角. 中国刑事法杂志，2014（4）.

46. 钱叶六. 论亲亲相隐制度在中国刑事法中之重构. 法学评论，2006（5）.

47. 任剑涛. 政策选择与传统思想——中国可持续发展政策的传统观念之源. 学术界，2011（8）.

48. 舒国滢，宇培峰. "司法时令说"及其对中国古代司法制度的影响. 政法论坛（中国政法大学学报），1996（4）.

49. 孙万怀. 刑事政策研究的理论自觉. 法学研究，2013（1）.

50. 王海. 对我国未成年人犯罪刑事政策的思考//赵秉志主编. 刑法论丛. 2012年第2卷. 北京：法律出版社，2012.

51. 王牧. "刑事政策"应当是什么？——刑事政策概念解析. 中国刑事法杂志，2006（2）.

52. 王友才，郭凤武. 论资产阶级刑事政策的历史发展. 法律科学，1990（4）.

53. 谢佑平，陈莹. "亲亲相隐"与亲属间窝藏、包庇类犯罪的豁免. 河北法学，2011（12）.

54. 严励. 国家·社会双本位型形势政策模式的探讨. 华东政法学院学报，2003（4）.

55. 严励. 国家·社会双本位型形势政策模式的探讨——刑事政策模式研究之一. 山西大学学报（哲学社会科学版），2003（3）.

56. 严励. 国家·社会双本位型形势政策模式的探讨——刑事政策模式研究之三. 山西大学学报（哲学社会科学版），2003（4）.

57. 严励. 国家本位型刑事政策模式的探讨——刑事政策模式研究. 社会科学，2003（9）.

58. 严励. 社会本位型刑事政策模式的探讨——刑事政策模式研究之四. 山西大学学报（哲学社会科学版），2004（1）.

59. 严励. 刑事政策的批判理性——刑事政策的理性思辨之一. 政治与法律，2003（4）.

60. 严励. 刑事政策刑法化的理性思考. 政治与法律，2005（4）.

61. 严励. 刑事政策与和谐社会. 华东政法学院学报，2006（6）.

62. 姚国艳. 儒家刑事政策思想研究. 河南省政法管理干部学院学报，2010（4）.

63. 姚志伟. 略论中国古代刑事责任年龄制度. 南华大学学报，2005（1）.

64. 殷松华. 中国古代刑罚世轻世重制度的应用及其意义. 历史学习，2004（2）.

65. 尹子文. 刑事政策介入刑法的途径及反思——以"李斯特鸿沟"的消弭为主线. 南京大学法律评论，2013年秋季卷.

66. 俞荣根，蒋海松. 亲属权利的法律之痛——简论"亲亲相隐"的现代转化. 现代法学，2009（3）.

67. 袁翔珠. 道家思想对中国传统法律文化格局之影响. 北方法学，2009（4）.

68. 翟冰林. 解读柳宗元的《断刑论》. 当代教育论坛，2005（6）.

69. 张建国. 惩贪肃贿法制的历史考察. 中外法学，1995（6）.

70. 张利兆. "仁政"思想与我国古代未成年人犯罪刑事政策. 青少年犯罪问题，2005（6）.

71. 张穹. 论资产阶级刑事政策的历史沿革与发展趋势. 中国社会科学，1985（4）.

72. 张笑笑，杨雄. 司法规律之诠释. 法学杂志，2010（2）.

73. 赵秉志. 宽严相济刑事政策视野中的中国刑事司法. 南昌大学学报，2007（1）.

74. 赵秉志. 慎用死刑契合我国的法治发展进程. 法制资讯，2012（5）.

75. 赵秉志，田宏杰. 传承与超越：现代化视野中的中国刑法传统考察. 政法论坛，2001（5）.

76. 钟安惠. 当今欧美刑事政策思想导致刑罚作用的变化. 中外法学，1993（6）.

77. 周振想. 论刑事政策. 中国人民大学学报，1990（1）.

78. 朱勇. 中国古代法律的自然主义特征. 中国社会科学，1991（5）.

79. 朱勇，张青. 传统刑事司法中的非形式逻辑操作. 河北大学学报（哲学社会科学版），2008（1）.

80. 〔德〕克劳斯·罗可辛. 刑事政策与刑法体系. 蔡桂生，译//陈兴良主编. 刑事法评论：第26卷. 北京：北京大学出版社，2010.

81. 〔芬〕莱默·拉赫蒂. 刑事政策与刑事司法的国际化与欧洲化的趋势——对比较研究的挑战. 卢建平，朱贺，译.//赵秉志主编. 刑法论丛：2014年第2卷. 北京：法律出版社，2014.

82. 〔日〕前野育三. 刑事政策的课题与展望. 郭布，罗润麒，译. 环球法律评论，1983（1）.

83. 〔日〕佐伯仁志. 和谐社会的建设与刑事政策——为了实现和谐社会的刑事政策，2006年中日犯罪学理论与和谐社会论坛.

84. Anja Matwijkiw. The No Impunity Policy in International Criminal Law：Justice Versus Revenge. International Criminal Law Review 9（2009）.

四、学位论文

1. 安曦萌. 中美刑事政策比较研究. 上海：复旦大学，2013.
2. 侯红林. 刑事政策的价值分析. 北京：中国政法大学，2004.
3. 李元鹤. 刑事政策论纲. 重庆：西南政法大学，2008.
4. 刘仁文. 刑事政策及其过程. 北京：中国政法大学，2002.
5. 曲新久. 刑事政策的权力分析. 北京：中国政法大学，2001.
6. 朱琳. 法国刑事政策研究. 北京：中国政法大学，2008.
7. 朱勇. 中国传统司法中的实体主义精神研究. 石家庄：河北大学，2008.

后 记

我是幸运的。我出生在农家，乡下不主张让女孩子读书，家庭成分也不好，但父母很开明，他们顶住压力，供我读书。一家人虽生活清苦，但有家的温暖。父母吃苦耐劳、勤俭持家、安分守己的禀性，深深地影响着我并决定了我的人生走向。

我是幸运的。我1990年大学毕业，当年国家规定应届大学毕业生不允许报考研究生，但有推荐免试上研究生的机会。"天道酬勤"，我以全班97名同学中总分第一的成绩获得了唯一一个免试推荐研究生的名额。这让我拥有了继续深造的机会，并师从著名的史学家、前安徽师范大学校长张海鹏先生学习中国古代史。张先生念过私塾，国学功底深厚，讲课深入浅出、生动有趣。其言传身教奠定了我追求学术的基本功。硕士毕业后，由于工作与生活的原因，我没有实现专业对口，而是成为了一名讲授大学生思想品德课"法律基础"的教员。因此，我常戏说我背叛了师门。但事实上，史学成了我学术研究的一种重要方法和路径。不论是我的博士毕业论文《中国罪刑法定原则的百年变迁研究》，还是我的博士后出站报告《中国传统刑事政策思想与当代构建和谐社会研究》，都透着浓浓的史学情结。今日，又师从安徽师范大学副校长李琳琦教授从事历史学博士后研究。

我是幸运的。在我自学通过律师资格考试之后，1998年我校迎来了法学本科专业的招生。领导跟我说，谢长根老师（北京大学法律系毕业）要退休了，以后的刑法课就由我接任，让我到名牌学府去进修。这样，我便有了机会进入中国人民大学法学院，并师从我国刑法学界泰斗，著名法学家、法学教育家，中国刑法学主要奠基人高铭暄先生（做"访学"），并接受了王作富教授、赵秉志教授等法学大家的专业教育。虽号称是"访问学者"，但在进入中国人民大学之前，对广博精深的法学理论我基本上是茫然不知的，虽然通过了律师资格考试，但这种考试对法学知识的获取是

"碎片式"的。所以在"访学"的这一年，我如饥似渴，读了一些法学著作，听了很多讲座，开始学写法学论文。这一年，是我从事刑法学教学与研究的起点。非常幸运的是，2003 年——我大学毕业后 13 年、硕士研究生毕业后 10 年，再次开始了学生生涯，并再次师从高铭暄先生攻读博士学位。高先生道德文章皆堪称楷模，在先生的严格指导、悉心培养下，我于 2006 年顺利地毕业，并获得博士学位。中国人民大学刑事法律科学研究中心为我们营造了良好的学术研究的氛围，高铭暄教授、王作富教授、赵秉志教授、卢建平教授的学术素养熏陶了一批又一批莘莘学子，该中心请来的国内外许多知名专家学者所作的学术报告开阔了我们的学术视野。攻读博士学位的三年，是我刑法学研究学术生涯中的关键阶段。

　　我是幸运的。博士毕业之后，由于恩师高铭暄先生的推荐，经北京师范大学刑事法律科学研究院的考核，我有幸成为国内首家刑事法学专门研究机构"刑事法律科学研究院"的一名博士后研究人员，师从留学多年并以刑事政策学、犯罪学研究见长的著名学者卢建平教授。这一机缘，让我的学术领域拓展至刑事政策学，并在该领域成功申请了中国博士后基金课题"中国传统刑事政策思想与当代构建和谐社会研究"，且以基金课题的名称完成了我的博士后出站报告。从当初博士后科学基金课题的申报，到出站报告写作提纲的推敲，再到出站报告的定稿，卢建平教授都给予了精心的指教。在写作中每每遇到难题向他请教时，总是能有拨云见日之感。在北京师范大学刑事法律科学研究院的两年多时间里，高铭暄教授一如既往地关心我的成长，院长赵秉志教授也常在学术上予以指引。此外，我还得到了李希慧教授、黄风教授、吴宗宪教授、王秀梅教授、刘志伟教授、张远煌教授、阴剑峰博士、王俊平博士等的帮助，在此真诚地说声谢谢。

　　我是幸运的。2013 年以博士后基金课题研究成果为基础成功申报了国家社科基金后期资助课题"中国传统刑事政策思想研究"。您翻看的这本小书正是在博士后基金课题研习的基础上继续深化研究的成果。在研究过程中吸收了博士后出站报告答辩时高铭暄教授、储槐植教授、赵秉志教授、卢建平教授提出的修改完善意见，补充吸纳了出站报告定稿以后至今的最新学术成果，修正了部分观点，补正了部分史料，调整了研究结构。敬请同仁批评指正！

　　在此项目完成期间，感谢我历史学博士后合作导师李琳琦教授的指点，感谢学校、学院给我提供的进行学术研究的平台与机会，感谢所有关心帮助我的同仁！

2008 年 12 月于北京师范大学乐育楼完成后记初稿

2012 年 8 月于安徽师范大学教师公寓修改

2017 年 2 月于安徽师范大学法学院补记

图书在版编目(CIP)数据

中国传统刑事政策思想/彭凤莲著. —北京：中国人民大学出版社，2017.5
ISBN 978-7-300-24018-3

Ⅰ.①中… Ⅱ.①彭… Ⅲ.①刑事政策-思想史-研究-中国-古代 Ⅳ.①D924.02

中国版本图书馆 CIP 数据核字（2017）第 021483 号

国家社科基金后期资助项目

中国传统刑事政策思想

彭凤莲　著

Zhongguo Chuantong Xingshi Zhengce Sixiang

出版发行	中国人民大学出版社			
社　　址	北京中关村大街 31 号		**邮政编码**	100080
电　　话	010 - 62511242（总编室）		010 - 62511770（质管部）	
	010 - 82501766（邮购部）		010 - 62514148（门市部）	
	010 - 62515195（发行公司）		010 - 62515275（盗版举报）	
网　　址	http://www.crup.com.cn			
	http://www.ttrnet.com（人大教研网）			
经　　销	新华书店			
印　　刷	涿州市星河印刷有限公司			
规　　格	165 mm×238 mm　16 开本		**版　　次**	2017 年 5 月第 1 版
印　　张	14.5 插页 2		**印　　次**	2017 年 5 月第 1 次印刷
字　　数	244 000		**定　　价**	45.00 元